JN440566

알기 쉬운
사회복지학개론

안준희 이윤정 이인정 공저

신정

머리말

사회복지학은 인간의 존엄성과 사회정의를 추구하는 실천 학문입니다. 이 책 『알기 쉬운 사회복지학개론』은 사회복지를 처음 접하는 학부생들이 전문직의 철학적 기반과 실천 원리를 체계적으로 이해할 수 있도록 구성되었습니다.

사회복지실천은 단순한 기술의 습득을 넘어, 인간과 사회에 대한 깊은 성찰을 요구합니다. 환경 속의 인간(Person-in-Environment)이라는 관점은 개인의 문제를 개인에게만 귀속시키지 않고, 그를 둘러싼 환경과의 상호작용 속에서 이해해야 함을 강조합니다. 클라이언트는 문제를 가진 대상이 아니라 강점을 지닌 변화의 주체입니다. 이러한 관점의 전환은 사회복지실천의 철학적 토대이며, 사회복지사가 단순히 개인을 치료하는 것이 아니라 사회정의를 실현하는 전문가임을 의미합니다.

이 책은 호서대학교 사회복지학부 세 명의 교수가 각자의 전문 영역을 바탕으로 공동 집필하였습니다. 이인정 교수는 1장 사회복지 개념의 이해, 2장 사회복지 가치와 윤리, 3장 사회복지의 구성요소, 4장 사회복지 역사, 13장 사회복지 전망을 집필하며 사회복지의 개념적 토대와 역사적 전개를 통합적으로 다루었습니다. 이윤정 교수는 5장 사회복지와 복지국가, 6장 사회복지 실천 대상과 공급자, 7장 사회복지의 중범위와 거시적 실천방법, 8장 사회복지의 정책분야-사회보험, 공공부조, 사회서비스를 집필하며 사회복지 제도와 정책의 구조를 설명했습니다. 안준희 교수는 9장 사회복지의 미시적 실천방법, 10장 사회복지실천영역: 대상별 실천영역, 11장 사회복지실천영역: 직능별 실천영역, 12장 사회복지실천의 쟁점까지 집필하여 미시적 실천방법과 대상별 · 직능별 실천영역을 작성하였습니다.

집필 과정에서 우리는 학문적 엄밀성과 현장 연계성을 동시에 추구하였습니다. 최신 이론과 연구 성과를 반영하되, 사회복지학전공 신입생의 눈높이에 맞춰 쉽게 설명하고자 노력하였으며, 각 장마다 실제 사례를 제시하여 이론의 현장 적용 가능성을 보여주고자 하였습니다. 또한 사회복지사가 제도를 집행하는 기술자가 아니라, 사회구조적 불평등에 질문을 던지고 변화를 만들어가는 실천적 전문가임을 강조하였습니다.

사회복지 전문직은 끊임없는 자기 성찰과 윤리적 판단을 요구합니다. 클라이언트의 자기결정권을 존중하면서도 그들의 안전을 보장해야 하는 순간, 제한된 자원을 공정하게 배분해야 하는 상황, 개인의 권리와 사회의 이익이 충돌하는 딜레마 앞에서 우리는 끊임없이 고민하고 선택해야 합니다. 이러한 윤리적 민감성과 비판적 사고능력을 키우는 것이 사회복지 교육의 핵심이며, 이 책은 그 첫걸음이 될 것입니다.

끝으로, 이 책이 나오기까지 많은 분들의 도움이 있었습니다. 원고를 꼼꼼히 검토해 주신 동료 교수님들, 출판 과정에서 헌신적으로 수고해 주신 출판사 관계자 분들, 그리고 무엇보다 우리의 가르침을 받으며 끊임없이 질문하고 성장하는 학생들에게 깊은 감사를 전합니다. 여러분 한 분 한 분이 사회복지 현장에서 변화의 씨앗이 되어, 더 정의롭고 따뜻한 사회를 만들어가는 주역이 되기를 진심으로 기원합니다.

2026년 2월

호서대학교 사회복지학부

안준희, 이윤정, 이인정

차례

CHAPTER 01

사회복지 개념의 이해

CONTENTS

1. 사회복지의 개념
2. 사회복지의 기능
3. 사회복지의 관점

■ 이 장의 학습목표

우리는 살아가면서 질병, 실직, 장애, 노화, 가족의 돌봄 부담과 같은 문제를 경험할 수 있다. 이러한 문제는 개인의 노력만으로 해결하기 어려운 경우가 많으며, 사회적 지원이 함께 이루어질 때 비로소 삶의 안녕(well-being)이 가능해진다. 사회복지는 개인이 인간다운 존엄한 삶을 유지할 수 있도록 사회가 책임지고 개입하는 제반 활동과 제도라 할 수 있다. 이 장에서는 사회복지가 구체적으로 무엇인지, 어떤 문제를 다루는지, 그리고 사회복지학이 어떤 학문인지에 대해 기본적인 이해를 돕고자 한다.

- 사회복지의 어원과 주요 기관 및 학자들의 정의를 바탕으로 사회복지의 핵심 개념을 이해할 수 있다.
- 사회복지와 유사한 개념들을 구분하여 사회복지의 고유한 성격을 파악할 수 있다.
- 사회문제, 실천, 제도를 바라보는 사회복지의 주요 관점을 비교하여 설명할 수 있다.

01 CHAPTER

사회복지 개념의 이해

1. 사회복지의 개념

사회복지라는 용어를 처음 접하면 많은 사람들은 막연하게 '남을 돕는 일', '불우이웃 돕기', 또는 '자원봉사'를 떠올리기 쉽다. 실제로 타인을 향한 이타심과 봉사는 사회복지가 형성된 중요한 배경이 되어 왔다. 그러나 학문으로서의 사회복지는 개인의 선의에 기초한 도움에 머무르지 않으며, 현대 사회에서 발생하는 다양한 사회문제에 대응하기 위해 국가와 사회가 제도적으로 마련한 정책, 서비스, 전문적 실천을 포괄하는 영역이다.

사회복지의 개념을 명확히 이해하는 것은 매우 중요하다. 사회복지에 대한 이해 방식은 사회문제를 어떻게 바라볼 것인지, 누구에게 어떤 책임이 있는지, 그리고 사회복지사가 어떤 역할을 수행해야 하는지를 결정하는 기준이 되기 때문이다. 특히 사회복지를 전공하고 사회복지사로서의 진로를 선택한 학생들에게 사회복지 개념에 대한 이해는 전문직으로서의 정체성을 형성하는 출발점이 된다. 따라서 사회복지를 단편적인 이미지가 아닌 학문과 제도로서 이해하는 과정은 이후의 사회복지학 학습과 실천을 위한 기초가 된다.

1) 어원으로 이해하는 사회복지

사회복지의 개념을 명확히 파악하기 위해서는 어원적 배경을 살펴보는 것이 도움이 된다. 영어의 복지를 뜻하는 'Welfare'는 '좋은', '만족스러운'이라는 의미의 웰(well)과 '지내다', '살아가다'라는 의미의 페어(fare)가 결합된 단어이다. 즉, 어원적으로 복지는 사회 구성원들이 아무런 고통 없이 평안하고 만족스러운 상태로 살아가는 안녕(well-being)의 상태를 지향한다.

여기에 사회적(social)이라는 의미가 더해지면서 사회복지의 학문적 정체성은 더욱 뚜렷해진다. 'Social'은 사람과 사람 사이의 관계성을 강조한다. 즉, 사회복지는 개인 혼자만의 고립된 복지를 의미하는 것이 아니라, 개인과 개인의 관계 속에서 공동체 구성원 모두가 함께 더불어 잘사는 사회를 추구하는 것이다. 인간은 홀로 존재할 수 없는 사회적 존재이기에, 진정한 복지는 개인이 타인 및 공동체와 건강한 관계를 맺고 그 안에서 소속감과 지지를 얻을 때 비로소 완성된다.

이와 더불어 '사회적'이라는 말은 복지의 주체와 목적에 대한 중요한 함의를 갖는다. 첫째는 복지의 책임이 개인이나 가족에게만 있는 것이 아니라 사회 공동체와 국가에 있다는 공공성이며, 둘째는 복지의 목표가 개인의 사적인 이익이 아닌 사회 전체의 통합과 행복을 지향한다는 공익성이다. 결국 사회복지는 개인의 안녕(welfare)을 사회적(social) 관계와 책임 속에서 보장하겠다는 공동체적 약속의 산물이다.

동양에서는 '복지(福祉)'라는 용어 역시 인간의 삶의 안녕과 안정이라는 의미를 담고 있다. 한자어 '복(福)'은 제사를 의미하는 보일 시(示)와 가득 찰 복(畐)이 결합된 글자로, 제단 위에 제물이 가득한 풍요로운 상태를 상징한다. 이는 인간의 삶이 결핍이 아닌 충족과 안정의 상태에 놓이기를 바라는 의미를 담고 있다. 한편 '지(祉)'는 보일 시(示)와 그칠 지(止)로 이루어진 글자로, 전통적으로 길함이나 복된 상태를 뜻해 왔다. 이러한 한자어의 의미를 종합해 보면, 복지란 물질적 풍요뿐 아니라 삶이 안정되고 유지되는 상태를 함께 지향하는 개념으로 이해할 수 있다.

2) 주요 단체 및 학자들의 개념 정의

사회복지는 시대와 국가의 상황에 따라 다르게 정의되어 왔다. 이는 사회복지가 그 사회가 중요하게 여기는 가치와 시대적 요구를 반영하며 발전하는 역동적인 개념이기 때문이다. 따라서 현대 사회복지의 정체성과 지향점을 명확히 파악하기 위해서는 오늘날 공신력 있는 주요 기관들과 학자들이 내리는 개념 정의를 구체적으로 살펴볼 필요가 있다.

국제적으로 가장 널리 활용되는 사회복지 정의는 국제사회복지사연맹(International Federation of Social Workers)과 국제사회복지학교육협의회(International Association of Schools of Social Work)가 공동으로 제시한 정의이다. 이 정의에 따르면 사회복지는 사회변화와 사회발전을 촉진하고 사회적 결속을 강화하며, 사람들의 역량 강화와 해방을 추구하는 실천 기반 전문 분야이자 학문이다. 또한 사회복지는 사회정의와 인권, 집단적 책임, 다양성 존중의 원칙에 기초하여 개인과 사회 구조에 개입하는 활동으로 설명된다. 이 정의는 사회복지가 개인에 대한 개입과 사회 구조에 대한 개입을 동시에 포함하는 영역임을 분명히 한다.

이와 같은 맥락에서, 미국사회복지사협회(National Association of Social Workers: NASW)는 사회복지를 개인, 가족, 집단, 지역사회가 사회 환경과 상호작용하는 과정에서 겪는 문제에 개입하여 인간의 안녕을 증진하고 사회정의를 실현하는 전문적 활동으로 설명한다. 한편 사회복지 교육과 전문직 기준을 담당하는 미국사회복지교육협의회(Council on Social Work Education)는 사회복지를 단일한 문장으로 정의하기보다는, 그 목적과 핵심 요소를 중심으로 규정한다. CSWE는 사회복지의 목적을 인간의 안녕 증진과 인권, 사회적 · 경제적 정의의 실현으로 제시하며, 사회복지가 개인과 환경의 상호작용에 개입하는 전문 영역임을 강조한다.

학자들의 정의를 살펴보면 먼저, 프리드랜더(Friedlander, 1980)는 사회복지를 국민의 건강과 생활수준을 향상시키기 위한 사회적 서비스와 제도의 조직적인 체계로 정의하였다. 이는 사회복지가 개인의 일시적인 선행이나 자발적 도움에 그치는 것이 아니라, 사회 전체가 합의하여 구축한 제도적 장치임을 명확히 한다. 또한 윌렌스키와 르보(Wilensky & Lebeaux, 1958)는 산업사회에서 발생하는 실업, 질병, 빈곤과 같은 다양한 사회적 위험에 대응하기 위한 사회적 기제로서 사회복지를 설명하며, 현대 사회에서 복지가 선택이 아닌 필연적인 제도임을 강조하였다. 또한, 재스트로(Zastrow, 2017)는 사회복지를 빈부나 성별, 나이와 관계없이 모든 사람을 대상으로 하여, 개인의 사회적 기능을 향상시키기 위한 제반 노력으로 설명한다. 이에 따르면 사회복지는 사람들의 사회적 · 경제적 · 건강 관련 욕구를 충족시키는 데 그치지 않고, 삶의 전반적인 안녕과 기능 유지를 지원하는 활동을 포함한다.

이처럼 주요 기관과 학자들의 정의를 종합해 보면, 사회복지는 개인의 삶에서 발생하는 다양한 위험과 어려움에 대해 사회가 책임을 분담하고, 제도와 전문적 실천을 통해 개입함으로써 인간의 안녕과 사회정의를 실현하려는 활동이라는 공통된 특징을 지닌다.

사회복지는 인간의 안녕과 사회정의를 목표로 한다.

사회복지는 인간의 안녕을 증진하고 사회정의를 실현하는 것을 핵심 목표로 한다. 이는 빈곤, 차별, 배제와 같은 사회문제에 대응하며, 인간의 존엄과 권리가 존중되는 사회를 지향한다는 점에서 드러난다.

사회복지는 개인과 환경의 상호작용에 개입한다.

사회복지는 개인의 문제를 개인의 책임으로만 보지 않는다. 개인이 처한 어려움은 가족, 지역사회, 사회 구조와 밀접하게 연결되어 있으며, 사회복지는 이러한 개인과 환경의 관계에 개입하는 학문이자 실천 영역이다.

사회복지는 제도와 전문적 서비스를 통해 실현된다.

사회복지는 국가와 사회가 마련한 제도와 정책, 그리고 전문적 서비스를 통해 구체화된다. 사회보장제도, 사회복지서비스, 사회안전망은 사회복지가 작동하는 대표적인 제도적 장치이며, 사회복지서비스는 개인의 선의나 자발적 봉사에 머무르지 않고, 전문적 지식과 기술을 바탕으로 수행되는 전문적 활동이다.

3) 사회복지와 유사 개념의 구분

사회복지는 일상적으로 다양한 용어들과 혼용되어 사용되곤 한다. 특히 사회사업, 사회보장, 사회서비스, 사회복지서비스, 사회안전망, 사회개발과 같은 개념은 사회복지와 밀접한 관련을 지니고 있어 그 의미와 범위를 정확히 구분할 필요가 있다. 이러한 개념들을 구분해 이해하는 것은 사회복지의 고유한 성격과 위치를 분명히 하는 데 도움이 된다.

(1) 사회사업

사회사업은 전통적으로 개인이나 가족의 문제를 해결하기 위한 전문적 실천 활동을 의미해 왔다. 초기 사회복지 실천은 사회사업이라는 용어로 불렸으며, 개별사회사업, 집단사회사업, 지역사회조직과 같은 실천 방법을 중심으로 발전하였다. 사회사업이 주로 개인과 집단을 대상으로 한 직접적인 개입과 실천에 초점을 둔다면, 사회복지는 이러한 사회사업적 실천을 포함하면서도 정책, 제도, 서비스 체계를 아우르는 보다 넓은 개념이다. 즉, 사회사업은 사회복지를 구성하는 중요한 실천 영역 가운데 하나로 이해할 수 있다.

(2) 사회보장

사회보장은 질병, 실업, 노령, 장애 등 사회적 위험으로부터 국민의 생활을 보호하기 위해 국가가 제도적으로 제공하는 소득 보장과 서비스 체계를 의미한다. 연금, 건강보험, 고용보험과 같은 제도는 사회보장의 대표적인 예이다. 사회보장이 주로 법과 제도에 기반한 공적 급여와 보험 제도에 초점을 둔다면, 사회복지는 사회보장을 포함하여 다양한 복지서비스, 전문적 실천, 지역사회 활동까지 포괄하는 상위 개념으로 이해할 수 있다.

(3) 사회서비스

사회서비스는 개인이나 가족의 삶의 질을 향상시키기 위해 제공되는 각종 서비스 활동을 의미한다. 돌봄, 상담, 재활, 교육 지원 등이 이에 해당한다. 사회서비스는 제공되는 '서비스' 자체에 초점을 둔 개념인 반면, 사회복지는 이러한 사회서비스를 기획 · 운영 · 전달하는 제도적 틀과 전문적 개입까지 포함하는 개념이다. 따라서 사회서비스는 사회복지 실현의 중요한 수단 가운데 하나라고 할 수 있다.

(4) 사회복지서비스

사회복지서비스는 사회복지 영역에서 제공되는 사회서비스를 보다 구체적으로 지칭하는 용어이다. 아동복지서비스, 노인복지서비스, 장애인복지서비스 등이 이에 해당한다. 사회복지서비스는 사회복지의 실천적 결과물에 해당하며, 사회복지는 이러한 서비스가 제공되기까지의 가치, 정책, 제도, 전달체계를 모두 포함하는 보다 포괄적인 개념이다.

(5) 사회안전망

사회안전망은 사회적 위험이나 위기 상황에서 개인과 가족이 최소한의 삶을 유지할 수 있도록 보호하는 제도적 장치를 의미한다. 빈곤층에 대한 최소한의 소득 보장이나 위기지원제도 등이 대표적이다. 사회안전망이 주로 '최소한의 보호'에 초점을 둔다면, 사회복지는 보호를 넘어 삶의 질 향상, 사회적 통합, 예방과 발전까지를 지향하는 보다 확장된 개념이다.

(6) 사회개발

사회개발은 사회의 경제적 · 사회적 발전을 통해 국민의 삶의 질을 향상시키고자 하는 전략적 접근을 의미한다. 이는 지역 개발, 인적 자원 개발, 사회적 역량 강화 등을 강조한다. 사회개발이 사회 전체의 구조와 발전에 초점을 둔다면, 사회복지는 개인과 집단의 삶의 문제 해결을 중심에 두되, 필요에 따라 사회개발적 접근을 함께 활용한다는 점에서 상호 보완적인 관계에 있다.

2. 사회복지의 기능

사회복지의 기능이란 사회복지가 사회 안에서 수행하는 역할과 작용을 의미한다. 사회복지는 개인이나 집단의 어려움에 단순히 대응하는 활동이 아니라, 사회 구성원들의 삶을 안정적으로 유지하고 사회 전체의 지속 가능성을 높이기 위한 다양한 기능을 수행한다. 이러한 기능을 이해하는 것은 사회복지를 제도와 실천의 체계로 파악하는 데 중요한 기초가 된다.

1) 사회화 및 사회통제 기능

사회복지는 사회의 지배적인 가치와 규범을 구성원들에게 전달하여 그들이 공동체 안에서 적절하게 기능하도록 돕는 사회화 기능을 수행한다. 사회복지는 개인이 사회에 원활히 적응하고 자신의 역할을 다하도록 지원한다. 동시에 사회적으로 허용되지 않는 일탈행동을 예방하거나 교정함으로써 공동체의 질서를 유지하는 기능도 수행한다.

2) 사회적 위험에 대한 안전망 및 보호 기능

사회복지는 질병, 실업, 장애, 노령, 빈곤과 같은 사회적 위험으로부터 개인과 가족을 보호하는 기능을 수행한다. 이러한 위험은 누구에게나 발생할 수 있으며, 개인의 노력만으로는 감당하기 어려운 경우가 많다. 사회복지는 소득 보장, 의료 지원, 돌봄 서비스 등을 통해 위험으로 인해 삶의 기반이 붕괴되는 것을 예방하고, 최소한의 생활을 유지할 수 있도록 지원한다. 이 기능은 사회복지가 인간다운 삶의 기본 조건을 보장하는 역할을 수행함을 의미한다.

3) 사회통합과 연대 촉진 기능

사회복지는 구성원 간의 경제적 격차와 사회적 소외를 완화함으로써 사회적 갈등을 줄이고 공동체 의식을 강화하는 기능을 수행한다. 특히 조세 제도와 복지 급여를 통한 소득 재분배는 시장경제 과정에서 발생하는 불평등을 보완하여 사회적 형평성을 높이는 핵심적인 기제이다. 이러한 재분배와 보호 체계를 통해 구성원들이 사회적 보호망 안에 포함되어 있다는 신뢰를 형성할 때, 사회적 연대와 통합이 가능해진다.

4) 사회 변화 및 제도 개선 기능

현대 사회복지에서 중요한 기능 중 하나는 제도와 정책의 개선을 통해 능동적인 사회 변화를 촉진하는 것이다. 사회복지는 개인과 집단이 겪는 어려움이 불완전한 제도 설계나 정책의 한계에서 비롯되는 경우가 많다는 점에 주목한다. 이에 사회복지사는 제도운영의 문제점을 발견하고, 정책 개선과 권익옹호 활동을 통해 보다 공정하고 포괄적인 사회적 보호 체계를 구축하는 데 기여한다.

3. 사회복지의 관점

사회 현상과 인간의 고통을 어떠한 시각으로 바라보는가는 사회복지를 이해하는 데 중요한 영향을 미친다. 사회문제를 어떻게 인식하느냐에 따라 그에 대응하는 사회복지의 실천 방식과 제도적 선택이 달라지기 때문이다. 이처럼 사회문제를 해석하고 대응 방향을 설정하는 사고의 틀을 사회복지의 관점이라고 한다. 예컨대, 동일한 빈곤이나 소외 현상을 두고도 어떤 관점을 취하느냐에 따라 문제의 원인에 대한 설명, 제시되는 해결책, 그리고 사회복지사의 역할은 서로 다르게 나타날 수 있는 것이다.

사회복지의 관점은 문제의 원인을 어디에서 찾는지, 사회복지가 어떤 역할을 수행해야 하는지, 나아가 사회가 구성원의 삶에 어느 정도까지 책임을 져야 하는지를 판단하는 기준이 된다. 따라서 사회복지의 주요 관점들을 살펴보는 것은 사회복지를 단순한 지원 활동이 아니라, 문제 인식에서 제도적 대응으로 이어지는 전문적 실천으로 이해하고 사회복지 전문가로서의 정체성을 형성하는 데 중요한 출발점이 된다.

1) 사회문제에 대한 관점

사회문제를 어떻게 바라보는가는 사회복지의 방향을 결정하는 출발점이다. 사회문제에 대한 대표적인 이론적 관점으로는 기능주의 관점과 갈등주의 관점이 있다.

(1) 기능주의 관점

기능주의 관점은 사회를 하나의 유기체로 파악한다. 인체의 각 기관이 전체의 생존을 위해 각자의 기능을 수행하듯, 가족, 교육, 경제, 사회복지 등 사회의 각 제도 역시 전체 시스템의 안정과 균형을 유지하기 위해 존재한다고 본다.

이 관점에서 사회복지는 사회 시스템의 한 부분이 제대로 작동하지 않을 때 이를 보완하거나 수리하는 기능을 담당한다. 예를 들어, 빈곤이나 실업은 사회 전체의 결함이라기보다 특정 부분의 기능 장애로 간주된다. 따라서 사회복지는 이러한 장애를 겪는 개인을 치료하거나 사회에 적응하도록 도와 사회의 질서와 안정을 회복하는 데 주력한다. 기능주의적 시각은 사회복지의 사회화 기능과 안전망 기능을 설명하는 데 유용하지만, 사회 변화보다는 현상 유지에 치중한다는 평가를 받기도 한다.

(2) 갈등주의 관점

갈등주의 관점은 사회를 권력과 자원을 둘러싼 집단 간의 끊임없는 갈등과 투쟁의 장으로 이해한다. 사회의 규범이나 제도는 구성원 모두의 합의라기보다 권력을 가진 지배 집단이 자신의 이익을 지키기 위해 형성한 구조로 파악된다.

갈등주의 관점에서 사회복지는 두 가지 측면을 가진다. 한편으로는 지배계급이 피지배계급의 불만을 잠재우고 체제를 유지하기 위한 통제 수단으로 활용될 수 있다고 비판한다. 그러나 다른 한편으로는 불평등한 구조를 개선하고 자원을 재분배하여 사회정의를 실현하는 강력한 도구가 될 수 있다고 본다. 갈등주의적 시각은 사회복지사에게 개인의 적응을 돕는 일과 더불어, 사회적 약자의 편에서 제도적 모순에 대응하고 근본적인 사회 변화를 이끌어낼 것을 요구한다.

2) 사회복지실천의 주요 관점

사회문제에 대한 인식은 사회복지 실천 방식에 직접적인 영향을 미친다. 사회복지 실천에서는 다양한 관점이 존재하지만 개인의 문제를 단순히 개인 내부의 특성으로 보지 않고, 개인과 환경의 상호작용 속에서 이해하려는 관점이 중요하게 활용된다. 주요 관점은 다음과 같다.

(1) 생태체계적 관점

인간을 독립된 개체로 보는 것이 아니라, 그를 둘러싼 환경과 끊임없이 상호작용하는 역동적인 존재로 파악한다. 이는 '환경 속의 인간(Person in Environment)'이라는 사회복지 특유의 통합적 시각을 제공한다. 개인을 둘러싼 체계는 미시체계(가족, 친구), 중간체계(학교, 직장), 거시체계(법, 문화, 제도) 등으로 층위가 나뉘며, 이 체계들 사이의 부적절한 연결이나 불균형이 문제를 일으킨다고 본다(Gitterman & Germain, 2008). 따라서 사회복지사는 클라이언트 개인의 심리적 변화를 돕는 활동과 더불어, 클라이언트의 삶에 영향을 미치는 주변 환경을 개선하고 자원을 연계하는 포괄적인 개입을 수행한다.

(2) 강점 관점

클라이언트의 질병, 장애, 결함과 같은 '문제'에 집중하기보다, 그가 가진 잠재력, 재능, 회복탄력성 등 '강점'에 초점을 맞추는 철학이다. 이는 모든 인간에게는 고난을 극복할 수 있는 자생적 능력이 있다는 믿음에서 출발한다(Saleebey, 2013). 이러한 강점 관점은 임파워먼트(empowerment, 권한 부여) 실천으로 이어진다. 임파워먼트는 클라이언트를 단순히 도움을 받는 수동적인 존재로 보지 않고, 자신의 삶을 스스로 통제하고 결정할 수 있는 '힘'을 가진 주체로 세우는 과정이다(Zastrow, 2017). 사회복지사는 클라이언트가 억압적인 환경 속에서 상실했던 권리와 역량을 찾아내도록 돕는 파트너 역할을 수행하며, 이를 통해 클라이언트가 자신의 문제를 스스로 해결할 수 있는 자기효능감을 높이도록 지원한다.

3) 사회복지 제도의 관점

사회복지 제도를 바라보는 관점은 국가가 국민의 삶에 어느 정도까지 개입하고 책임을 져야 하는지에 대한 인식 차이에서 출발한다. 이러한 인식은 사회복지의 제도적 성격을 결정짓는 핵심 기준이 되며, 대표적으로 잔여적 관점과 제도적 관점으로 구분된다(Wilensky & Lebeaux, 1958). 이 두 관점은 사회복지를 실제로 운영하는 방식에서 각각 선별주의와 보편주의라는 원리와 긴밀하게 연결되어 나타난다.

(1) 사회복지 제도에 대한 관점: 잔여적 모델과 제도적 모델

사회복지가 우리 사회에서 얼마나 핵심적인 위치에 있는지, 그리고 무엇을 위해 존재하는지에 따라 다음과 같이 구분된다(Wilensky & Lebeaux, 1958).

① 잔여적 관점(residual view)

사회복지를 가족이나 시장경제 체제가 제 기능을 수행하지 못할 때에만 일시적으로 보충되는 '최후의 안전망'으로 이해한다. 개인이 겪는 어려움은 우선적으로 개인과 가족의 책임이며, 국가는 이들이 정상적으로 기능하지 못하는 경우에 한해 제한적으로 개입해야 한다고 본다(Gilbert & Terrell, 2010). 이 관점에서 사회복지는 일상적인 제도가 아닌, 예외적 상황에서 작동하는 사후적 구제 장치의 성격을 지닌다(예시: 생활 유지가 일시적으로 어려운 가구에 지급되는 긴급복지지원이나 민간 구호 활동 등).

② 제도적 관점(institutional view)

사회복지를 현대 사회가 원활하게 작동하기 위해 반드시 필요한 '제일선의 기능'으로 이해한다. 실업, 질병, 노령화와 같은 생애주기적 위험은 개인의 실패가 아니라 사회 구조에서 비롯된 문제이므로, 국가는 모든 시민에게 상시적이고 제도화된 방식으로 서비스를 제공해야 한다고 본다(Wilensky & Lebeaux, 1958). 이 관점에서 사회복지는 예외적 구제가 아니라 사회를 유지시키는 기본적인 제도적 장치이다(예시: 전 국민을 대상으로 하는 국민연금, 건강보험, 의무교육 등).

(2) 사회복지 운영의 원리: 선별주의와 보편주의

앞선 관점들이 실제 현장에서 서비스 대상을 선정하는 방식으로 구체화된 운영 원리이다(Gilbert & Terrell, 2010).

① 선별주의(selectivity)

소득이나 자산 조사를 통해 복지 서비스의 대상을 엄격하게 제한하고, 스스로 문제를 해결하기 어려운 사람들에게만 지원을 집중하는 방식이다. 제한된 재원을 효율적으로 활용할 수 있다는 장점이 있으나, 수혜자에게 '도움받는 사람'이라는 사회적 낙인(stigma)을 부여하고 시민을 수혜자와 비수혜자로 구분함으로써 사회적 분절을 초래할 수 있다는 한계를 지닌다. 예를 들면, 소득인정액이 기준 중위소득의 일정 비율 이하인 가구에게만 생계비를 지원하는 기초생활보장제도, 저소득층 학생에게만 학습 비용을 지원하는 교육급여, 가정 형편이 어려운 학생들에게 제공되는 학비 감면 혜택 등이 대표적이다.

② 보편주의(universalism)

소득이나 자산 조사와 무관하게 모든 사회 구성원에게 복지 서비스를 권리로 제공하는 방식이다. 아동수당이나 의무교육과 같은 제도가 대표적이다. 이 방식은 낙인 효과를 줄이고 사회 구성원 간의 연대감을 강화하는 데 기여할 수 있으나, 상당한 재정이 소요되므로 조세 부담에 대한 사회적 합의가 필수적이다(Zastrow, 2017). 예를 들면, 부모의 소득 수준과 상관없이 8세 미만의 모든 아동에게 매월 일정 금액을 지급하는 아동수당, 모든 학생에게 차별 없이 제공되는 무상급식, 그리고 누구나 공평하게 교육받을 권리를 보장하는 의무교육 등이 대표적이다.

정리하기

1. 사회복지의 개념

- 사회복지는 개인의 선의나 자원봉사에 한정된 활동이 아니라, 현대 사회에서 발생하는 다양한 사회문제에 대응하기 위해 국가와 사회가 제도적으로 마련한 정책, 서비스, 전문적 실천을 포괄하는 학문이자 실천 영역이다.
- 사회복지는 인간의 안녕과 사회정의를 목표로 하여 개인과 환경의 상호작용에 개입하고, 제도와 서비스를 통해 실현되는 전문적 활동으로 이해할 수 있다. 또한 사회복지는 사회사업, 사회보장, 사회서비스, 사회안전망, 사회개발과 구분되면서도 이들을 포괄하는 상위 개념이다.

2. 사회복지의 기능

- 사회복지는 사회화 및 사회통제 기능, 사회적 위험에 대한 보호와 안전망 기능, 사회통합과 연대 촉진 기능, 사회 변화와 제도 개선 기능을 수행한다.

3. 사회복지의 관점

- 사회복지의 관점은 사회문제의 원인을 어떻게 이해하고, 사회복지가 어떤 역할을 수행해야 하는지를 판단하는 사고의 틀이다.
- 기능주의 관점은 사회의 안정과 질서 유지를 중시하며, 갈등주의 관점은 불평등 구조와 사회정의 실현에 주목한다.
- 사회복지 실천에서는 개인과 환경의 상호작용을 강조하는 생태체계적 관점과 인간의 잠재력과 역량을 중시하는 강점 관점이 중요하게 활용된다.
- 사회복지 제도에 대한 관점은 잔여적 관점과 제도적 관점으로 구분되며, 이는 각각 선별주의와 보편주의라는 운영 원리와 대응된다. 이러한 관점의 차이는 사회복지 정책과 제도의 성격, 그리고 사회복지사의 역할에 중요한 영향을 미친다.

- 많은 사람들이 사회복지를 '남을 돕는 일'이나 '자원봉사'로 인식한다. 이러한 인식이 사회복지 정책이나 사회복지사의 역할 이해에 어떤 한계를 가져올 수 있는지 생각해 봅시다.

- 잔여적 관점과 제도적 관점은 각각 선별주의와 보편주의와 대응된다. 우리 사회의 대표적인 복지 제도 하나를 선택하여, 그것이 어느 관점과 운영 원리에 더 가깝다고 생각하는지 그 이유를 논의해 봅시다.

CHAPTER 02

사회복지 가치와 윤리

CONTENTS

■ 이 장의 학습목표

어떤 문제를 사회문제로 인식하고, 누구를 지원의 대상으로 삼으며, 어떤 방식으로 개입할 것인지는 모두 가치 판단에 기초한다. 다시 말해 사회복지는 가치중립적인 활동이 아니라, 인간의 존엄, 권리, 책임, 정의에 대한 사회의 인식이 반영된 실천이라고 할 수 있다. 특히 사회복지사는 개인과 가족, 집단, 지역사회, 나아가 제도와 정책에 영향을 미치는 위치에 있기 때문에, 자신의 판단과 행동이 갖는 의미를 끊임없이 성찰할 필요가 있다. 이 과정에서 사회복지를 지탱하는 핵심 가치가 무엇인지, 그리고 이러한 가치를 실천 현장에서 어떻게 적용해야 하는지를 판단하는 윤리적 기준이 중요한 역할을 한다. 가치와 윤리는 사회복지사가 전문직으로서 책임 있는 결정을 내리도록 안내하는 기준이 되며, 사회복지 제도와 정책의 방향성을 점검하는 잣대이기도 하다.

이 장에서는 사회복지를 구성하는 핵심 가치와 윤리의 의미를 살펴보고, 사회복지 전문직에서 가치와 윤리가 왜 중요한지, 그리고 그것이 사회복지 실천과 제도 전반에 어떻게 적용되는지를 이해하고자 한다. 이를 통해 학습자는 사회복지를 단순한 지원 활동이 아니라, 분명한 가치와 윤리적 기준 위에서 이루어지는 전문적 실천으로 인식하게 될 것이다.

- 사회복지에서 가치와 윤리의 의미와 역할을 설명할 수 있다.
- 가치(value)와 윤리(ethics)의 차이와 상호 관계를 구분하여 설명할 수 있다.
- 사회복지를 지탱하는 핵심 가치가 무엇인지 이해하고 그 의미를 설명할 수 있다.
- 사회복지 실천과 제도에서 발생할 수 있는 가치 갈등과 윤리적 쟁점을 인식할 수 있다.

02 CHAPTER

사회복지 가치와 윤리

1. 사회복지에서 가치와 윤리의 의미

1) 사회복지는 가치중립적인가

사회복지학은 사회과학의 한 분야로서 현상을 객관적으로 분석하고 검증된 근거를 바탕으로 개입하는 과학적 성격을 지닌다. 그러나 동시에 사회복지는 인간의 삶을 변화시키려는 뚜렷한 목적을 가진 실천 학문이기에, 그 바탕에는 결코 배제할 수 없는 '가치'가 자리 잡고 있다.

사실을 발견하는 연구 과정에서는 객관적이고 과학적인 태도를 유지해야 하지만, 그 발견된 사실을 토대로 "어떠한 변화를 만들어낼 것인가"를 결정할 때는 사회복지 전문직이 지향하는 가치 판단이 개입될 수밖에 없다. 예를 들어, 빈곤의 실태를 파악하는 과정은 과학적이고 객관적이어야 하지만, 그 빈곤 문제를 해결하기 위해 국가가 개입해야 한다고 주장하는 것은 '사회적 연대'나 '국가의 책임'이라는 가치를 선택한 결과이다. 따라서 사회복지는 객관적인 과학적 토대 위에 가치적 지향점을 결합하여 실천하는 전문 학문으로 이해하는 것이 적절하다.

2) 사회복지학에서 가치와 윤리 점검 필요성

사회복지에서 가치와 윤리를 점검해야 할 필요성은 다음과 같다.

(1) 가치 판단이 전제되는 학문과 실천

사회복지는 사회문제를 바라보는 관점과 개입의 대상 및 방법을 둘러싼 선택과 판단이 축적되어 형성되는 학문적 · 제도적 실천 체계이다. 이러한 선택과 판단은 사회복지가 지향하는 가치에 근거하여 이루어지므로, 실천의 일관성을 유지하기 위해서는 그 가치에 대한 점검이 필요하다.

① 문제 정의에 투영되는 가치

예를 들어, 홀로 생활하는 노인의 빈곤 상황을 마주했을 때 이를 '가족의 부양 책임이 소홀해진 결과'로 인식할 것인지, 혹은 '국가의 사회안전망이 부족하여 발생한 구조적 문제'로 인식할 것인지는 사회복지사의 가치관에 따라 달라진다. 문제를 무엇으로 규정하느냐에 따라 해결을 위한 첫 걸음이 결정된다.

② 개입 방식에 담긴 가치

경제적 어려움을 겪는 가정에 도움을 줄 때, 즉각적인 생활비를 지원하여 생존권을 보장하는 방식과 스스로 자립할 수 있도록 직업 훈련을 제공하는 방식 중 무엇을 우선할 것인지 선택해야 한다. 이러한 결정은 '보호'와 '자립'이라는 서로 다른 가치 사이에서 사회복지사가 내리는 전문적 판단의 결과이다.

이처럼 사회복지 실천의 모든 단계에는 지향하는 가치가 내포되어 있다. 우리가 사회복지의 전제 가치를 면밀히 살피지 않는다면, 실천의 지향점이 모호해지거나 사회복지사의 주관적 편견이 클라이언트의 삶에 의도치 않은 영향을 미칠 위험이 있다. 따라서 사회복지사에게 가치를 점검하는 과정은 실천의 방향을 올바르게 잡아주는 필수적인 절차이다.

(2) 가치 갈등과 윤리적 딜레마의 해결

사회복지 실천 현장에서는 자기결정권과 보호, 비밀보장과 공공의 안전, 개인의 권리와 사회적 책임이 충돌하는 상황이 자주 발생한다. 가치와 윤리에 대한 점검은 이러한 윤리적 딜레마 상황에서 사회복지사가 올바른 판단을 내릴 수 있도록 돕는다.

(3) 전문직 권한과 책임의 자각

사회복지사는 클라이언트의 삶에 영향을 미치는 결정 권한을 지닌 전문직이다. 윤리 점검은 이러한 권한이 통제나 강요로 작동하지 않도록 하고, 인간의 존엄과 권리를 존중하는 방향으로 행사되도록 안내한다.

(4) 제도와 정책에 대한 비판적 성찰

사회복지 제도와 정책에는 특정한 가치관이 반영되어 있다. 가치와 윤리에 대한 점검은 복지 제도가 보호와 연대를 강화하는지, 아니면 낙인과 배제를 재생산하는지를 비판적으로 검토하게 한다.

(5) 사회복지 정체성과 신뢰의 유지

가치와 윤리는 사회복지를 전문적 실천으로 성립하게 하는 토대이다. 이에 대한 지속적인 점검은 사회복지사가 개인적 신념이 아닌 전문직의 기준에 따라 행동하도록 하며, 사회적 신뢰를 유지하는 데 기여한다.

3) 가치와 윤리의 관계

사회복지에서 가치와 윤리는 서로 밀접하게 연결되어 있지만, 각각 담당하는 역할은 구분된다. 가치는 사회복지가 무엇을 중요하게 여기고 어떤 방향을 지향하는지를 보여주는 기준이며, 윤리는 그러한 가치를 실제 실천에서 어떻게 적용할 것인지를 판단하게 하는 규범이다.

(1) 가치(value)

무엇이 바람직한 삶인지, 무엇을 중요하게 보호해야 하는지에 대한 기본적인 믿음과 지향을 의미한다. 이는 사회복지가 추구하는 목표이자 방향으로, 사회복지 실천의 출발점이 된다. 예를 들어 '인간의 존엄과 가치를 존중해야 한다'는 생각은 사회복지를 지탱하는 핵심 가치에 해당한다.

(2) 윤리(ethics)

이러한 가치를 실천 과정에서 구체적으로 적용하기 위한 행동 기준과 판단 원칙을 의미한다. 사회복지 실천에서는 다양한 선택 상황이 발생하는데, 윤리는 이때 무엇이 옳은 행동인지, 어떤 선택이 전문직으로서 책임 있는 판단인지를 안내하는 역할을 한다. 예를 들어 클라이언트의 사생활과 권리를 보호하기 위해 정보를 함부로 공개하지 말아야 한다는 비밀보장의 원칙은 윤리에 해당한다.

가치는 사회복지가 도달하고자 하는 목적지를 가리키는 나침반이며, 윤리는 그 목적지까지 안전하고 올바르게 도달할 수 있도록 돕는 실천 지침이다. 가치에 대한 깊은 이해 없이 윤리를 적용하면 형식적인 규칙 준수에 그칠 위험이 있으며, 윤리적 기준 없이 가치만을 내세우면 구체적인 실천력이 떨어진다. 이 두 요소가 함께 작동할 때 비로소 사회복지는 전문적이고 책임 있는 실천으로서의 토대를 갖추게 된다.

2. 사회복지의 핵심가치

사회복지는 자원 배분과 같은 공적 제도와 전달체계, 그리고 실제적인 서비스 제공을 통해 인간의 삶에 깊이 관여하며 실질적인 영향을 미친다. 이처럼 타인의 삶을 변화시키는 과정에는 필연적으로 '무엇이 옳은가' 혹은 '어떠한 상태가 바람직한가'에 대한 근본적인 성찰이 수반되어야 한다. 사회복지사가 마주하는 수많은 선택의 기로에서 판단 기준이 명확하게 바로 설 때 비로소 올바른 사회복지 정책과 제도가 수립되고, 진정성 있는 사회복지 서비스가 구현될 수 있기 때문이다.

이러한 맥락에서 사회복지는 기본적으로 '인간 존엄성'과 '사회정의'라는 두 축을 중심으로 학문적 · 실천적 토대를 형성해 왔다. 이러한 가치는 특정 개인의 주관적 신념이나 도덕적 선의에 머무는 것이 아니라, 전 세계 사회복지 전문직 단체들이 역사적 경험을 통해 공통적으로 확인하고 공유해 온 규범적 약속이자 전문직의 정체성을 규정하는 나침반이다.

1) 사회복지 가치 체계

(1) 국내외 전문직 단체의 가치 체계와 윤리적 원칙

사회복지의 가치는 개인의 주관적 판단이 아니라, 전 세계와 우리 사회의 사회복지사들이 함께 합의해 온 전문직의 공동 기준이다. 각국과 국제 사회의 전문직 단체들은 사회복지사가 지켜야 할 핵심 가치를 윤리강령과 선언의 형태로 제시하고 있다.

① 한국사회복지사협회

우리나라는 인간 존엄성과 사회정의를 양대 핵심 가치로 선언하고 있다. 사회복지사는 클라이언트의 개인적 · 사회적 · 문화적 · 정치적 · 종교적 다양성을 존중하며, 그들의 인권을 보호하고 자율적인 자기결정을 지원해야 한다. 또한, 단순히 개별 클라이언트를 돕는 것에 그치지 않고 부적절하고 억압적인 사회 제도와 관행을 변화시키기 위해 사회 구성원들과 연대하며 사회정의 실현에 앞장설 것을 명시하고 있다.

② 미국사회복지사협회(NASW)

윤리강령(2021)에서 서비스(service), 사회정의(social justice), 인간의 존엄성과 가치(dignity and worth of the person), 인간관계의 중요성(importance of human relationships), 성실성(integrity), 역량(competence)이라는 6대 핵심 가치를 제시하며, 이를 전문가가 준수해야 할 행동 지침으로 삼고 있다.

③ 국제사회복지사연맹(IFSW)와 국제사회복지학교육협의회(IASSW)

국제기구들은 '글로벌 사회복지 윤리원칙 선언'을 통해 인권 존중과 집단적 책임(collective responsibility)을 강조한다. 이는 복지가 개인의 권리인 동시에 공동체가 함께 짊어져야 할 사회적 책무임을 의미한다.

이처럼 표현 방식에는 차이가 있으나, 국내외 전문직 단체들이 제시하는 사회복지의 가치 체계는 인간의 존엄을 중심에 두고, 사회정의를 실현하기 위한 전문적 책임을 강조한다는 점에서 공통된 철학을 공유하고 있다.

(2) 사회복지 가치의 수준별 분류

사회복지 실천 현장에서 나타나는 가치는 그 추상성과 구체성에 따라 크게 궁극적 가치, 차상급 가치, 수단적 가치의 세 수준으로 분류할 수 있다(Levy, 1976; Rokeach, 1973). 이를 이해하는 것은 사회복지사가 지향하는 목적과 수단 사이의 논리적 일관성을 유지하는 데 필수적이다.

① 궁극적 가치(ultimate values)

사회복지 실천의 가장 상위에 위치하며, 시대나 장소를 초월하여 변하지 않는 보편적이고 추상적인 가치를 의미한다. 이는 사회복지 전문직이 도달하고자 하는 최종적인 목적지이다. 구체적인 실천 지침을 제공하기보다는 전문가로서 가져야 할 가장 근본적인 믿음의 토대를 형성한다. 인간의 존엄성, 자유, 평등, 박애, 사회정의 등이 이에 해당한다.

② 차상급 가치(intermediate values)

궁극적 가치보다는 구체적이지만, 여전히 일반적인 수준의 가치를 의미한다. 궁극적 가치를 실현하기 위해 사회복지 실천에서 강조되는 보다 세분화된 원칙들이다. 국가의 정책 방향이나 사회적 합의에 따라 강조점이 달라질 수 있는 중범위적 성격을 띤다. 자기결정권의 존중, 기회의 균등, 최소한의 인간다운 생활 보장 등이 포함된다.

③ 수단적 가치(instrumental values)

궁극적인 가치를 달성하기 위한 구체적인 수단이나 방법, 혹은 사회복지사의 실천적 태도를 의미한다. 실천 현장에서 사회복지사가 어떻게 행동해야 하는지에 대한 직접적인 지침이 된다. '인간 존엄성(궁극적 가치)'을 실현하기 위해, 상담 과정에서 클라이언트의 사생활을 철저히 보호하는 '비밀보장(수단적 가치)'을 실천하는 방식이다. 즉, 수단적 가치는 궁극적 가치를 현실화하는 도구가 된다. 클라이언트의 비밀보장, 수용, 비심판적 태도, 개별화, 성실성, 전문적 역량 등이 이에 해당한다.

2) 핵심 가치의 구체적 내용과 실천 원칙

사회복지의 핵심 가치는 추상적인 선언에 머물지 않고, 사회복지사의 구체적인 역할과 판단 기준이 된다. 여기에서는 인간 존엄성과 사회정의, 그리고 이를 뒷받침하는 전문가적 자세가 실제 실천 현장에서 어떻게 구현되는지 살펴보고자 한다.

(1) 인간 존엄성(human dignity)

인간 존엄성은 모든 인간이 그 자체로 존중받아야 한다는 사회복지의 가장 근본적인 가치이다. 이는 개인의 소득, 학력, 장애 여부, 국적 등 어떠한 조건과도 무관하게 적용되는 절대적인 가치이다. 사회복지는 클라이언트를 단순히 '문제가 있는 존재'나 '의존적인 대상'으로 보지 않고, 자기 삶의 주권을 가진 존엄한 주체로 인식한다.

① 자기결정의 존중

클라이언트가 자신의 삶을 스스로 선택할 권리를 보장하는 것이다.

사례 인지 능력이 유지되는 어르신이 자녀들의 요양시설 입소 권유에도 불구하고 "불편하더라도 내 집에서 지내고 싶다"고 하실 때, 사회복지사는 효율적인 관리보다 어르신의 의사를 우선하여 '재가 복지 서비스'를 먼저 연계하는 판단을 내린다. 이는 삶의 주도권을 존중하는 가치의 실현이다.

② 역량 강화(empowerment)

클라이언트가 환경에 적응하는 것을 넘어, 자신의 삶을 변화시킬 '힘'을 갖도록 돕는 것이다.

사례 자립 준비 청년(보호종료아동)에게 생활비 지급에 그치지 않고, 그들이 자조 모임을 통해 정보를 교환하고 스스로 주거 정책을 학습하여 독립적인 삶의 기술을 터득하도록 돕는 과정이 이에 해당한다.

③ 참여의 보장

서비스의 계획부터 평가까지 클라이언트를 핵심 파트너로 대우하는 것이다.

사례 장애인 복지관에서 프로그램을 기획할 때 전문가들이 임의로 결정하지 않고, 당사자 위원회를 구성하여 그들이 직접 원하는 프로그램의 종류와 시간을 결정하게 하는 것은 존엄성을 존중하는 중요한 실천 원칙이다.

(2) 사회정의(social justice)

사회정의는 사회복지가 개인의 어려움을 개인 차원에서만 다루지 않고, 그 배경이 되는 사회 구조와 제도에 주목하도록 만드는 핵심 가치이다. 사회복지는 빈곤, 실업, 차별, 배제와 같은 문제가 개인의 능력 부족이나 도덕적 결함에서 비롯된 것이 아니라, 자원의 불평등한 분배와 차별적인 사회 구조 속에서 형성된다는 인식에 기초한다. 이러한 점에서 사회정의는 사회복지가 왜 개인 지원을 넘어 제도와 정책에 개입해야 하는지를 설명하는 근거가 된다.

미국사회복지사협회(NASW)는 사회정의를 사회복지 전문직의 핵심 가치 가운데 하나로 명시하며, 사회복지사가 "사회적 불평등과 억압에 도전하고, 취약한 집단의 접근성과 기회를 확대해야 할 책임"이 있음을 강조한다. 이는 사회복지가 단순히 기존 제도 안에서 서비스를 제공하는 역할에 머무르지 않고, 불공정한 구조 자체를 비판적으로 검토해야 함을 의미한다.

국제사회복지사연맹(IFSW)과 국제사회복지학교육협의회(IASSW) 역시 사회정의를 사회복지의 핵심 원리로 제시하며, 사회복지가 인권 침해와 구조적 불평등에 대응하는 실천이어야 한다고 선언한다. 특히 빈곤, 차별, 배제와 같은 문제를 개인의 실패가 아닌 사회적 책임의 문제로 인식할 것을 강조하며, 사회복지가 집단적 책임과 연대를 통해 사회 변화를 추구해야 한다고 강조한다.

사회정의의 가치는 사회복지 실천에서 다음의 방식으로 구체화된다.

① 차별과 불평등에 대한 도전

사회복지사는 제도적 배제에 저항하며 공정한 기회를 옹호한다.

사례 다문화 가정 자녀들이 언어 장벽으로 인해 학교 내 방과 후 학습 서비스에서 소외되는 것을 발견했을 때, 사회복지사는 해당 학생에게 개인 과외를 붙여주는 수준을 넘어 교육청에 '다문화 전담 강사 배치'나 '언어 지원 시스템 개선'을 요구하는 옹호 활동을 펼친다.

② 다양성 존중과 연대

서로 다른 배경을 가진 사람들이 어우러질 수 있는 포용적 환경을 조성하는 것이다.

사례 1인 가구 급증에 따라 기존 4인 가족 중심의 주택 정책이나 복지 혜택이 닿지 않는 사각지대를 발굴하고, 지역 내 다양한 시민단체와 협력하여 '사회적 가족'을 형성하는 공동체 프로젝트를 운영하는 것은 연대를 통한 정의의 실현이다.

사회정의는 사회복지사가 누구의 편에 서서, 어떤 방향으로 개입해야 하는지를 판단하는 기준이 된다. 사회복지는 중립적인 조정자가 아니라, 인간의 존엄이 침해되고 불평등이 고착화되는 상황에서 이를 완화하고 개선하려는 방향성을 지닌 전문직이다. 따라서 사회정의는 사회복지를 개인 지원 중심의 활동에서 사회 변화를 지향하는 전문 실천으로 확장시키는 핵심 가치라 할 수 있다.

(3) 인권(human rights)

인권은 사회복지의 핵심 가치 가운데 인간 존엄성과 사회정의를 구체적으로 연결해 주는 개념이다. 인권이란 인간이 인간이라는 이유만으로 가지는 보편적이고 불가침적인 권리로서, 생존권, 자유권, 평등권, 사회권 등을 포함한다. 사회복지는 이러한 인권이 선언적 차원에 머무르지 않고, 실제 삶의 조건 속에서 실현되도록 지원하는 역할을 수행한다는 점에서 인권과 밀접한 관련을 맺는다. 인권은 다음의 내용을 바탕으로 사회복지 실천의 기준을 형성한다.

① 사회적 기본권으로서의 복지

사회복지는 국가가 베푸는 '혜택'이 아니라, 국민이 당당하게 요구할 수 있는 '권리'이다. 우리나라는 헌법 제34조 제1항을 통해 "모든 국민은 인간다운 생활을 할 권리를 가진다"고 명시하고 있다. 이는 사회복지사가 만나는 클라이언트가 시혜적 대상이 아닌, '권리의 주체'임을 분명히 하는 법적 · 윤리적 근거가 된다.

② 보편적 인권과 다양성

인권은 특정 계층에게만 주어지는 것이 아니라 모든 이에게 적용되는 보편성을 지닌다. 하지만 동시에 아동, 노인, 장애인, 이주민 등 각 집단이 처한 특수한 환경에 따라 세분화된 인권(예: 유엔 아동권리협약, 장애인권리협약 등)을 보장하는 것이 사회복지의 역할이다.

인권은 사회복지가 다루는 다양한 영역과 직결된다. 빈곤은 단순한 경제적 결핍이 아니라 인간다운 생활을 할 권리의 침해로 이해될 수 있으며, 아동 보호나 노인 돌봄 역시 보호의 문제가 아니라 안전하고 존엄한 삶을 누릴 권리의 보장이라는 관점에서 접근할 필요가 있다. 이러한 인권 기반 접근은 사회복지가 보호 중심의 실천에서 권리 중심의 실천으로 나아가도록 이끈다. 예를 들어 과거에는 장애인이나 노인을 시설에서 안전하게 보호하는 것만을 복지라고 생각했다. 그러나 이는 '거주 이전의 자유'나 '지역사회에서 어울려 살 권리'라는 인권의 측면에서 한계가 있었다. 현대 사회복지사는 클라이언트가 자신의 인권을 온전히 누릴 수 있도록 시설을 벗어나 지역사회 안에서 스스로 삶을 꾸려갈 수 있는 환경(활동지원 서비스, 유니버설 디자인 주거 등)을 만드는 데 가치를 두게 되었다.

인권의 가치는 사회정의와도 깊이 연결된다. 사회정의가 사회 구조와 제도의 불평등을 문제 삼는 가치라면, 인권은 그 불평등이 개인의 권리 침해로 어떻게 나타나는지를 구체적으로 드러내는 기준이 된다. 따라서 사회복지는 인권을 보호하고 증진하는 과정에서 사회정의를 실현하며, 이를 통해 인간 존엄성이라는 근본 가치를 실천하게 된다.

이처럼 인권은 인간 존엄성을 실질적인 권리로 구체화하고, 사회정의를 실천의 방향으로 전환시키는 핵심 가치이다. 사회복지는 인권 존중과 함께, 인권이 침해되는 현실에 대응하고 권리가 실현되는 사회적 조건을 만들어 가는 전문적 역할을 수행한다.

3. 사회복지 윤리와 윤리적 의사결정

사회복지의 가치는 사회복지가 지향하는 바람직한 방향을 제시하지만, 실제 실천에서는 가치만으로 모든 상황에 대한 답을 얻기 어렵다. 사회복지사는 현장에서 서로 다른 가치가 충돌하는 상황에 반복적으로 직면하며, 이때 무엇이 옳은 선택인지 판단해야 한다. 이러한 판단의 기준이 되는 것이 바로 사회복지 윤리이다.

1) 사회복지 윤리의 기본 원칙

(1) 클라이언트의 자기결정 존중

자기결정 존중은 사회복지 윤리의 핵심 원칙 가운데 하나로, 클라이언트가 자신의 삶에 대해 스스로 선택하고 결정할 권리를 인정하고 존중해야 한다는 의미를 지닌다. 사회복지는 개인을 보호의 대상이나 문제의 원천으로만 보지 않고, 자신의 삶을 주체적으로 살아가는 존재로 인식한다는 점에서 자기결정의 원칙을 중시한다. 이는 사회복지가 인간 존엄성과 인권을 실천하는 중요한 방식이다.

그러나 자기결정의 원칙은 항상 단순하게 적용되지는 않는다. 클라이언트의 선택이 본인이나 타인의 안전을 위협할 가능성이 있을 때, 사회복지사는 어디까지 그 결정을 존중해야 하는지에 대해 고민하게 된다. 이 지점에서 자기결정 존중과 보호의 책임 사이에 윤리적 긴장이 발생한다.

예를 들어, 고령의 노인이 신체 기능 저하와 건강 위험에도 불구하고 시설 입소를 거부하고 독거 생활을 선택하는 경우를 생각해 볼 수 있다. 이때 사회복지사는 노인의 의사를 무시하고 보호를 강요할 수는 없지만, 동시에 위험 요소를 충분히 설명하고 가능한 대안을 함께 모색해야 한다. 자기결정 존중은 방임을 의미하지 않으며, 충분한 정보 제공과 숙고의 과정을 거쳐 이루어질 때 비로소 윤리적으로 정당화된다.

(2) 비밀보장과 개인정보 보호

비밀보장은 사회복지 실천에서 신뢰 형성을 가능하게 하는 핵심 윤리 원칙이다. 사회복지사는 상담과 서비스 제공 과정에서 클라이언트의 개인적 정보와 사적인 이야기를 접하게 되며, 이러한 정보가 보호된다는 신뢰가 형성되어야만 진솔한 관계가 가능해진다. 따라서 사회복지사는 클라이언트의 동의 없이 정보를 외부에 공개하지 않아야 하며, 개인정보를 안전하게 관리할 책임이 있다.

그러나 비밀보장 원칙 역시 절대적인 것은 아니다. 클라이언트가 자신이나 타인의 생명과 안전에 심각한 위험을 가할 가능성이 있는 경우에는 비밀보장의 예외가 인정된다. 이때 사회복지사는 비밀보장과 안전 확보라는 두 가치 사이에서 윤리적 판단을 내려야 한다.

예를 들어, 학교사회복지사가 상담 과정에서 아동 학대가 의심되는 정황을 인지한 경우, 클라이언트의 비밀을 지키는 것보다 아동의 안전을 보호하는 것이 우선되어야 한다. 이 경우 사회복지사는 관련 법과 윤리 기준에 따라 신고 의무를 이행하게 되며, 이는 비밀보장을 위반하는 행위가 아니라 더 중요한 윤리적 책임을 수행하는 것으로 이해된다.

(3) 전문적 책임과 역량

전문적 책임과 역량은 사회복지사가 자신의 지식과 기술이 클라이언트의 삶에 미치는 영향을 인식하고, 전문직으로서 책임 있게 행동해야 함을 의미한다. 사회복지사는 자신의 전문적 한계를 인식하고, 충분한 역량이 없는 영역에서는 무리하게 개입하지 않아야 한다. 또한 변화하는 사회문제와 제도에 대응하기 위해 지속적으로 학습하고 전문성을 유지할 의무를 지닌다.

이 원칙이 문제되는 상황은 사회복지사가 경험이나 전문 지식이 충분하지 않은 상태에서 중요한 개입을 시도할 때 자주 발생한다. 선의로 시작한 개입이라 하더라도, 전문적 역량이 부족할 경우 클라이언트에게 오히려 해를 끼칠 수 있다.

예를 들어, 정신건강 문제가 의심되는 클라이언트를 전문적인 평가나 연계 없이 일반 상담만으로 계속 대응하려는 경우가 이에 해당한다. 이때 사회복지사는 자신의 한계를 인정하고, 정신건강 전문기관이나 관련 전문가와 협력하는 것이 윤리적으로 바람직한 선택이다. 전문적 책임은 모든 문제를 혼자 해결하려는 태도가 아니라, 적절한 연계와 협력을 포함한다.

(4) 공정성과 형평성

공정성과 형평성의 원칙은 사회복지 실천에서 자원을 어떻게 배분할 것인가와 밀접하게 관련된다. 사회복지는 모든 사람을 동일하게 대우하는 것만이 공정한 것이 아니라, 각 개인이 처한 상황과 필요의 차이를 고려한 개입이 필요하다는 인식에 기초한다. 즉, 형식적 평등이 아니라 실질적 형평성을 추구하는 것이 사회복지 윤리의 중요한 원칙이다.

이 원칙은 특히 제한된 자원을 배분해야 하는 상황에서 윤리적 쟁점으로 부각

된다. 모든 사람에게 충분한 지원을 제공할 수 없는 현실 속에서, 사회복지사는 누구에게 우선적으로 자원을 제공할 것인지 판단해야 한다.

예를 들어, 긴급복지지원 대상자를 선정하는 과정에서 여러 가구가 비슷한 경제적 어려움을 겪고 있다면, 사회복지사는 위기의 긴급성, 보호자의 부재 여부, 아동이나 노인의 존재 여부 등을 종합적으로 고려해 우선순위를 결정하게 된다. 이러한 판단은 개인적 호불호가 아니라, 공정성과 형평성이라는 윤리 원칙에 근거해 이루어져야 한다.

2) 윤리적 딜레마의 개념과 유형

(1) 윤리적 딜레마의 개념

윤리적 딜레마란 사회복지 실천 과정에서 두 가지 이상의 윤리적 가치나 원칙이 서로 충돌하여, 어느 하나를 선택하더라도 다른 하나를 침해할 수밖에 없는 상황을 의미한다. 이러한 상황에서는 명확한 정답이 존재하지 않으며, 사회복지사는 여러 가치와 결과를 종합적으로 고려하여 가장 책임 있는 판단을 내려야 한다.

사회복지는 인간의 삶에 깊이 개입하는 전문 영역이기 때문에, 윤리적 판단이 요구되는 상황이 빈번하게 발생한다. 그러나 현실의 문제는 교과서적인 원칙처럼 단순하지 않다. 자기결정을 존중하면 안전이 위협받을 수 있고, 비밀보장을 지키면 타인의 권리가 침해될 수 있으며, 형평성을 고려하면 보편성이 약화될 수 있다. 이처럼 윤리적 딜레마는 사회복지 실천의 예외적 상황이 아니라, 오히려 일상적인 판단 과정의 일부라고 할 수 있다.

중요한 점은 윤리적 딜레마가 사회복지사의 도덕적 결함이나 판단 능력 부족에서 발생하는 것이 아니라는 점이다. 오히려 이는 사회복지가 여러 가치와 책임을 동시에 추구하는 전문직이기 때문에 필연적으로 발생하는 현상이다. 따라서 윤리적 딜레마는 피해야 할 문제가 아니라, 전문적 성찰과 책임 있는 판단이 요구되는 상황으로 이해되어야 한다.

(2) 윤리적 딜레마의 특징

윤리적 딜레마는 몇 가지 공통적인 특징을 지닌다.

① 상충성(conflict)

상충성이란 둘 다 정당성을 가진 가치들이 서로 부딪혀 하나를 선택하면 다른 하나를 포기해야 하는 상태를 말한다. 나쁜 것과 좋은 것 중 하나를 고르는 것이 아니라, 좋은 것과 좋은 것 사이의 충돌이기에 해결이 어렵다. 예를 들어, 홀로 사는 치매 어르신이 자유롭게 외출하고 싶어 하실 때, 어르신의 자기결정권(자유)과 어르신을 사고로부터 지켜야 하는 보호 의무(안전)가 충돌하는 상황이 전형적인 상충성의 사례이다.

② 불확실성(uncertainty)

불확실성이란 사회복지사가 내린 결정이 미래에 어떤 결과를 가져올지 완벽하게 예측할 수 없는 상태를 의미한다. 인간의 삶은 복잡하기 때문에 현재의 최선이 미래의 최선이 아닐 수도 있다는 불안함이 내포된다. 예를 들어, 학대받는 아이를 부모와 즉시 분리하기로 결정했을 때, 아이가 안전해질 것이라는 기대도 있지만, 한편으로는 아이가 시설 생활에서 극심한 정서적 상처를 입지는 않을지 확신할 수 없는 상황이 이에 해당한다.

③ 책임성(accountability)

책임성이란 전문가로서 내린 결정에 대해 사회적, 법적, 도덕적으로 응답할 의무가 있음을 뜻한다. 사회복지사의 결정은 클라이언트의 삶에 지대한 영향을 미치므로, 모든 판단은 객관적인 근거와 전문적 가치에 기반해야 한다. 예를 들어, 자해 위험이 있는 클라이언트의 비밀보장 약속을 깨고 가족에게 알리는 결정을 내렸다면, 사회복지사는 클라이언트의 항의에 대해 생명 보호라는 상위 원칙을 근거로 자신의 행동을 정당화하고 그 결과에 대해 책임져야 한다.

(3) 윤리적 딜레마의 유형

사회회복지 제도 및 실천 현장에서 발생하는 윤리적 딜레마는 다음의 5가지 유형으로 구분할 수 있다.

① 가치 상충(conflict of values)

사회복지사가 두 가지 이상의 정당한 가치 사이에서 갈등하는 상황입니다. 가장 빈번하게 발생하는 유형으로, 주로 클라이언트의 자유와 사회복지사의 보호 의무가 충돌할 때 나타난다.

사례 스스로를 돌볼 능력이 부족한 어르신이 위험한 주거 환경에서도 시설 입소를 거부하고 자택 거주를 고집할 때, 어르신의 자기결정권과 어르신의 안전(생명 보호) 사이에서 갈등하게 된다.

② 의무 상충(conflict of loyalties)

사회복지사가 클라이언트에 대한 의무와 소속 기관 혹은 사회에 대한 의무 사이에서 갈등하는 상황이다. 사회복지사가 누구에게 더 우선적인 충성을 다해야 하는가의 문제이다.

사례 기관의 예산 부족으로 서비스 제공 대상을 축소해야 할 때, 기관의 행정적 방침을 따라야 하는 의무와 사각지대에 놓인 클라이언트를 끝까지 책임져야 하는 전문적 의무가 부딪히는 경우이다.

③ 클라이언트 체계의 다중성(multiple client systems)

하나의 사례에 여러 명의 클라이언트가 얽혀 있어, 누구의 이익을 우선해야 할지 결정하기 어려운 상황이다. 주로 가족 상담이나 집단 실천 현장에서 나타난다.

사례 아동학대가 의심되는 상황에서 아이의 안전을 최우선으로 해야 하지만, 동시에 부모의 변화를 돕고 가정을 유지해야 하는 과업이 충돌할 때 어느 쪽에 더 무게를 둘 것인지 고민하게 된다.

④ 결과의 불확실성(uncertainty of outcomes)

사회복지사가 내린 결정이 긍정적인 결과를 가져올지, 오히려 부작용을 낳을지 확신할 수 없을 때 발생하는 딜레마이다.

사례 중독 문제가 있는 청소년에게 강력한 훈육과 통제를 가하는 것이 아이를 올바른 길로 인도하는 약이 될지, 아니면 오히려 반항심을 키워 관계를 단절시키는 독이 될지 알 수 없어 망설여지는 상황이다.

⑤ 힘의 불균형(power imbalance)

사회복지사와 클라이언트 사이의 권력 차이로 인해 발생하는 문제이다. 전문가로서의 권한이 자칫 클라이언트의 자율성을 침해하거나 통제로 작용할 위험이 있을 때 발생한다.

사례 사회복지사가 특정 복지 서비스의 수혜 여부를 결정하는 막강한 권한을 가졌을 때, 클라이언트가 자신의 진심과는 다르게 사회복지사의 기분이나 의도에 맞추어 의사표현을 하는 상황에서 진정한 자기결정이 이루어지고 있는지 고민하게 된다.

3) 윤리적 판단과정과 의사결정 기준

윤리적 딜레마를 책임 있게 다루기 위해서는 체계적인 판단 과정과 기준이 필요하다. 감정이나 직관에 치우치지 않고, 전문적 근거에 기반한 결정을 내려야 한다.

먼저 윤리적 판단 과정과 관련하여, 리머(Reamer, 2018)는 윤리적 의사결정을 위해 다음과 같은 단계적 절차를 제시하였다.

- 윤리적 쟁점이 무엇인지 명확히 확인한다.
- 관련된 당사자와 이해관계를 파악한다.
- 윤리강령과 관련 법규를 검토한다.
- 가능한 대안별로 장단점과 결과를 예측한다.
- 결정을 실행한 뒤 그 결과를 평가한다.

이러한 절차는 윤리적 판단을 개인의 감정이 아니라 논리적 숙고의 과정으로 만들기 위한 틀을 제공한다.

다음으로 윤리적 의사결정 기준과 관련하여, 로웬버그와 돌고프는 여러 윤리 원칙이 충돌할 때 적용할 수 있는 우선순위 원칙을 제시하였다.

첫째는 생명보호의 원칙으로, 인간의 생존권은 다른 모든 가치에 우선한다.

둘째는 평등 및 차등의 원칙으로, 모든 사람은 평등하게 존중받아야 하지만,

더 취약한 사람에게 추가적인 지원을 제공하는 것은 정당하다.

셋째는 자율성과 자유의 원칙으로, 클라이언트의 자기결정권을 가능한 한 최대한 존중해야 한다.

넷째는 최소 해악의 원칙으로, 어떤 선택에서도 피해가 불가피하다면 가장 해가 적은 대안을 선택해야 한다.

다섯째는 삶의 질의 원칙으로, 개인과 공동체의 전반적인 삶의 질과 행복을 고려해야 한다.

여섯째는 사생활 보호와 비밀보장의 원칙으로, 개인정보는 철저히 보호되어야 하나 생명과 안전이 위협받는 경우에는 제한될 수 있음을 전제로 한다.

일곱째는 진실성과 완전 개방의 원칙으로, 사회복지사는 클라이언트에게 정직하고 투명하게 정보를 제공해야 할 의무가 있다.

이와 같은 윤리적 판단 과정과 의사결정 기준은 사회복지사가 복잡한 현실 속에서도 전문직으로서 책임 있는 선택을 내릴 수 있도록 돕는 중요한 지침이 된다. 윤리적 딜레마는 피해야 할 장애물이 아니라, 사회복지 전문성이 시험되고 성장하는 핵심적인 장면임을 이해할 필요가 있다. 윤리적 딜레마는 단순히 피해야 할 문제가 아니라, 사회복지사가 윤리적 민감성을 바탕으로 전문적 가치와 책임을 종합적으로 성찰하고 판단해야 하는 상황이다. 이러한 딜레마를 어떻게 인식하고 대응하는가는 사회복지 전문직의 정체성과 실천의 질을 형성하는 중요한 계기가 된다.

정리하기

1. 사회복지의 가치와 윤리

- 사회복지는 근거에 기반해 개입하지만, 무엇을 문제로 보고 어떤 변화를 만들지 선택하는 순간 가치 판단이 포함된다. 사회복지는 과학적 토대와 가치 지향이 결합된 실천 학문이다.

2. 핵심 가치의 구체적 내용과 실천 원칙

- 인간 존엄성: 모든 인간을 조건 없이 존중하는 근본 가치이다. 이는 클라이언트의 자기결정권을 보장하고, 스스로 삶을 변화시키는 역량 강화를 지원하며, 서비스 전 과정에 클라이언트의 참여를 이끌어내는 실천으로 나타난다.
- 사회정의: 개인의 문제를 사회 구조적 관점에서 파악하는 가치이다. 자원의 공정한 배분을 지향하며, 사회복지사는 차별과 불평등에 도전하고 소외된 계층을 대변하는 옹호자로서 지역사회와 연대하는 역할을 수행한다.
- 인권: 복지를 국가의 시혜가 아닌 국민의 사회적 기본권으로 인식하는 가치이다. 클라이언트를 수동적 수혜자가 아닌 권리의 주체로 대우하며, 시설 보호 중심에서 벗어나 지역사회 안에서 존엄하게 살 권리를 보장하는 인권 기반 접근을 강조한다.

3. 윤리적 딜레마의 발생 원인과 특징

- 딜레마는 단순히 정답이 없는 문제가 아니라, 두 가치가 충돌하는 상충성, 미래 결과를 확신할 수 없는 불확실성, 그리고 자신의 결정에 대해 전문가로서 응답해야 하는 책임성이라는 세 가지 핵심 요소를 갖는다.
- 5가지 딜레마 유형: 가치 상충, 의무 상충, 클라이언트 체계의 다중성, 결과의 불확실성, 힘의 불균형

4. 윤리적 판단 과정과 의사결정 기준

- 판단의 기초: 감정이나 직관이 아닌 논리적 숙고와 전문적 근거(윤리강령, 법규)를 바탕으로 결정해야 한다.

- 리머의 5단계 의사결정: 쟁점 확인 → 당사자 파악 → 지침(법규) 검토 → 대안별 결과 예측 → 실행 및 평가
- 로웬버그와 돌고프의 7대 우선순위: 생명보호 → 평등 및 차등 → 자율성과 자기결정 → 최소 해악 → 삶의 질 → 사생활과 비밀보장 → 진실성과 완전 개방

더 생 각 하 기

- 80대 독거노인 A 어르신은 심각한 영양실조와 질병으로 생명이 위험한 상태이지만, 평생 살아온 집을 떠나기 싫다며 요양시설 입소를 완강히 거부하고 있다. 담당 사회복지사인 A는 어르신의 생명을 구하기 위해 강제로라도 시설에 모셔야 할 것인가? 아니면 죽음을 각오하더라도 본인의 자유로운 선택을 존중해 드려야 할 것인가? 여러분이 생각하는 사회복지사의 올바른 개입 방향과 그 이유를 논의해 봅시다.

- 사회복지는 단순히 기술적인 도움을 주는 것을 넘어, 인간의 삶에 깊숙이 개입하는 가치 지향적 활동입니다. 예를 들어 빈곤 문제를 해결할 때, 이를 개인의 의지 부족으로 보느냐 혹은 사회 구조의 모순으로 보느냐에 따라 사회복지사의 역할은 완전히 달라집니다. 여러분은 왜 사회복지가 객관적인 수치만으로 설명될 수 없는 가치중립적이지 않은 활동인지, 사례를 들어 의견을 나눠 봅시다.

CHAPTER 03

사회복지의 구성요소

CONTENTS

■ 이 장의 학습목표

사회복지는 단순히 도움을 제공하는 행위가 아니라, 특정한 대상과 욕구를 전제로 하여 다양한 주체들이 제도적 틀 안에서 자원을 조달하고 서비스를 전달하는 복합적인 사회적 체계이다. 다시 말해 사회복지는 누가, 누구를 위해, 어떤 방식으로, 어떤 자원을 활용해 개입하는가에 대한 구조적 요소들로 구성된다.

이 장에서는 사회복지를 하나의 체계로 이해하기 위해 사회복지를 구성하는 핵심 요소들을 살펴본다. 먼저 사회복지의 대상과 욕구를 통해 사회복지가 개입하는 문제의 출발점을 이해하고, 국가 · 시장 · 비영리 민간이라는 사회복지 주체의 역할을 비교한다. 나아가 사회복지 전달체계와 방법을 검토함으로써 사회복지가 실제로 작동하는 구조를 종합적으로 이해하고자 한다. 이를 통해 사회복지를 정책, 제도, 실천이 유기적으로 연결된 사회적 시스템으로 파악할 수 있을 것이다.

- 사회복지에서 욕구의 의미와 중요성을 설명하고, 인간욕구 · 기본욕구 · 사회적 욕구의 유형을 구분할 수 있다.
- 사회복지 주체로서 국가, 시장, 비영리 민간의 역할과 특징을 비교하여 설명할 수 있다.
- 사회복지 전달체계의 개념과 구성 요소를 이해하고, 운영주체 및 기능에 따른 전달체계 유형을 설명할 수 있다.
- 사회복지 방법의 주요 유형을 구분하고, 실천 수준에 따른 특징을 이해할 수 있다.

03 CHAPTER

사회복지 구성요소

1. 사회복지 대상과 욕구

사회복지를 이해하기 위해서는 사회복지가 누구를 대상으로 하며, 어떤 역할과 기능을 수행하는지를 살펴볼 필요가 있다. 사회복지는 특정 집단에 한정된 활동이 아니라, 사회 구성원 전반을 대상으로 하되 각 개인이 처한 상황과 욕구에 따라 다양한 방식으로 개입하는 영역이다. 따라서 사회복지의 구성요소를 이해하는 것은 사회복지를 제도와 실천을 체계적으로 파악하는 데 중요한 출발점이 된다.

1) 사회복지의 대상

사회복지의 대상은 도움을 받는 개인이나 특정 취약계층에만 한정되지 않는다. 현대 사회복지는 개인이 처한 문제의 원인이 개인 내부에만 있지 않으며, 가족과 지역사회, 제도와 정책, 그리고 서비스 전달체계와 같은 다양한 사회적 차원과 밀접하게 연결되어 있다는 인식에 기초한다. 이에 따라 사회복지의 대상은 다음과 같이 여러 차원으로 구분하여 이해할 수 있다.

(1) 개인 차원의 대상

사회복지는 빈곤, 질병, 장애 등으로 인해 긴급한 보호가 필요한 취약계층은 물론, 현대 사회를 살아가는 일반 시민 모두를 대상으로 삼는다. 인간은 누구나 영유아기, 청소년기, 청장년기, 노년기라는 생애주기를 거치며 각 단계마다 양육, 교육, 취업, 노후 준비와 같은 보편적인 삶의 과제와 욕구에 직면하기 때문이다. 따라서 사회복지의 대상은 일시적으로 생활의 어려움을 겪는 개인을 비롯하여, 더 나은 삶의 질을 추구하고 자신의 잠재력을 발휘하고자 하는 사회 구성원 전체를 포괄한다.

(2) 집단과 지역사회 차원의 대상

사회복지는 개인을 둘러싼 가족과 지역사회뿐만 아니라, 공통된 특성이나 문제를 공유하는 특수욕구집단 역시 중요한 대상으로 인식한다. 특수욕구집단은 신체적 · 정신적 장애인, 보호가 필요한 아동, 경제적 기반이 약한 노인, 그리고 문화적 차이로 사회 적응에 어려움을 겪는 다문화 가족이나 북향민 등을 포함한다. 이러한 집단은 일반적인 시민들과는 차별화된 지원이 필요하기에, 이들의 특수한 욕구에 맞춘 집단 프로그램이나 맞춤형 서비스를 제공한다. 동시에 이들이 거주하는 지역사회의 고립 문제를 해결하기 위해 지역사회 조직화와 돌봄 체계 구축을 시도한다. 이는 개인의 문제를 사회적 관계망 속에서 해결하고자 하는 접근 방식이다.

(3) 제도와 정책 차원의 대상

현대 사회복지에서 중요한 대상 중 하나는 제도와 정책 그 자체이다. 사회복지는 개인의 어려움이 불완전한 제도 설계나 배제적인 정책 기준에서 비롯되는 경우가 많다는 점에 주목한다. 복지급여의 소득 기준이나 정책 간의 사각지대 문제는 개인의 노력만으로 해결할 수 없는 구조적 문제이다. 이러한 경우 사회복지는 제도 개선과 정책 변화를 개입의 대상으로 삼아, 보다 공정하고 포괄적인 사회적 보호 체계를 구축하고자 노력한다.

(4) 서비스 전달체계 차원의 대상

사회복지는 복지 서비스가 실제로 전달되는 과정과 구조 역시 중요한 대상으로 본다. 이용 절차의 복잡성이나 기관 간 역할 분담의 혼선은 복지의 효과를 약화시킬 수 있다. 이에 사회복지는 서비스 전달체계를 점검하고 조정하여, 필요한 사람이 적절한 시기에 서비스를 받을 수 있도록 하는 것을 중요한 과제로 삼는다.

2) 사회복지에서의 욕구

(1) 사회복지에서 욕구의 의미

사회복지에서 말하는 욕구(need)란 개인이나 집단이 인간다운 삶을 유지하고 사회 구성원으로서 기능하기 위해 반드시 충족되어야 할 조건이나 상태를 의미한다. 욕구는 단순한 개인의 바람이나 희망을 넘어, 충족되지 않을 경우 신체적 · 정서적 · 사회적 손상을 초래하거나 사회적 문제로 발전할 가능성을 지닌다는 점에서 사회적 개입의 정당성을 갖는다.

일상적으로 욕구는 개인의 주관적 요구로 이해되기도 하지만, 사회복지에서는 욕구를 보다 객관적이고 규범적인 개념으로 다룬다. 즉, 욕구란 개인의 선택 여부와 관계없이 인간으로서 최소한의 삶의 질을 유지하기 위해 사회적으로 충족되어야 할 필요조건을 의미한다. 이러한 관점에서 사회복지는 욕구를 개인의 책임이 아닌, 사회가 함께 인식하고 대응해야 할 과제로 이해한다.

(2) 사회복지에서 욕구 개념의 중요성

욕구는 사회복지 개입의 출발점이자 정당성의 근거이다. 사회복지는 "누가 어떤 어려움을 겪고 있는가"라는 질문에서 나아가, "그 어려움이 어떤 욕구의 미충족에서 비롯되었는가"를 분석함으로써 개입의 방향과 수준을 결정한다(김상균 외, 2009).

① 욕구는 사회문제를 정의하는 기준이 된다.

빈곤, 실업, 돌봄 공백, 사회적 고립과 같은 문제는 개인의 능력 부족이 아니라, 기본적인 욕구가 충족되지 못한 상태로 해석될 수 있다. 이러한 욕구 중심의 이해는 사회문제를 도덕적 판단이 아닌 구조적 문제로 인식하게 한다.

② 욕구는 사회복지 대상 선정과 자원 배분의 기준이 된다.

사회복지 정책과 서비스는 한정된 자원을 효율적이고 공정하게 배분해야 하므로, 욕구의 정도와 성격을 파악하는 과정이 필수적이다. 긴급한 생존 욕구가 우선되는지, 장기적인 발달과 사회참여 욕구가 중심이 되는지에 따라 개입 방식은 달라진다.

③ 욕구는 사회복지 실천 방법을 결정하는 기준이 된다.

동일한 대상이라 하더라도 욕구의 유형에 따라 상담, 소득 지원, 돌봄 서비스, 교육 · 훈련, 제도 개선 등 서로 다른 실천 전략이 요구된다. 따라서 욕구에 대한 정확한 이해는 사회복지 실천의 전문성을 좌우하는 핵심 요소이다.

(3) 사회복지에서 욕구의 유형

사회복지학에서는 욕구를 여러 기준에 따라 구분하지만, 교육 현장에서는 인간욕구, 기본욕구, 사회적 욕구의 세 범주로 구분하는 방식이 이해에 도움이 된다.

① 인간욕구(human needs)

인간욕구는 인간이라면 누구나 공통적으로 지니는 보편적인 욕구를 의미한다. 이는 생물학적 존재로서의 인간뿐만 아니라, 사회적 · 심리적 존재로서의 인간이 갖는 욕구까지 포함한다. 생존을 위한 음식과 주거, 안전에 대한 욕구뿐 아니라, 애정, 소속감, 존중, 자아실현과 같은 욕구도 인간욕구에 해당한다.

사회복지는 인간욕구가 개인의 노력만으로 충족되기 어렵거나, 사회적 조건에 의해 제약될 수 있다는 점에 주목한다. 따라서 인간욕구를 충족시키는 것은 개인의 선택 문제가 아니라 사회적 책임의 영역으로 이해된다.

② 기본욕구(basic needs)

기본욕구는 인간의 생존과 직결되는 최소한의 욕구를 의미하며, 충족되지 않을 경우 즉각적인 위험이나 심각한 삶의 붕괴를 초래할 수 있다. 일반적으로 식생활, 의복, 주거, 건강, 안전, 최소한의 소득 보장 등이 기본욕구에 포함된다.

사회복지에서 기본욕구는 우선적으로 충족되어야 할 욕구로 간주된다. 긴급복지지원, 기초생활보장, 의료급여와 같은 제도는 기본욕구 충족을 목표로 설계된 대표적인 사회복지 정책이다. 기본욕구 개념은 사회복지가 '최소한의 인간다운 삶'을 보장해야 한다는 윤리적 · 법적 근거를 제공한다.

③ 사회적 욕구(social needs)

사회적 욕구는 개인이 사회 구성원으로서 역할을 수행하고, 관계를 형성하며, 사회에 참여하기 위해 필요한 욕구를 의미한다. 교육, 고용, 돌봄, 사회적 관계, 문화적 참여, 차별 없는 대우 등이 이에 해당한다.

사회적 욕구는 생존과 직접 연결되지는 않지만, 장기적으로 삶의 질과 사회통합에 결정적인 영향을 미친다. 사회복지는 사회적 욕구가 충족되지 않을 경우 개인이 고립되거나 배제될 수 있다는 점에서, 이를 개인의 문제로 방치하지 않고 제도와 서비스를 통해 지원한다. 노인 여가 프로그램, 장애인 직업재활, 지역사회 통합 돌봄은 사회적 욕구에 대응하는 사회복지 실천의 예이다.

2. 사회복지 주체: 국가, 시장, 비영리 민간

사회복지는 특정한 하나의 주체에 의해 이루어지는 활동이 아니라, 국가, 시장, 비영리 민간이라는 다양한 사회적 주체들이 각자의 역할을 분담하며 수행하는 영역이다. 사회가 개인의 욕구와 문제에 어떻게 대응하는가는, 어떤 주체가 중심이 되어 복지를 제공하는지에 따라 그 성격과 내용이 달라진다. 따라서 사회복지의 주체를 이해하는 것은 사회복지 제도의 구조와 한계를 파악하는 데 중요한 출발점이 된다.

1) 국가

국가(state)는 사회복지의 가장 핵심적인 주체이다. 국가는 법과 제도를 통해 사회복지의 기준을 설정하고, 조세와 사회보험료를 재원으로 삼아 복지 서비스를 안정적으로 제공할 수 있는 권한과 책임을 지닌다. 특히 국민의 생존과 기본적 삶의 조건을 보장하는 영역에서 국가는 대체 불가능한 역할을 수행한다.

국가가 사회복지의 주체로 등장하게 된 배경에는 개인이나 가족, 민간 차원의 노력만으로는 산업화와 도시화로 인한 대규모 사회문제를 해결하기 어렵다는 인식이 자리하고 있다. 실업, 노령, 질병, 장애와 같은 위험은 개인의 책임을 넘어 사회 전체가 분담해야 할 문제로 이해되었고, 이에 따라 국가는 복지국가의 형태로 사회복지에 적극 개입하게 되었다.

국가 주도의 사회복지는 보편성과 안정성이라는 장점을 지닌다. 법에 근거해 제공되므로 서비스의 지속성이 보장되고, 국민은 복지를 시혜가 아닌 권리로 요구할 수 있다. 국민연금, 건강보험, 기초생활보장제도와 같은 제도는 국가가 사회복지의 주체로서 수행하는 대표적인 역할이다. 그러나 국가 중심의 사회복지는 획일화와 관료화의 한계도 지닌다. 개인의 다양한 욕구를 세밀하게 반영하기 어렵고, 재정 부담과 행정 절차의 경직성이 문제로 제기되기도 한다. 이러한 한계를 보완하기 위해 다른 주체들과의 협력이 요구된다.

2) 시장

시장(Market)은 재화와 서비스를 거래하는 경제적 영역으로, 사회복지에서도 중요한 역할을 담당한다. 시장을 통한 사회복지는 주로 민간 기업이나 영리 기관이 서비스를 제공하고, 이용자가 비용을 지불하는 방식으로 이루어진다. 민간 의료 서비스, 유료 요양시설, 민간 보험 등이 이에 해당한다.

시장 주체의 장점은 효율성과 선택의 다양성이다. 경쟁을 통해 서비스의 질이 향상될 가능성이 있고, 이용자는 자신의 선호에 따라 서비스를 선택할 수 있다. 또한 국가지출 부담을 완화하는 기능도 수행한다. 그러나 시장은 이윤을 목적으로 작동하기 때문에, 사회복지 영역에서는 구조적인 한계를 가진다. 소득이 낮거나 사회적으로 취약한 사람들은 비용 부담으로 인해 필요한 서비스를 이용하지 못할 가능성이 크다. 이로 인해 복지가 소비 능력에 따라 차별적으로 제공되는 문제가 발생할 수 있다.

따라서 사회복지에서 시장은 국가를 대체하는 주체라기보다, 공공복지를 보완하는 역할로 이해하는 것이 적절하다. 국가는 시장이 담당하는 영역을 규제하고 조정함으로써, 서비스의 접근성과 공공성을 확보하려는 노력을 병행한다.

3) 비영리 민간

비영리 민간(nonprofit and civil society sector)은 국가와 시장의 한계를 보완하는 중요한 사회복지 주체이다. 여기에는 사회복지법인, 비영리단체, 시민단체, 종교기관, 자원봉사 조직 등이 포함된다. 이들은 이윤을 목적으로 하지 않으며, 공익과 사회적 가치를 중심으로 활동한다.

비영리 민간의 강점은 현장 밀착성과 유연성이다. 지역사회와 클라이언트의 욕구를 비교적 빠르게 파악할 수 있고, 제도화되지 않은 새로운 문제에 대해 창의적인 대응이 가능하다. 또한 국가 제도의 사각지대에 놓인 집단을 발굴하고 지원하는 데 중요한 역할을 수행한다.

사회복지관, 지역아동센터, 노인복지시설, 장애인 복지시설 등은 비영리 민간이 중심이 되어 운영되는 대표적인 사례이다. 이들 기관은 국가의 재정 지원을 받으면서도, 민간의 전문성과 자율성을 바탕으로 서비스를 제공한다.

다만 비영리 민간 역시 재정의 불안정성과 인력 의존성이라는 한계를 지닌다. 후원금이나 보조금에 크게 의존할 경우, 서비스의 지속성이 위협받을 수 있으며, 지역 간 자원 격차가 서비스 수준의 불균형으로 이어질 가능성도 있다.

4) 사회복지 주체 간의 상호보완적 관계

현대 사회복지는 국가, 시장, 비영리 민간 중 어느 하나의 주체만으로는 충분히 기능하기 어렵다. 국가는 기본적 안전망과 권리를 보장하고, 시장은 효율성과 선택의 폭을 제공하며, 비영리 민간은 현장 중심의 전문성과 유연성을 발휘한다. 이 세 주체는 경쟁 관계가 아니라 상호보완적인 관계 속에서 작동한다.

따라서 사회복지를 이해할 때에는 “누가 더 옳은 주체인가”를 묻기보다, 각 주체가 어떤 역할을 담당하고 어떻게 협력할 수 있는지를 살펴보는 관점이 필요하다. 사회복지사의 역할 역시 특정 주체에 국한되지 않고, 이들 간의 연결과 조정을 통해 클라이언트의 욕구가 효과적으로 충족되도록 돕는 데 있다.

3. 사회복지의 전달체계와 방법

사회복지는 제도와 정책이 존재한다고 해서 자동으로 실현되지 않는다. 사회복지가 실제 삶의 현장에서 작동하기 위해서는 필요한 사람에게 적절한 서비스가 정확한 방식으로 전달되어야 한다. 이러한 과정을 담당하는 구조가 사회복지의 전달체계이며, 전달체계를 통해 수행되는 구체적인 개입 방식이 사회복지의 방법이다. 따라서 전달체계와 방법은 사회복지가 제도적 선언을 넘어 실제 실천으로 구현되는 핵심 경로라 할 수 있다.

1) 사회복지 전달체계

(1) 사회복지 전달체계의 의미

사회복지 전달체계란 사회복지 정책과 서비스가 기획되어 대상자에게 제공되기까지의 조직, 인력, 절차, 관계의 전체 구조를 의미한다. 이는 서비스를 제공하는 기관부터 중앙정부부터 지방자치단체, 공공기관, 민간기관, 현장 실천가에 이르기까지 복지 서비스가 이동하는 전 과정을 포함한다.

전달체계는 사회복지의 효과성과 형평성을 좌우한다. 동일한 정책이라 하더라도 전달체계가 복잡하거나 접근성이 낮을 경우, 실제 도움이 필요한 사람이 서비스를 이용하지 못하는 문제가 발생할 수 있다. 반대로 전달체계가 간결하고 연계가 잘 이루어질수록 사회복지는 보다 실질적인 삶의 변화를 만들어 낼 수 있다.

(2) 사회복지 전달체계의 기본 구성 요소

사회복지 전달체계는 정책과 제도가 실제 생활 현장에서 작동하도록 연결하는 구조로, 여러 구성 요소가 유기적으로 결합되어 이루어진다. 이들 요소는 각각 독립된 기능을 수행하지만, 상호 연계될 때 사회복지의 효과성과 공공성이 확보된다.

① 정책 결정 및 기획 주체

정책 결정 및 기획 주체는 사회복지의 방향과 기준을 설정하는 핵심 요소이다. 중앙정부와 지방자치단체는 사회복지 정책의 기본 목표를 정하고, 누구를 대상으로 어떤 수준의 지원을 제공할 것인지에 대한 제도적 틀을 마련한다. 이 과정에서 복지의 대상 범위, 급여의 종류와 수준, 서비스 제공 방식, 재원 조달 구조 등이 함께 결정된다.

중앙정부는 전국 단위의 정책 방향과 법적 기준을 제시하며, 지방자치단체는 지역의 특성과 여건에 맞추어 이를 구체화하고 보완한다. 이러한 역할 분담을 통해 사회복지는 전국적 형평성을 유지하면서도 지역별 다양성을 반영할 수 있다. 정책 결정 및 기획 주체는 사회복지가 권리로서 안정적으로 제공되도록 하는 제도적 기반을 형성한다.

② 서비스 제공 기관

서비스 제공 기관은 정책과 제도를 실제로 실행하는 전달체계의 실천적 중심이다. 공공기관에는 행정복지센터, 공공병원, 공공 돌봄 기관 등이 포함되며, 민간 영역에는 사회복지관, 복지시설, 비영리 민간단체 등이 해당한다.

이들 기관은 정책에서 규정한 내용을 현장의 상황에 맞게 적용하여, 상담, 급여 제공, 돌봄, 재활, 교육 등의 서비스를 수행한다. 공공기관은 법과 제도에 따른 표준화된 서비스 제공에 강점을 가지며, 민간 사회복지기관은 지역사회 밀착성과 유연성을 바탕으로 다양한 욕구에 대응한다. 현대 사회복지에서는 공공과 민간 기관이 협력하여 전달체계를 구성하는 경우가 일반적이다.

③ 전달 인력

전달 인력은 사회복지 전달체계의 실제 작동을 가능하게 하는 핵심 요소이다. 사회복지사를 비롯하여 상담사, 간호사, 치료사 등 다양한 전문 인력이 전달체계 안에서 활동한다. 이들은 클라이언트와 직접 접촉하며 욕구를 사정하고, 적절한 서비스로 연결하며, 개입 과정을 조정 · 관리하는 역할을 수행한다.

특히 사회복지사는 정책과 현장을 연결하는 매개자로서, 제도의 취지를 이해하고 이를 클라이언트의 삶에 맞게 해석하는 역할을 담당한다. 전달 인력의 전문성과 윤리성은 사회복지 서비스의 질과 신뢰성을 좌우하는 중요한 요소이다.

④ 이용자(대상자)

이용자, 즉 사회복지의 대상자는 전달체계의 최종적이자 중심적인 요소이다. 사회복지 전달체계는 이용자가 제도와 서비스를 이해하고 실제로 접근할 수 있다는 전제를 바탕으로 설계되어야 한다. 제도가 아무리 잘 마련되어 있더라도,

절차가 복잡하거나 정보가 부족하여 이용자가 접근하지 못한다면 전달체계는 제대로 기능하지 못한다.

또한 이용자는 단순한 수혜자가 아니라, 전달체계를 평가하고 개선하는 중요한 주체이다. 이용자의 경험과 의견, 불편 사항은 전달체계의 문제점을 드러내는 지표가 되며, 이를 반영하는 과정은 사회복지의 공공성과 책임성을 강화한다. 현대 사회복지는 이용자의 참여와 권리성을 점점 더 중시하는 방향으로 발전하고 있다.

2) 사회복지 전달체계의 유형

사회복지 전달체계는 누가 운영하는가, 그리고 어떤 기능을 중심으로 구성되는가에 따라 다양한 유형으로 구분할 수 있다. 이러한 유형 구분은 전달체계의 성격과 한계를 이해하고, 보다 효율적이고 공정한 복지 제공 방식을 모색하는 데 중요한 기준이 된다.

(1) 운영주체에 따른 전달체계 유형

운영주체에 따른 구분은 사회복지 서비스가 어떤 주체에 의해 조직되고 제공되는지를 기준으로 한다. 일반적으로 공공 전달체계, 민간 전달체계, 공공-민간 협력 전달체계로 나눌 수 있다.

① 공공 전달체계

공공 전달체계는 국가나 지방자치단체가 직접 운영하는 사회복지 전달체계를 의미한다. 중앙정부, 광역 · 기초 지방자치단체, 행정복지센터, 공공병원 등이 이에 해당한다. 공공 전달체계는 법과 제도에 근거하여 운영되며, 서비스 제공의 형평성과 보편성을 확보하는 데 강점을 가진다. 또한 재정 안정성이 높고, 권리로서의 복지를 제도적으로 보장할 수 있다는 장점이 있다.

반면, 행정 절차가 복잡하고 지역이나 개인의 다양한 욕구에 유연하게 대응하기 어렵다는 한계도 존재한다.

② 민간 전달체계

민간 전달체계는 사회복지법인, 비영리 민간단체, 사회복지관, 복지시설 등 민간 주체가 운영하는 전달체계를 말한다. 민간 전달체계는 지역사회에 밀착되어 있으며, 대상자의 개별적이고 다양한 욕구에 비교적 유연하게 대응할 수 있다는 장점이 있다. 또한 혁신적인 프로그램 개발과 실험적 실천이 가능하다는 점에서 사회복지 발전에 중요한 역할을 해 왔다.

그러나 재정의 불안정성, 기관 간 서비스 수준의 차이, 지역별 편차가 발생할 수 있다는 점은 민간 전달체계의 한계로 지적된다.

③ 공공 - 민간 협력 전달체계

공공-민간 협력 전달체계는 정책과 재정은 공공이 담당하고, 서비스의 실제 제공은 민간 기관이 수행하는 방식이다. 현대 사회복지 전달체계에서 가장 일반적으로 활용되는 형태로, 공공의 책임성과 민간의 전문성 · 유연성을 결합하고자 하는 목적을 지닌다.

예를 들어, 국가가 재원을 지원하고 기준을 설정하되, 지역 사회복지관이나 민간 시설이 프로그램을 운영하는 방식이 이에 해당한다. 이 유형은 효율성과 접근성을 동시에 추구할 수 있으나, 역할 분담이 불명확할 경우 책임 소재가 모호해질 위험도 존재한다.

(2) 기능에 따른 전달체계 유형

기능에 따른 구분은 전달체계가 수행하는 역할의 성격에 따라 나누는 방식으로, 일반적으로 행정체계와 집행체계로 구분된다.

① 행정체계

행정체계는 사회복지 정책의 기획, 조정, 관리, 감독을 담당하는 기능 중심의 전달체계이다. 중앙정부와 지방자치단체의 복지 관련 부서가 이에 해당한다. 사회복지 제도의 법적 근거 마련, 예산 편성, 대상자 기준 설정, 서비스 지침 수립 등의 역할을 수행한다.

행정체계는 사회복지 전달체계의 방향성과 틀을 결정하는 기능을 담당하며, 제도의 일관성과 공공성을 유지하는 데 핵심적인 역할을 한다. 다만, 행정 중심의 전달체계는 현장의 개별적 상황을 충분히 반영하지 못할 위험이 있다.

② 집행체계

집행체계는 행정체계에서 수립된 정책과 제도를 실제 현장에서 실행하는 기능을 담당한다. 사회복지관, 복지시설, 공공 · 민간 서비스 제공 기관, 그리고 이곳에서 활동하는 사회복지사가 집행체계의 중심을 이룬다.

집행체계는 클라이언트의 욕구를 직접 파악하고, 상담 · 서비스 제공 · 연계 · 사례관리 등의 실천을 수행한다. 이 체계는 정책이 실제 삶의 조건 속에서 어떻게 작동하는지를 보여주는 영역이며, 사회복지의 실질적 성과가 나타나는 공간이다.

행정체계와 집행체계는 분리된 것이 아니라 상호 보완적인 관계에 있다. 행정체계가 제도의 방향과 기준을 제시한다면, 집행체계는 그 기준이 현실에 맞는지 피드백을 제공한다. 전달체계의 효과성은 이 두 기능이 얼마나 유기적으로 연결되어 있는가에 따라 크게 좌우된다.

3) 사회복지 방법

사회복지 방법이란 사회복지사가 전달체계 안에서 욕구를 파악하고 문제 해결을 위해 사용하는 전문적 개입 방식과 실천 전략을 의미한다. 방법은 단순한 기술이 아니라, 사회복지의 가치와 이론을 실제 행동으로 옮기는 실천 도구이다.

사회복지 방법은 전통적으로 개별사회복지실천, 집단사회복지실천, 지역사회조직과 같은 방식으로 발전해 왔으며, 현대에는 사례관리, 통합적 서비스 제공, 옹호와 정책 개입 등으로 확장되었다. 사회복지사는 클라이언트의 상황과 욕구, 환경 조건에 따라 적절한 방법을 선택하고 조합하여 활용한다.

(1) 개별사회복지실천

개별사회복지실천(casework)은 개인이나 가족을 대상으로 하는 사회복지 방법으로, 개인이 겪는 문제를 개인과 환경의 상호작용 속에서 이해하고 개입하는 방식이다. 초기 사회복지는 빈곤이나 비행과 같은 문제를 개인의 도덕성이나 성격 문제로 보았으나, 현대 사회복지는 개인의 문제를 환경적 · 구조적 요인과 함께 파악한다는 점에서 차이를 보인다.

개별사회복지실천의 핵심은 개별화와 관계 형성이다. 사회복지사는 클라이언트의 욕구와 강점을 종합적으로 사정하고, 상담과 사례관리를 통해 필요한 자원과 서비스를 연계한다. 상담, 사례관리, 위기개입 등이 대표적인 실천 기법에 해당한다.

예를 들어, 실직과 질병으로 경제적 · 정서적 어려움을 겪는 중년 가장의 경우, 사회복지사는 단순한 금전 지원에 그치지 않고 심리적 지지, 의료비 지원 제도 연계, 재취업 서비스 등을 통합적으로 제공한다. 이는 개인의 문제를 환경과 연결하여 해결하려는 개별사회복지실천의 전형적인 접근이다.

(2) 집단사회복지실천

집단사회복지실천(group work)은 공통된 문제나 욕구를 가진 여러 사람이 집단을 이루어 상호작용하는 과정을 통해 변화를 도모하는 방법이다. 집단은 단순한 개인의 집합이 아니라, 상호 지지와 학습, 관계 형성을 통해 개인의 성장과 사회적 기능 향상을 촉진하는 장으로 기능한다.

집단사회복지실천의 주요 목적은 개인의 사회적 기술 향상, 정서적 지지 제공, 사회적 고립 완화 등에 있다. 치료집단, 교육집단, 자조집단, 과업집단 등 다양한 형태로 운영되며, 집단의 목적과 대상에 따라 구조와 진행 방식이 달라진다.

예를 들어, 보호종료 청년을 대상으로 한 자조집단에서는 구성원들이 주거, 취업, 인간관계 경험을 공유하며 상호 지지와 정보 교환을 통해 자립 역량을 강화한다. 이 과정에서 사회복지사는 집단 촉진자로서 안전한 분위기를 조성하고 집단 과정이 목적에 맞게 이루어지도록 지원한다.

(3) 지역사회복지실천

지역사회복지실천(community social work practice)는 개인이나 집단을 넘어 지역사회를 하나의 체계로 보고 개입하는 사회복지 방법이다. 이는 개인의 문제 해결만으로는 한계가 있을 때, 지역사회의 자원과 구조를 변화시켜 보다 근본적인 해결을 도모하려는 접근이다.

지역사회복지실천은 주민 참여, 자원 개발, 네트워크 형성, 정책 옹호 등을 주요 전략으로 활용한다. 지역사회조직, 지역사회개발, 사회행동 등의 방식으로 실천되며, 특히 구조적 불평등과 서비스 접근성 문제를 다루는 데 중요한 역할을 한다.

예를 들어, 독거노인 고립 문제가 심각한 지역에서 사회복지사는 복지관, 주민자치회, 민간단체를 연결하여 돌봄 네트워크를 구축하고, 정기적인 안부 확인과 공동체 활동을 조직한다. 이는 개인 지원을 넘어 지역사회 차원의 변화를 추구하는 지역사회복지 방법의 사례이다.

(4) 통합적 사회복지실천

현대 사회복지 실천에서는 개별 · 집단 · 지역사회 방법을 분리하여 적용하기보다, 문제의 성격에 따라 통합적으로 활용하는 경향이 강화되고 있다. 이를 통합적 사회복지 방법 또는 일반주의 사회복지실천이라 한다.

통합적 접근은 개인의 문제를 개인 차원에만 한정하지 않고, 집단과 지역사회, 제도적 환경까지 함께 고려한다. 사회복지사는 하나의 사례에서도 상담, 집단 프로그램 연계, 지역사회 자원 동원을 동시에 활용할 수 있다.

예를 들어, 학교 부적응 문제를 겪는 청소년의 경우, 개별 상담을 통해 정서적 지원을 제공하는 동시에 또래 집단 프로그램에 참여시키고, 학교와 지역사회 자원을 연계하여 학습 및 돌봄 환경을 개선하는 방식이 통합적 실천에 해당한다.

4. 자원

사회복지는 욕구를 확인하고 제도와 서비스를 설계하는 데서 그치지 않고, 이를 실제로 실행하기 위한 자원을 전제로 한다. 아무리 정교한 정책과 전달체계를 갖추고 있더라도, 이를 뒷받침할 자원이 확보되지 않으면 사회복지는 실현될 수 없다. 따라서 자원은 사회복지의 구성요소 가운데 실천 가능성을 좌우하는 핵심 요소라 할 수 있다.

1) 자원의 의미

사회복지에서 자원이란 개인과 집단의 욕구를 충족시키기 위해 동원되는 모든 물적 · 비물적 수단을 의미한다. 이는 단순히 재정에 한정되지 않으며, 인력, 제도, 정보, 시간, 관계망 등 사회복지 실천에 활용될 수 있는 모든 요소를 포함한다. 사회복지는 한정된 자원을 전제로 이루어지는 활동이므로, 자원을 어떻게 확보하고 배분할 것인가는 사회복지의 성격과 우선순위를 결정짓는 중요한 기준이 된다.

2) 자원 부담 주체에 따른 구분

사회복지 자원은 누가 그 부담을 지는가에 따라 공공자원과 민간자원으로 구분할 수 있다.

- 공공자원(정부자원): 국가와 지방자치단체가 책임지고 조달하는 자원으로, 사회복지의 안정성과 보편성을 보장하는 핵심 기반이다.
- 일반예산: 조세를 재원으로 편성되는 국가 및 지방정부의 복지 지출로, 공공부조나 사회서비스의 주요 재원이 된다.
- 사회보험 기여금: 국민연금, 건강보험, 고용보험 등에서 가입자가 납부하는 보험료로 조성되는 자원으로, 사회적 위험에 대비하는 제도적 장치이다.
- 조세비용: 세금 감면이나 공제와 같은 간접적 재정 지원을 통해 복지 효과를 창출하는 방식으로, 주거 · 보육 · 노후 대비 영역에서 활용된다.

민간자원 정부 이외의 주체가 부담하거나 제공하는 자원으로, 사회복지의 다양성과 유연성을 보완한다.

- 이용자 사용료: 서비스 이용자가 일정 비용을 부담하는 방식으로, 선택적 서비스 영역에서 활용된다.
- 기부금: 개인이나 단체가 자발적으로 제공하는 금전적 · 물적 자원으로, 비영리 사회복지기관의 중요한 재원이다.
- 기업복지: 기업이 종업원이나 지역사회를 위해 제공하는 복지 자원으로, 직장복지나 사회공헌 활동의 형태로 나타난다.
- 비공식 자원: 가족, 이웃, 자조모임, 지역사회 관계망 등 제도화되지 않은 지원 자원으로, 일상적 돌봄과 정서적 지지에서 중요한 역할을 한다.

3) 자원의 성격에 따른 구분

자원은 그 성격에 따라 유형자원과 무형자원으로 나눌 수 있다.

(1) 유형자원

눈에 보이고 계량이 가능한 자원으로, 재정, 시설, 물품, 장비 등이 이에 해당한다. 사회복지시설의 운영비, 급여 지급, 서비스 공간 제공 등은 유형자원을 기반으로 이루어진다.

(2) 무형자원

물리적 형태는 없지만 사회복지 실천에서 매우 중요한 역할을 하는 자원이다. 전문 인력의 지식과 기술, 정보, 신뢰 관계, 사회적 네트워크, 지역사회 연대 등이 이에 포함된다. 특히 현대 사회복지에서는 무형자원이 서비스의 질과 지속가능성을 좌우하는 핵심 요소로 인식되고 있다.

정리하기

1. 사회복지의 대상과 욕구

사회복지는 개인과 집단이 인간다운 삶을 유지하는 데 필요한 욕구를 충족하지 못할 때 이를 지원하는 제도적 개입이다. 사회복지에서 욕구는 단순한 개인적 바람이 아니라, 사회적으로 인정되고 해결이 요구되는 상태를 의미한다. 이러한 욕구는 인간욕구, 기본욕구, 사회적 욕구로 구분되며, 사회복지는 이들 욕구가 구조적 · 지속적으로 충족되지 못하는 상황에 개입함으로써 삶의 안정과 사회적 통합을 도모한다.

2. 사회복지 주체: 국가, 시장, 비영리 민간

사회복지는 국가, 시장, 비영리 민간이라는 다양한 주체의 역할 분담을 통해 수행된다. 국가는 법과 제도를 통해 보편적 복지와 최소한의 생활 보장을 책임지며, 시장은 효율성과 선택의 다양성을 바탕으로 복지 서비스 제공에 참여한다. 비영리 민간은 공공성과 전문성을 바탕으로 현장 중심의 서비스를 수행하며, 국가와 시장이 충족하지 못하는 영역을 보완한다. 이들 주체는 경쟁 관계이기보다 상호 보완적으로 작동한다.

3. 사회복지전달체계와 방법

사회복지 전달체계는 정책과 제도를 실제 서비스로 연결하는 구조로, 행정체계와 집행체계로 구성된다. 효과적인 전달체계는 접근성, 연계성, 지속성을 갖추어야 하며, 전달인력과 이용자의 참여가 중요하다. 사회복지 방법은 개인, 집단, 지역사회 수준에서 이루어지며, 현대 사회복지는 다양한 방법을 통합적으로 활용하여 복합적인 욕구에 대응하는 방향으로 발전하고 있다.

4. 자원

사회복지에서 자원은 개인과 집단의 욕구를 충족시키기 위해 동원되는 모든 물적 · 비물적 수단을 의미하며, 자원부담주체에 따라 공공자원(일반예산, 사회보험기여금, 조세비용), 민간자원(이용자 사용료, 기부금, 기업복지, 비공식 자원)으로 구분되며, 자원 성격에 따라 유형자원, 무형자원으로 나뉜다.

• 국가 중심의 사회복지와 시장 중심의 사회복지는 각각 어떤 장점과 한계를 지니는지 정리해 봅시다.

• 사회복지 전달체계가 복잡해질수록 이용자에게 어떤 문제가 발생할 수 있으며, 이를 개선하기 위한 방안은 무엇일지 논의해 봅시다.

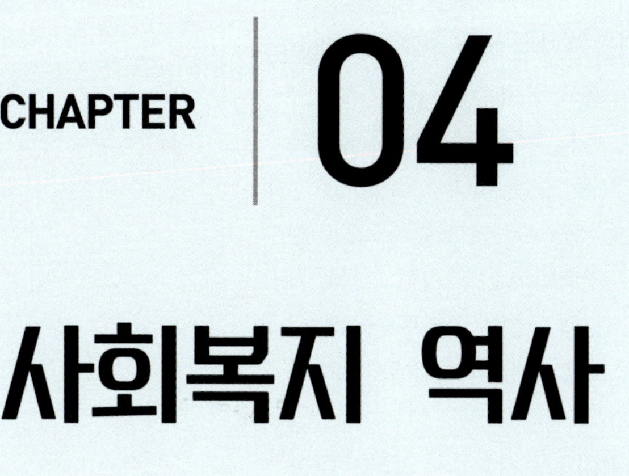

CHAPTER 04

사회복지 역사

CONTENTS

■ 이 장의 학습목표

사회복지는 인간 사회에서 오랜 시간 다양한 형태로 존재해 왔다. 가족과 공동체 차원의 상호부조, 종교적 자선, 국가 권력에 의한 구휼과 통제 등은 인류 역사 전반에 걸쳐 발견된다. 그러나 이러한 이타적 행위나 통치 수단으로서의 구제 활동이 곧바로 오늘날의 사회복지와 동일한 의미를 지니는 것은 아니다.

이 장에서는 인류 역사 전반에 나타난 모든 구제와 돌봄의 사례를 포괄적으로 다루기보다는, 사회복지가 제도와 정책, 전문적 실천으로 구축되어 온 역사적 과정에 초점을 둔다. 즉, 빈곤과 사회적 위험에 대한 대응이 개인적 자선이나 통제 중심의 구빈에서 벗어나, 국가의 책임과 시민의 권리로 재구성되고, 전문직 사회복지사가 등장하게 된 흐름을 단계적으로 검토하고자 한다.

이를 위해 먼저 서구 사회에서 구빈법의 시대를 출발점으로 사회복지 실천의 태동, 전문화와 제도적 정착, 복지국가의 형성 과정을 살펴본다. 이어서 한국 사회의 역사적 · 문화적 맥락 속에서 사회복지가 어떻게 형성되고 발전해 왔는지를 검토함으로써, 사회복지가 단순한 외래 제도의 수용이 아니라 한국 사회의 조건 속에서 재구성된 제도임을 이해하고자 한다.

사회복지의 역사를 이해하는 것은 오늘날 우리가 당연하게 여기는 제도와 가치가 어떠한 문제의식과 사회적 선택 속에서 형성되었는지를 성찰하게 하며, 앞으로의 사회복지 방향을 비판적으로 모색하기 위한 기초가 된다.

- 근대 이전 구빈 체계와 현대 사회복지의 차이를 설명할 수 있다.
- 서구 사회에서 사회복지가 자선과 구호를 넘어 전문적 · 제도적 체계로 발전한 과정을 단계별로 이해할 수 있다.
- 사회복지 전문직의 형성과 복지국가의 성립이 지닌 역사적 의미를 설명할 수 있다.
- 한국 사회복지가 고유한 전통과 근대적 제도의 결합 속에서 발전해 온 과정을 시기별로 설명할 수 있다.
- 사회복지 역사를 통해 오늘날 사회복지 제도의 성격과 한계를 비판적으로 성찰할 수 있다.

04 CHAPTER

사회복지 역사

1. 서구의 사회복지 발달

1) 구빈법의 시대: 근대 이전 빈곤 대응 체계

근대적 의미의 사회복지가 등장하기 이전, 빈곤에 대한 대응은 주로 구빈(poor relief)의 형태로 이루어졌다. 이 시기의 빈곤 정책은 오늘날의 사회복지와 달리, 인간의 권리 보장이나 사회적 책임보다는 사회 질서 유지와 빈민 통제에 초점을 두고 있었다. 빈곤은 개인의 게으름이나 도덕적 결함에서 비롯된 것으로 이해되었으며, 공적 개입은 최소한의 구제에 한정되었다.

(1) 엘리자베스 구빈법(1601)

서구 사회에서 대표적인 구빈 제도는 영국의 구빈법이다. 1601년 제정된 엘리자베스 구빈법(Elizabethan Poor Law, 1601)은 국가가 빈곤 문제에 제도적으로 개입한 초기 사례로 평가된다.

- 빈민의 분류 : 이 법은 빈민을 노동 능력이 있는 빈민과 노동 능력이 없는 빈민, 그리고 요보호 아동으로 구분하였다.
- 차별적 대우 : 노동 능력이 있는 자에게는 노동을 강제하고, 노동 능력이 없는 자에게만 제한적인 구호를 제공하였다. 이는 빈곤을 사회 구조의 문제로 보기보다, 노동 여부에 따라 도덕적으로 평가한 결과였다.

(2) 정주법(1662)과 길버트법(1782)

산업화 과정에서 구빈 행정은 거주지와 구호 방식에 따라 변화를 겪었다.

- 정주법(Law of settlement): 빈민들이 구호 수준이 높은 교구로 이동하는 것을 막기 위해 거주 이전을 제한하였다. 이는 빈민을 특정 지역에 묶어두는 통제적 성격을 강화하였다.
- 길버트법(Gilbert's act): 작업장의 열악한 처우를 개선하고자 노동 능력이 있는 빈민에게 자신의 집에서 구호를 받는 원외구호(out-door relief)를 허용하며 인도주의적 요소를 도입하기도 하였다.

(3) 신구빈법(1834)

산업화가 가속화되며 빈곤 인구가 급증하자, 영국 정부는 구제 비용을 절감하기 위해 1834년 신구빈법(New Poor Law, 개정구빈법, 1834)을 제정하였다.

- 엄격한 제한: 구호를 더욱 엄격히 제한하고, 빈민들을 열악한 환경의 작업장(workhouse)에 수용하는 방식을 채택하였다.
- 열등처우의 원칙: 구호 대상자의 생활수준이 최하층 노동자의 임금보다 높아서는 안 된다는 원칙을 세웠다. 이는 빈곤층이 구호에 의존하는 것을 억제하고 노동을 강제하려는 목적에서 비롯된 것이었다.

(4) 구빈법 시대의 역사적 의의와 한계

구빈법은 빈곤을 완화하기보다는 빈민에 대한 낙인(stigma)과 사회적 배제를 강화하는 역할을 하였다. 이 시기는 사회복지가 아직 '권리'나 '전문적 개입'의 영역으로 인식되기 이전의 단계였다. 빈곤 대응은 시혜적이고 선별적인 구제에 머물렀으며, 인간의 존엄이나 사회적 연대보다는 질서 유지와 비용 절감이 우선시되었다. 그러나 이러한 한계는 이후 사회복지 실천의 태동과 전문화가 필요해지는 역사적 배경이 되었다. 즉, 구빈법의 시대는 현대 사회복지가 극복하고자 했던 출발점이자 반성의 토대라고 할 수 있다.

2) 서구 사회복지 실천의 태동기: 자선조직협회와 인보관운동

산업화와 도시화가 급속히 진행된 19세기 후반, 기존의 구빈 제도는 대규모 도시 빈곤, 실업, 주거 문제, 아동 노동과 같은 복합적인 사회문제에 효과적으로 대응하지 못했다. 이러한 상황 속에서 빈곤을 단순한 구제의 대상이 아니라, 과학적으로 이해하고 체계적으로 개입해야 할 사회문제로 인식하려는 움직임이 나타났으며, 이는 근대 사회복지 실천의 출발점이 되었다.

이 시기의 대표적인 흐름은 자선조직협회(Charity Organization Society: COS)와 인보관운동(settlement movement)이다. 두 운동은 모두 구빈법의 한계를 비판하며 등장하였으나, 빈곤의 원인에 대한 인식과 개입 방식에서는 서로 다른 성격을 지니고 있었다.

(1) 자선조직협회

자선조직협회(Charity Organization Society: COS)는 1869년 영국 런던에서 처음 조직되었으며, 이후 미국을 비롯한 여러 국가로 확산되었다. 자선조직협회는 무분별한 자선 활동으로 자원이 중복 지원되거나 누락되는 문제가 발생하고 빈곤층의 의존성을 강화한다고 비판하며, 자선 활동을 보다 체계적이고 합리적으로 조직하고자 하였다. 우애방문원을 통해 빈곤 가정을 정기적으로 방문하여 상담과 지도, 도덕적 교화의 노력을 기울였다. 이는 물질적 지원뿐만 아니라 개인의 태도 변화와 자립을 유도하려는 시도였다는 점에서 이전의 구빈 제도와 구별된다. 자선조직협회는 사회복지 실천에 체계성과 기록, 전문성을 도입했다는 점에서 중요한 의의를 지닌다. 그러나 빈곤을 주로 개인의 책임으로 해석함으로써 구조적 문제에 대한 인식이 부족하였고, 통제와 훈계 중심의 개입으로 이어졌다는 한계도 함께 지닌다.

(2) 인보관운동

인보관운동은 1884년 영국 런던의 토인비 홀(Toynbee Hall)에서 시작되어, 이후 미국의 1886년 근린길드(neighborhood guild), 1889년 제인 아담스가 설립한 헐 하우스(Hull House) 등으로 확산되었다. 이 운동은 성직자, 교수, 대학생 등 지식인들이 빈민가에 직접 들어가 빈민들과 함께 생활하며 인격적 접촉을 통해 빈민의 욕구에 부응하는 주택 개선, 공중보건 향상, 고용주의 빈민 착취 방지를 위한 활동을 진행했다. 인보관운동은 빈곤을 개인의 도덕적 실패가 아니라 사회 구조와 환경의 산물로 이해하였으며, 공동체 차원의 변화와 제도 개혁을 중시하였다. 인보관운동은 집단사회복지실천, 지역사회조직, 빈민의 역량 강화에 영향을 미쳤다.

인보관운동의 실천 원리는 일반적으로 다음의 3R로 정리된다.

- **거주(Residence):** 인보관 활동가들은 빈곤 지역에 실제로 거주하며 주민들과 일상생활을 함께하였다. 이는 외부에서 시혜적으로 개입하는 방식이 아니라, 공동체 내부의 구성원으로서 문제를 이해하고 신뢰 관계를 형성하려는 시도였다.
- **조사(Research):** 빈곤과 사회문제를 과학적으로 이해하기 위해 주거 환경, 노동 조건, 임금, 보건, 교육 실태 등에 대한 체계적인 사회조사를 수행하였다. 이러한 조사 활동은 빈곤이 개인의 책임이 아니라 사회적 조건과 구조에서 비롯된 문제임을 드러내는 데 기여하였으며, 이후 사회정책 형성과 사회조사의 발전에 중요한 토대를 제공하였다.
- **개혁(Reform):** 개별 주민에 대한 서비스 제공뿐만 아니라, 노동법 제정, 아동보호, 공중보건 개선, 교육 기회 확대 등 사회 제도 전반의 개혁을 목표로 하였다.

(3) 태동기의 역사적 의의

자선조직협회와 인보관운동은 접근 방식에서는 차이를 보였지만, 공통적으로 근대 사회복지 실천의 방향을 제시하였다는 점에서 중요한 의의를 지닌다. 자선조직협회는 사회복지를 체계적이고 전문적인 실천 영역으로 정립하는 데 기여하였고, 인보관운동은 사회복지가 구조적 불평등과 제도 개혁에 개입해야 한다는 인식을 확산시켰다.

이 시기는 사회복지가 단순한 시혜나 구제가 아니라, 조사와 전문적 개입, 그리고 사회 변화로 확장되기 시작한 전환점이었다. 이러한 흐름은 이후 사회복지의 전문화와 제도적 정착으로 이어지며, 현대 사회복지의 이론과 실천을 형성하는 중요한 토대가 되었다.

3) 근대 사회복지의 전문화와 제도적 정착

19세기 말부터 20세기 초반에 이르는 시기는 사회복지가 시혜적 구호에서 과학적 지식과 전문적 기술을 갖춘 전문직으로 발전하고, 국가 차원의 사회안전망이 제도적으로 정착되기 시작한 시기이다. 산업자본주의의 심화는 대규모 실업과 빈곤, 노동 재해와 노후 빈곤을 구조적인 사회문제로 부각시켰으며, 이러한 문제는 더 이상 민간의 자선이나 지역 공동체의 노력만으로 해결하기 어려웠다. 이에 따라 국가는 사회적 위험에 조직적으로 대응하기 위한 제도적 장치를 마련하게 되었고, 동시에 이를 현장에서 실행할 전문 인력의 필요성도 커지게 되었다.

이 시기는 사회복지가 제도와 전문직이라는 두 축을 중심으로 본격적인 근대적 체계를 갖추게 된 전환점으로 평가된다.

(1) 독일의 사회보험: 세계 최초의 국가 사회보장 제도

근대 사회복지 제도의 출발점으로 가장 먼저 언급되는 것은 독일의 사회보험 제도이다. 독일의 비스마르크는 1880년대에 걸쳐 세계 최초로 국가가 주도하는 사회보험 제도를 도입하였다. 이는 빈곤층을 선별적으로 구제하던 기존의 구빈법과는 전혀 다른 접근 방식이었다. 도입 배경은 산업화로 성장한 노동자 계층의 불만을 완화하고 사회주의 운동의 확산을 억제하려는 정치적 목적이 컸다. 즉, 사회보험은 사회 통합과 국가 안정이라는 목표 아래 설계된 제도였다.

주요 내용으로는 질병보험(1883), 산업재해보험(1884), 노령 및 장애보험(1889)이 단계적으로 도입되었다. 이 제도는 노동자가 보험료를 기여하고, 사회적 위험이 발생했을 때 급여를 받는 방식으로 운영되었다.

이 제도의 역사적 의의는 복지를 시혜가 아닌 '기여에 기반한 권리'로 전환시켰다는 데 있다. 국가는 사회적 위험을 제도적으로 관리하는 주체로 자리 잡았고, 독일의 사회보험은 이후 전 세계 사회보장제도의 원형이 되었다.

(2) 미국의 사회보장법(1935): 대공황과 국가 복지의 제도화

1929년 시작된 대공황은 자본주의 체제의 한계를 극명하게 드러냈으며, 대규모 실업과 빈곤은 국가의 적극적인 개입을 요구하였다. 이에 루스벨트 대통령은 뉴딜 정책의 일환으로 1935년 사회보장법(Social Security Act)을 제정하였다. 미국 사회보장법의 가장 큰 특징은 '사회보장'이라는 개념을 처음으로 법적 명칭으로 사용하였다는 점이다. 이 법은 연방정부가 중심이 되어 노령연금과 실업보험을 운영하고, 동시에 빈곤층과 장애인을 대상으로 한 공공부조 및 보건 · 복지 서비스를 포함하는 종합적인 체계를 구축하였다.

이 제도는 사회복지 정책을 지방정부나 민간의 책임에 맡기지 않고, 연방정부

차원의 제도로 통합하였다는 점에서 현대 복지국가의 토대를 마련한 사건으로 평가된다. 다만 초기 사회보장법은 적용 대상과 급여 수준이 제한적이었고, 여성과 유색인 노동자를 충분히 포괄하지 못했다는 한계를 지니고 있었다. 이러한 한계는 이후 복지국가의 확대와 보편화 논의로 이어지는 중요한 과제가 되었다.

(3) 전문적 사회복지 교육과 실천의 과학화

1915년, 미국의 전국 자선 및 교정 컨퍼런스에서 플렉스너(A. Flexner)는 「사회복지는 전문직인가(Is Social Work a Profession?)」라는 발표를 통해 사회복지가 고유한 이론 체계와 체계적인 전문 교육, 명확한 직업적 권한을 갖추지 못했다고 지적하였다. 이 비판은 사회복지계를 위축시키기보다는 오히려 전문직화를 향한 자각과 노력을 촉발하는 계기가 되었다. 사회복지계는 플렉스너의 문제 제기를 계기로, 사회복지가 전문직으로 성립하기 위해 무엇을 갖추어야 하는지에 대한 본격적인 논의를 시작하게 된다.

사회복지 전문화 과정에서 가장 중요한 이론적 · 실천적 기여를 한 인물은 메리 리치몬드이다. 리치몬드는 사회복지 실천이 선의나 경험에만 의존해서는 안 되며, 체계적인 분석과 진단에 기반해야 한다고 주장하였다.

① 사회진단(Social Diagnosis)

1917년에 출간된 리치몬드의 저서로, 클라이언트의 문제를 개인의 성격이나 도덕성으로 환원하지 않고, 가족 관계, 사회 환경, 경제적 조건 등을 종합적으로 분석해야 함을 제시하였다. 이는 개별사회사업(casework)을 하나의 전문적 실천 방법으로 정립한 중요한 전환점이었다.

② 개별사회사업이란 무엇인가(What Is Social Case Work?)

리치몬드가 1922년 출간하였으며, 개별사회복지실천의 목적, 과정, 사회복지사의 역할을 명확히 규정함으로써 사회복지 실천을 전문적 지식과 기술에 근거한 활동으로 체계화하였다. 이로써 사회복지는 '도움을 주는 활동'에서 '전문적 개입'으로 성격이 전환되기 시작하였다.

(4) 전문직 조직의 형성과 제도적 기반 확립

사회복지의 전문화는 개인 연구자와 실천가의 노력에 그치지 않고, 전문직 조직의 설립을 통해 제도적으로 뒷받침되었다. 20세기 초 미국에서는 사회복지사의 역할과 전문성을 공식적으로 규정하고 보호하기 위한 다양한 전문직 협회가 설립되었다.

- 1918년 미국병원사회사업가협회 의료 현장에서 사회복지사의 역할 제도화
- 1921년 미국사회복지사협회 사회복지사의 조직화
- 1924년 미국정신의학사회복지사협회 정신건강 영역 사회복지사의 전문성 확장

이러한 전문직 협회의 등장은 사회복지사가 공통의 윤리 기준과 전문적 정체성을 공유하는 집단임을 사회적으로 인정받는 계기가 되었으며, 이후 사회복지 교육, 윤리강령, 자격 제도의 발전으로 이어졌다.

(5) 전문화와 제도적 정착의 역사적 의미

이 시기의 변화는 사회복지의 성격을 근본적으로 전환시켰다. 독일의 사회보

험은 사회적 위험에 대한 국가 차원의 공동 대응 체계를 마련하였고, 미국의 사회보장법은 복지를 국가 정책의 핵심 영역으로 제도화하였다. 동시에 사회복지 실천은 과학적 지식과 전문적 기술을 바탕으로 한 전문직 활동으로 자리 잡기 시작하였다. 이러한 전문화와 제도적 정착은 이후 복지국가의 형성과 확장을 가능하게 한 중요한 징검다리로 평가된다.

4) 복지국가의 형성기: 1940년대 이후

이 시기는 사회복지가 특정한 취약계층만을 대상으로 한 구제 정책을 넘어, 모든 시민의 기본적 삶을 보장하는 보편적 권리로 제도화된 시기이다. 국가는 시장경제가 초래하는 불평등과 사회적 위험을 완화하고, 국민이 인간다운 삶을 영위할 수 있도록 최소한의 삶의 조건을 보장할 책임을 지는 주체로 자리 잡게 되었다. 이러한 국가 운영 방식은 일반적으로 복지국가(welfare state)로 개념화된다.

(1) 베버리지 보고서와 복지국가의 설계

1942년 영국에서 발표된 베버리지 보고서는 현대 복지국가의 이론적 · 제도적 설계도를 제시한 문서로 평가된다. 베버리지 경은 전후 사회 재건을 위해 사회 전체가 해결해야 할 구조적 문제를 다음과 같이 제시하였다.

- 5대 사회악: 결핍(빈곤), 질병, 무지, 불결, 나태를 개인의 책임이 아닌 사회가 공동으로 대응해야 할 문제로 규정하였다.
- 핵심 원칙: 모든 시민을 대상으로 한 보편주의, 최소한의 생활을 보장하는 균일 급여, 행정 책임의 통합을 강조하였다.

- **역사적 의의:** "요람에서 무덤까지"라는 원칙 아래, 복지가 시혜가 아닌 사회적 권리임을 선언하였다는 점에서 복지국가의 이념적 토대를 확립하였다.

(2) 복지국가의 황금기(1945~1970년대 초반)

제2차 세계대전 이후부터 1970년대 초반까지 서구 유럽을 중심으로 복지국가는 전례 없는 확장기를 맞이하였다. 마셜(T. H. Marshall)은 시민권을 시민적 권리와 정치적 권리를 넘어 사회적 권리로 확장하며, 복지를 시민의 정당한 권리로 개념화하였다. 케인스주의 경제학에 기반하여 완전고용과 사회보장 확대를 동시에 추구하였다. 복지 지출은 소비를 촉진하고 경제 성장을 뒷받침하는 요소로 인식되었다. 이 시기는 복지국가가 사회적 합의와 경제 성장의 토대 위에서 안정적으로 작동한 시기로 평가된다.

(3) 복지국가의 위기와 재편(1970년대 중반 이후)

1970년대 두 차례의 석유파동은 경기 침체와 물가 상승이 동시에 발생하는 스태그플레이션을 초래하며 복지국가의 재정 기반을 약화시켰다.

- **신자유주의의 등장:** 영국의 대처 정부와 미국의 레이건 정부는 국가 개입을 축소하고 시장의 역할을 강화하는 정책 노선을 채택하였다. 이 과정에서 복지 급여의 요건 강화, 민영화, 효율성 중심의 개편이 이루어졌다.
- **복지 다원주의로의 전환:** 복지의 책임을 국가에만 한정하지 않고, 시장 · 비영리 민간 · 가족과 분담하는 복지혼합 체계가 강조되었다. 이는 노동 참여를 복지와 연계하는 생산적 복지, 근로연계복지의 흐름으로 이어졌다.

(4) 역사적 함의와 시사점

복지국가의 형성 과정은 사회복지가 개인의 선의나 일시적 정책이 아니라, 사회 구성원 간의 지속적인 사회적 계약임을 보여준다. 비록 경제적 · 사회적 환경 변화에 따라 복지국가의 운영 방식은 재편되었으나, 국민의 기본적 삶을 국가가 제도적으로 보장해야 한다는 사회권의 원리는 여전히 현대 사회의 핵심 기준으로 유지되고 있다. 이러한 역사적 경험은 오늘날 저출생, 고령화, 불평등 심화와 같은 새로운 사회적 위험에 대응하는 데 중요한 통찰을 제공한다.

2. 우리나라의 사회복지 발달

한국의 사회복지는 고대 사회의 상호부조 전통과 유교적 민본주의에 기초한 국가 책임 인식, 그리고 근대 이후 서구 사회복지 제도의 유입이 복합적으로 작용하며 발전해 왔다. 이러한 역사적 전개는 한국 사회복지가 단순한 외래 제도의 모방이 아니라, 전통적 구제 관행과 근대적 제도화가 결합된 독특한 발전 경로를 지니고 있음을 보여준다.

1) 전근대 사회의 구제 활동: 고대부터 조선시대까지

한국 사회복지의 사상적 배경은 공동체의 안녕을 중시하는 전통적 가치관에서 찾을 수 있다. 인류를 널리 이롭게 한다는 홍익인간 정신과 유교적 민본 사상은 국가가 백성의 삶에 책임을 져야 한다는 인식을 형성하였으며, 이는 제도화 이전 단계의 구제 활동에 중요한 사상적 토대를 제공하였다.

(1) 고대 국가의 구휼 제도

삼국시대에는 흉년이나 재난이 발생할 경우 국가가 곡식을 풀어 백성을 구제하는 관곡 진대가 시행되었다. 특히 고구려 고국천왕 시기에 실시된 진대법(194년)은 춘궁기에 곡식을 빌려주고 추수기에 상환하도록 한 제도로, 국가가 제도적으로 빈곤 문제에 개입한 초기 사례로 평가된다. 이는 공공부조적 성격을 지닌 대표적인 국가 구제 제도였다.

(2) 고려시대의 구제 기구

고려시대에는 불교의 자비 사상을 바탕으로 대비원, 혜민국, 제위보와 같은 구제 기구가 설치되었다. 이들 제도는 빈민, 병자, 노약자를 대상으로 의료와 구호를 제공하였으며, 특히 기금을 조성해 그 이자로 구제를 시행하는 방식은 비교적 안정적인 재원 마련을 시도한 점에서 의미가 있다.

(3) 조선시대의 민본주의와 국가 구제

조선시대에는 유교적 민본 사상에 따라 국가의 백성 보호 책임이 강조되었다. 환곡 제도는 평상시 곡식을 비축했다가 흉년에 대여하는 방식으로 운영되었으며, 노인 · 고아 · 과부 · 무의무탁자를 대상으로 한 사궁구혈(四窮九穴)은 국가가 책임져야 할 구제 영역으로 인식되었다. 동시에 향약, 두레, 계와 같은 민간의 상호부조 관행은 지역 공동체 차원의 비공식 안전망 역할을 수행하였다. 이 시기의 구제 활동은 국가와 공동체가 빈곤 문제에 대응했다는 점에서 의미가 있으나, 빈곤을 권리의 문제로 인식하지는 못했고 시혜적 · 선별적 성격이 강했다는 한계를 지닌다.

2) 근대적 복지의 도입과 일제강점기

(1) 근대적 자선의 등장

19세기 말 개항 이후 서구 문물이 유입되면서 기독교 선교사들을 중심으로 고아원, 병원, 학교 등 근대적 사회복지 시설이 설립되었다. 이는 전통적 구제에서 벗어나 조직적이고 지속적인 민간 사회복지 실천이 시작된 계기였다.

(2) 일제강점기의 식민 복지

일제강점기에는 1944년 조선구호령이 제정되며 공적 구호 제도가 법적 형태를 갖추게 되었다. 그러나 이는 식민지 민중의 생활 안정을 위한 제도라기보다, 전시 체제하에서 인구를 통제하고 노동력을 관리하기 위한 수단으로 운영되었으며 전반적으로 통제적인 성격이 강했다.

3) 현대 사회복지의 형성과 발전: 광복 이후

(1) 외원 중심의 응급 구호기(1945~1950년대)

광복 직후 한국 사회는 식민지 지배의 잔재, 행정 체계의 붕괴, 그리고 한국전쟁이라는 복합적 위기를 동시에 겪었다. 이로 인해 대규모 이재민, 전쟁고아, 미망인, 상이군인이 발생하였으나, 국가 차원의 사회복지 제도와 행정 역량은 거의 존재하지 않았다.

이 시기 사회복지는 국가 주도의 체계라기보다 외국 정부와 국제기구, 민간 원조 단체에 의해 주도되었다. 미국을 중심으로 한 원조 체계와 국제기구, 종교 기반 구호 단체들은 식량, 의복, 의료, 아동 보호를 중심으로 긴급 구호를 제공하였다. 대표적으로 전쟁고아 보호 시설과 피난민 수용소 운영이 사회복지 실천의 핵심이었다.

이러한 외원 중심 복지는 생존 위기 대응이라는 측면에서 중요한 역할을 하였으나, 단기적 · 시혜적 성격이 강했고 국내 제도와 인력 양성으로 연결되지 못했다는 한계를 지닌다. 즉, 이 시기는 현대 사회복지의 '출발점'이라기보다는 전후 사회의 붕괴를 임시로 봉합한 응급 처치의 단계로 평가된다.

(2) 제도적 정착과 선성장 후복지 시기(1960~1970년대)

1960년대 이후 한국 사회는 국가 주도의 산업화와 경제 개발을 최우선 과제로 설정하였다. 이 과정에서 사회복지는 경제 성장의 결과로 자연스럽게 확대될 수 있는 부차적 영역으로 인식되었으며, 복지 정책은 최소한의 보호 기능에 머물렀다.

이 시기에는 사회복지 관련 법률과 행정 체계가 점진적으로 정비되기 시작하였다. 생활보호법과 아동복지법 등 기본적인 제도적 틀이 마련되었고, 국가가 복지 제공의 주체로 등장하기 시작했다는 점에서 제도적 정착의 의미를 갖는다. 그러나 실제 예산과 급여 수준은 매우 제한적이었으며, 복지는 여전히 선별적 · 시혜적 성격을 벗어나지 못했다.

또한 복지 전달체계는 행정 중심으로 운영되었고, 민간 사회복지기관은 국가 정책을 보조하는 역할에 머무르는 경우가 많았다. 이 시기의 사회복지는 산업화 과정에서 발생한 빈곤, 도시 저소득층, 취약 아동 문제를 충분히 흡수하지 못하며 구조적 한계를 노출하였다.

결과적으로 이 시기는 복지 제도의 '형식적 도입'은 이루어졌으나, 권리로서의 복지 인식이나 보편적 사회보장 체계는 아직 형성되지 않은 단계였다.

(3) 사회보장의 확대와 도약기(1980~1990년대)

1980년대 이후 한국 사회는 민주화와 함께 사회적 권리에 대한 요구가 급격히 증가하였다. 노동 운동, 시민 사회의 성장, 정치적 민주화는 복지를 국가의 책임 영역으로 인식하게 만드는 중요한 계기가 되었다.

이 시기 가장 큰 변화는 사회보험 제도의 본격적인 도입과 확대였다. 국민연금, 전 국민 의료보험, 고용보험이 차례로 도입되며 한국 사회는 선별적 보호 중심에서 보편적 사회보장 체계로 이행하기 시작하였다. 이는 단순한 복지 확대가 아니라, 국가와 시민의 관계가 재구성되는 과정이었다.

특히 의료보험의 전 국민 확대는 사회보장이 특정 직업 집단이나 계층의 특권이 아니라, 시민 전체의 권리로 전환되었음을 상징하는 사건이었다. 이와 함께 사회복지 전문 인력의 양성과 학문적 기반도 본격적으로 확충되었다.

다만 이 시기의 복지는 여전히 가족 부양 책임을 전제로 한 잔여적 성격을 완전히 벗어나지는 못했으며, 급속한 제도 확장에 비해 급여 수준과 사각지대 문제가 지속되었다는 한계도 존재하였다.

(4) 복지권의 확립과 성숙기(2000년대 이후)

1999년 국민기초생활보장법의 제정은 한국 사회복지 역사에서 결정적인 전환점으로 평가된다. 이는 빈곤층에 대한 지원을 국가의 재량적 시혜가 아니라, 법적으로 보장된 권리로 명확히 규정하였다는 점에서 의미가 크다.

이후 노인장기요양보험, 기초연금, 보육·돌봄 정책, 장애인 권리 중심 제도 등이 도입되며 복지 대상과 영역이 전 생애 주기로 확장되었다. 사회복지는 생존 보장을 넘어 삶의 질과 사회 참여를 지원하는 방향으로 전환되었다.

동시에 저출생, 고령화, 가족 구조 변화, 노동 시장의 불안정성 등 새로운 사회적 위험이 등장하면서 복지국가의 역할과 지속 가능성에 대한 논의도 심화되고 있다. 이 시기의 사회복지는 '확대의 역사'이자 동시에 '재구조화의 과제'를 안고 있는 단계로 이해할 수 있다.

정리하기

1. 서구 사회복지의 발달

- 구빈법 시대: 국가가 빈곤에 개입하기 시작했으나, 권리 보장보다는 사회 질서 유지와 빈민 통제가 목적이었다(엘리자베스 구빈법, 열등처우의 원칙 등).
- 실천의 태동기: 민간 차원의 노력이 시작되었다. 자선조직협회(COS)는 개인의 변화와 전문적 조사를, 인보관운동은 사회 구조 개혁과 거주(3R)를 강조하며 현대 실천론의 뿌리가 되었다.
- 전문화와 제도화: 독일의 사회보험(최초의 국가 보험), 미국의 사회보장법(연방 정부 책임)이 제정되었다. 메리 리치몬드의 '사회진단'은 사회복지를 과학적 전문직으로 격상시켰다.
- 복지국가 형성기: 베버리지 보고서의 '5대 사회악' 대응과 '요람에서 무덤까지'라는 원칙 아래 복지가 시민의 사회권으로 확립되었다. 1970년대 이후 신자유주의 영향으로 효율성과 민간 참여가 강조되는 재편기를 겪고 있다.

2. 우리나라 사회복지의 발달

- 전근대 시기: 홍익인간과 민본주의를 바탕으로 고구려의 진대법(최초의 공공부조)과 조선의 사궁구혈 등 국가 구제 전통이 존재하였다.
- 근대 및 일제강점기: 선교사 중심의 민간 자선이 시작되었으나, 일제의 조선구호령은 식민지 통제 수단이라는 한계를 지녔다.
- 현대 시기: 전쟁 후 외원 단체의 응급 구호로 시작하여, 1980~1990년대 사회보험의 확대를 거쳐, 1999년 국민기초생활보장법 제정을 통해 복지를 시혜가 아닌 국민의 권리로 확립하였다.

- 빈곤의 원인을 개인의 탓으로 본 자선조직협회와 사회 구조의 탓으로 본 인보관 운동 중, 현대 사회의 청년 실업 문제를 해결하는 데 더 적합한 관점은 무엇이라고 생각하는지 의견을 나누어 봅시다.

- 고구려의 진대법이나 조선의 상호부조(두레, 향약) 전통이 서구식 복지 제도와 결합했을 때 나타날 수 있는 한국 사회복지만의 독특한 강점이나 특징은 무엇인지 논의해 봅시다.

CHAPTER 05

사회복지와 복지국가

CONTENTS

■ 이 장의 학습목표

우리는 일상 속에서 질병, 실업, 노령, 돌봄과 같은 다양한 사회적 위험을 경험하며 살아간다. 이러한 위험은 개인이나 가족의 노력만으로는 감당하기 어려운 경우가 많고, 이때 사회가 제도적으로 어떻게 대응하는지가 개인의 삶의 안정과 직결된다. 이 장에서는 사회복지가 우리 일상과 어떤 방식으로 연결되어 있는지를 살펴보고, 사회복지가 왜 필요하며 어떤 목적을 지니는지를 이해하고자 한다. 나아가 복지국가의 개념과 기본 원리, 그리고 국가마다 다르게 나타나는 복지국가 유형을 통해 '누가, 어떤 방식으로, 어디까지 책임지는가'라는 질문을 중심으로 현대 사회에서 사회복지와 복지국가의 의미를 탐색한다.

- 사회복지가 우리 일상과 어떻게 연결되어 있는지 설명할 수 있다.
- 사회복지의 필요성과 목적을 설명할 수 있다.
- 복지국가의 개념과 주요 유형을 구분하여 설명할 수 있다.

05 CHAPTER

사회복지와 복지국가

1. 일상 속의 사회복지

1) 일상에서 만나는 사회복지

사회복지는 우리 삶에서 생각보다 훨씬 가까운 곳에 있다 병원에 갔을 때 건강보험 덕분에 진료비 부담이 줄어드는 경험, 학교에서 장학금을 받는 일, 대중교통에서 노인이 무임으로 이용하는 모습은 우리가 일상에서 자연스럽게 경험하는 사회복지의 예이다. 이와 함께 아동을 양육하는 가정에 매달 지급되는 아동수당 역시 사회복지의 한 형태이다.

특히 아동수당은 특정한 어려움이 있는 가정을 돕기 위한 제도가 아니라, 아동의 성장과 양육을 사회 전체가 함께 책임진다는 의미를 담고 있다. 이러한 사례들은 사회복지가 일부 사람들만을 위한 특별한 제도가 아니라 우리 모두의 삶과 밀접하게 연결된 보편적 제도라고 할 수 있다.

예 아르바이트를 하던 민수는 갑자기 손을 다쳐 병원에 갔다. 진료비가 많이 나올까 걱정했지만 건강보험 덕분에 예상보다 훨씬 적은 비용으로 치료를 받을 수 있었다. 이 경험을 통해 사회복지가 자신의 일상과 연결되어 있다는 점을 알게 되었다.

2) 사회복지는 "어려운 사람만을 위한 것인가?"

사회복지는 흔히 '어려운 사람만을 돕는 제도'로 오해되지만, 본질적으로는 사회 구성원 모두의 삶의 안정을 위한 사회적 장치이다. 사회복지는 개인이 혼자서는 해결하기 어려운 문제를 사회가 제도적으로 함께 대응하는 활동이며, 그 목적은 모든 사람이 최소한의 생활을 보장받고 인간으로서의 존엄을 유지하도록 돕는 데 있다.

특히 현대 사회에서는 실업, 질병, 노령, 가족 해체와 같은 사회적 위험이 증가하면서 개인의 노력만으로는 위기를 극복하기 어려운 경우가 많아졌다. 이에 따라 사회복지는 특정 계층만을 위한 지원이 아니라, 사회 전체의 위험을 분담하고 불안을 완화하는 사회적 안전장치로서 그 중요성이 커지고 있다. 즉, 사회복지는 우리 모두의 삶을 지탱하는 제도이다.

2. 사회복지의 필요성과 목적

1) 왜 사회복지가 필요한가?

전 국민 대상 복지지원 사례

과거에는 개인이나 가족의 노력으로 해결할 수 있는 문제가 비교적 많았다. 질병에 걸리면 가족이 돌보고, 노후 역시 가족 부양에 의존하는 경우가 일반적이었다. 그러나 현대 사회로 오면서 이러한 방식에는 분명한 한계가 나타나고 있다. 먼저 취업이 불안정해지고, 비정규직과 실업의 위험이 커지면서 개인이 스스로 생계를 안정적으로 유지하기가 점점 어려워지고 있다.

또한 질병과 사고의 위험은 예측하기 어렵고, 한 번의 사고나 질병이 개인과 가족의 삶 전체를 흔드는 경우도 늘어나고 있다. 여기에 노령 인구의 증가와 가족 구조의 변화로 인해 과거처럼 가족이 모든 돌봄을 책임지기 어려운 상황도 많아졌다.

이처럼 현대 사회에서는 개인의 노력이나 가족의 책임만으로 감당하기 어려운 사회적 위험이 계속해서 증가하고 있다. 이러한 위험에 대해 아무런 사회적 대응이 없다면, 개인은 삶의 위기에 쉽게 노출될 수밖에 없다. 바로 이러한 이유 때문에 사회복지가 필요해졌다.

사회복지는 개인이 겪는 위험을 개인의 책임으로만 돌리지 않고, 사회가 제도적으로 함께 대응하기 위한 장치이다(김민우 · 김일환, 2025). 누군가 어려움에 처했을 때 그 부담을 개인에게만 맡기는 것이 아니라, 사회 전체가 위험을 나누고 함께 해결하려는 방식이 바로 사회복지이다.

이를 통해 사회복지는 개인의 삶의 안정을 돕는 동시에, 사회 전체의 안전과 통합을 높이는 역할을 하게 된다. 사회복지는 개인과 가족의 노력만으로는 감당하기 어려운 사회적 위험에 대해 사회가 함께 책임지고 대응하기 위해 필요하다.

2) 사회복지의 목적

사회복지는 개인이 혼자서 해결하기 어려운 문제를 사회가 함께 해결하도록 돕는 활동이다.

사람은 살아가면서 누구나 질병, 실업, 사고, 노령, 가족 문제 등 다양한 위험을 경험할 수 있는데, 이러한 문제는 개인의 노력이나 의지만으로 해결하기 어려운 경우가 많다. 사회복지는 이러한 상황에서 개인이 최소한의 삶을 유지할 수 있도록 사회가 제도적 · 조직적으로 개입하는 것을 의미한다.

(1) 인간의 기본생활 보장

사회복지는 단순히 어려운 사람을 돕는 자선 활동과는 구별된다. 자선이 개인의 선의나 일시적인 도움에 의존한다면, 사회복지는 법과 제도에 근거하여 지속적으로 이루어진다는 특징을 가진다. 즉, 사회복지는 개인의 선택이나 호의에 맡겨진 것이 아니라, 사회 구성원 모두가 함께 책임지는 공적인 활동이라고 할 수 있다. 또한 사회복지는 특정한 사람들만을 대상으로 하는 제도가 아니다. 우리는 병원에 갔을 때 건강보험을 통해 진료비 부담을 줄이고, 학교에서 장학금을 받거나, 대중교통에서 노인이 무임으로 이용하는 모습을 통해 사회복지를 자연스럽게 경험한다. 이처럼 사회복지는 우리 일상 속에 깊이 자리 잡고 있으며, 누구나 언제든지 그 대상이 될 수 있다. 이처럼 사회복지의 목적은 다음과 같이 정리할 수 있다.

(2) 인간의 존엄성 보장

개인이 최소한의 삶을 유지할 수 있도록 사회가 책임을 분담하는 데 있다. 사회복지는 개인의 문제를 개인 탓으로만 돌리지 않는다. 실업이나 빈곤, 돌봄의 어려움과 같은 문제는 개인의 능력 부족이 아니라 사회 구조나 환경 변화에서 비롯되는 경우가 많기 때문이다. 따라서 사회복지는 개인의 문제를 사회적 문제로 인식하고, 이를 공동의 책임으로 해결하려는 관점을 바탕으로 한다. 즉, 사회복지는 개인이 감당하기 어려운 사회적 위험에 대해 사회가 제도적으로 함께 대응하는 활동이며, 모든 사회 구성원이 인간다운 삶을 유지할 수 있도록 돕는 사회적 장치라고 할 수 있다.

사회복지는 인간으로서의 존엄한 삶을 보장하는 것을 목적으로 한다. 이는 단순히 생존을 위한 지원이 아니라, 인간으로서 존엄한 삶을 영위할 수 있도록 하기 위한 것이다. 이러한 목적을 통해 사회복지는 단순한 도움을 넘어 인간의 존엄을 지키는 데 기여한다.

(3) 사회적 불평등 완화

사회복지는 사회적 불평등을 완화하는 것을 중요한 목적으로 한다. 소득, 건강, 교육, 주거와 같은 삶의 조건은 사람마다 다르며, 이러한 차이는 개인의 노력만으로는 쉽게 줄이기 어렵다. 사회복지는 이러한 차이를 완화하여 사회 구성원 간 삶의 질적 차이를 줄이고, 보다 공정한 사회를 지향한다.

(4) 사회 안정과 통합

사회복지는 개인의 삶을 보호하는 데 그치지 않고, 사회 전체의 안정을 돕고 통합을 높이는 역할을 한다. 만약 사회 구성원 다수가 실업, 빈곤, 질병과 같은 위험에 그대로 방치된다면, 사회 전체의 불안과 갈등은 커질 수밖에 없다. 사회복지는 이러한 위험을 예방하거나 완화함으로써 사회의 안정과 연대를 유지하는 데 기여한다.

현대 사회에서 사회복지의 역할은 더욱 중요해지고 있다. 고령화, 가족 구조의 변화, 고용의 불안정, 돌봄 공백과 같은 문제는 개인이나 가족만의 힘으로는 해결하기 어렵다. 사회복지는 이러한 변화에 대응하여 사회 구성원 모두가 안정적인 삶을 유지할 수 있는 사회적 안전망으로써 기능한다. 결국 사회복지의 목적은 개인을 보호하는 데서 그치지 않고, 사회 구성원 모두가 안정된 삶을 살아갈 수 있는 기반을 마련하는 데 있다. 이를 통해 개인과 사회를 함께 지탱하는 중요한 사회적 제도로 기능한다.

▶▶▶ 사회통합의 예

◘ [예시1] 지원이 없는 경우 – 사회통합이 약한 상태

실직한 사람이 생계를 유지하지 못해 주거를 잃고 사회적 관계에서도 점점 멀어진다면, 그 사람은 사회에서 소외되고 고립될 가능성이 커진다. 이런 상황이 많아질수록 사회 구성원 간의 불신과 갈등은 커질 수 있다.

◘ [예시2] 사회복지가 작동할 때 – 사회통합이 강화된 상태

실직 후에도 실업급여와 재취업 지원을 통해 최소한의 생활을 유지하고 다시 일자리를 찾을 수 있다면, 개인은 사회에서 밀려나지 않고 사회의 한 구성원으로 계속 살아갈 수 있다.

◘ [예시3] 사회복지가 작동할 때 – 사회통합이 강화된 상태

경제적 어려움 때문에 학업을 포기해야 하는 학생이 장학금과 학비 지원을 통해 계속 학교를 다닐 수 있다면, 그 학생은 학교 공동체에서 이탈하지 않고 또래들과 함께 성장할 수 있다. 이것 역시 사회통합의 한 모습이라고 볼 수 있다.

3. 복지국가란 무엇인가?

1) 복지국가란 무엇이며, 왜 국가가 '복지'를 책임지는가?

복지국가란 국민의 최소한의 삶을 국가가 책임지는 국가를 의미한다. 이는 개인이나 가족의 노력만으로는 감당하기 어려운 위험에 대해 국가가 제도적으로 개입하여 국민의 삶을 보호하는 국가의 모습을 말한다. 복지국가에서 국가는 사회보험, 공공부조, 사회서비스와 같은 제도를 통해 국민이 겪을 수 있는 다양한 위험을 줄이고, 안정적인 생활을 유지할 수 있도록 지원한다.

그렇다면 국가는 왜 '복지'를 책임지게 되었을까?

현대 사회에서는 실업, 질병, 노령, 돌봄 문제와 같은 위험이 개인의 노력만으로는 해결하기 어려운 경우가 많아졌다. 이러한 위험을 개인에게만 맡길 경우 삶의 불안정이 커지고 사회적 갈등 역시 증가할 수 있다. 이에 따라 국가는 국민 모두가 최소한의 삶을 유지할 수 있도록 복지를 공적인 책임으로 인식하고 제도화하게 되었다.

복지국가는 모든 국민이 언제든지 도움의 대상이 될 수 있다는 점을 전제로 한다. 오늘은 안정적인 삶을 살고 있더라도 내일은 질병이나 실업으로 어려움에 처할 수 있기 때문이다. 따라서 복지국가는 특정한 사람들만을 위한 제도가 아니라, 국민 모두를 위한 사회적 안전망이라고 할 수 있다.

2) 복지국가의 기본 원리

복지국가가 복지를 제공하는 방식에는 보편주의와 선별주의라는 두 가지 기본 원리가 있다. 이는 사회복지 운영의 기본 원리와 같은 맥락에서 이해할 수 있으며, 사회복지 제도를 설계할 때 '누가 복지의 대상이 되는가'와 '어떤 기준으로 지원할 것인가'에 대해 서로 다른 답을 제시하는 원리라고 할 수 있다.

(1) 보편주의

보편주의는 소득이나 생활수준, 개인의 상황과 관계없이 모든 국민을 복지의 대상으로 보는 방식이다. 즉, 사회 구성원이라면 누구나 일정한 복지 혜택을 받을 수 있다는 관점에 기초한다. 이 방식에서는 사회복지를 개인의 필요에 따라 선별적으로 주어지는 도움이 아니라, 시민이라면 누구나 누릴 수 있는 권리로 인식한다는 점이 중요하다(이봉주 외, 2023). 보편주의의 대표적인 예로는 아동수당을 들 수 있다. 아동수당은 가정의 소득 수준과 관계없이 일정 연령 이하의 모든 아동에게 동일한 금액을 지급하는 제도이다. 이 제도는 특정한 어려움이 있는 가정만을 돕기 위한 것이 아니라, 아동의 성장과 양육을 사회 전체가 함께 책임진다는 의미를 담고 있다. 이처럼 보편주의는 복지 혜택을 받는 사람과 받지 않는 사람을 구분하지 않기 때문에, 낙인감이 적고 사회 구성원 간의 연대와 사회 통합을 강화하는 데 기여한다.

(2) 선별주의

선별주의는 도움이 특히 필요한 사람을 선별하여 집중적으로 지원하는 방식이다. 이 방식에서는 소득, 재산, 가구 상황과 같은 기준을 활용해 복지 대상자를 결정한다. 대표적인 예로는 국민기초생활보장제도가 있으며, 생활이 어려운 사람에게 국가가 최소한의 생활을 보장해 주는 제도이다. 선별주의의 가장 큰 장점은 한정된 재원을 정말 도움이 필요한 사람에게 집중적으로 사용할 수 있다는 점이다. 즉, 복지 재정을 보다 효율적으로 운용할 수 있다는 장점이 있다. 그러나 지원 대상이 선별되는 과정에서 복지 혜택을 받는 사실이 드러나면서 낙인감이 발생할 수 있고, 소득 조사와 심사 과정이 복잡해 행정적인 부담이 커질 수 있다는 한계도 함께 존재한다.

현실의 복지국가는 보편주의와 선별주의 중 어느 하나만을 선택하지 않는다. 대부분의 국가는 복지 제도의 목적과 대상에 따라 두 가지 원리를 함께 활용하고 있다. 예를 들어 아동, 교육, 보건과 같이 모든 사람에게 기본적으로 필요한 영역에서는 보편주의적 방식을 적용하고, 빈곤이나 위기 상황처럼 특별한 도움이 필요한 경우에는 선별주의적 방식을 적용하는 것이 일반적이다.

한국의 복지국가 역시 보편주의와 선별주의를 함께 운영하는 혼합적 형태를 보이고 있다. 이는 복지의 목표를 분명히 설정하고, 그 목표에 가장 적합한 방식을 선택하려는 정책적 판단의 결과라고 할 수 있다. 복지국가는 국민의 삶을 개인에게만 맡기지 않고, 사회 전체가 함께 책임지되 어떤 방식이 가장 효과적인지를 끊임없이 고민하며 제도를 운영한다.

즉, 보편주의는 모든 국민을 대상으로 하는 복지이고, 선별주의는 도움이 특히 필요한 사람을 중심으로 하는 복지이다. 현대의 복지국가는 이 두 원리를 상황에 맞게 조합하여 국민의 삶을 안정적으로 뒷받침하고 있다.

4. 복지국가 유형의 이해

복지국가는 모든 나라에서 동일한 모습으로 운영되지 않는다. 국가가 복지를 얼마나 책임지는지, 시장이 어떤 역할을 하는지, 가족이 부담하는 몫은 어느 수준인지는 각 나라의 역사와 제도, 사회적 선택에 따라 다르게 나타난다. 이로 인해 복지국가는 국가마다 서로 다른 형태로 발전해 왔다.

이러한 차이를 체계적으로 설명한 대표적인 이론이 에스핑-앤더슨(Esping-Andersen)의 복지국가 유형론이다. 에스핑-앤더슨은 복지국가를 국가, 시장, 가족이 각각 어떠한 역할을 담당하는가라는 기준에 따라 세 가지 유형으로 구분하였다. 이 유형은 복지가 '누구의 책임인가'에 대한 각 사회의 선택을 잘 보여준다(이윤정 외, 2021; 정현경, 2022).

그가 복지국가를 유형화할 때 사용한 기준은 사회, 경제, 정치 제도가 결합된 구조적 특징이다. 특히 그는 복지가 시장에 얼마나 의존하는지, 그리고 복지 제도가 개인을 시장으로부터 얼마나 보호해 주는지를 중요한 기준으로 삼았다. 이를 통해 복지국가는 단순한 정책의 집합이 아니라 사회 전체의 구조와 가치관을 반영하는 제도로 이해된다.

1) 사회민주주의형

(1) 국가는 얼마나 책임지고, 누구를 위해 복지를 제공할까?

사회민주주의형 복지국가는 국가의 책임이 매우 강하게 나타나는 유형이다.

세금 부담은 상대적으로 높은 편이지만, 그 대신 돌봄, 교육, 의료와 같은 사회서비스를 모든 국민에게 폭넓게 제공한다. 이 유형에서는 복지 혜택이 개인의 소득 수준이나 가족 배경에 따라 달라지지 않으며, 국민이라면 누구나 비교적 높은 수준의 복지를 누릴 수 있다.

(2) 일과 가족의 양립은 어떻게 지원될까?

특히 북유럽의 국가들은 여성의 경제활동을 적극적으로 지원하는 제도가 잘 발달해 있다. 공공 돌봄 서비스와 육아휴직 제도를 통해 일과 가정의 양립을 가능하게 하며, 양육을 개인이나 가족의 문제로만 보지 않는다. 대표적인 국가로는 스웨덴과 덴마크 등이 속한다. 예를 들어 스웨덴에서는 아이를 낳으면 부모가 사용할 수 있는 일정기간의 육아휴가가 보장된다. 이는 양육을 개인이나 가족의 책임이 아니라 사회 전체가 함께 책임져야 할 문제로 인식하는 북유럽형 복지국가의 특징을 잘 보여준다.

(3) 왜 '보편적 복지'라고 부를까?

사회민주주의형 복지국가는 모든 국민을 복지의 대상으로 보는 보편주의 원리에 기초한다. 이 유형에서는 돌봄, 교육, 의료와 같은 사회서비스를 국가가 적극적으로 제공함으로써 개인이 시장에서 버는 소득에만 의존하지 않더라도 안정적인 생활을 유지할 수 있도록 돕는다. 즉, 일시적으로 일을 하지 못하거나 소득이 줄어드는 상황이 발생하더라도 기본적인 생활이 크게 흔들리지 않도록 국가가 뒷받침해 주는 구조이다.

(4) 사회 전체에는 어떤 변화가 나타날까?

이러한 특징을 통해 사회민주주의형 복지국가는 사람들이 생계를 위해서만 무조건 일을 해야 하는 상황에서 벗어날 수 있도록 한다. 이로 인해 국가와 시장, 그리고 노동자 사이의 갈등이 완화되고, 소득과 생활수준의 차이도 비교적 줄어들게 된다. 결과적으로 사회민주주의형 복지국가는 사회 구성원 간의 불평등을 낮추고, 서로 신뢰하며 함께 살아갈 수 있는 높은 수준의 사회통합을 이루는 것을 목표로 한다.

스웨덴을 비롯한 스칸디나비아 국가들은 이러한 복지국가 유형을 비교적 일관되게 유지해 왔으며, 그 결과 사회적 평등과 정치적 안정성이 높은 수준에서 유지되는 경향을 보이고 있다.

2) 자유주의형

(1) 국가는 어디까지 개입할까?

자유주의형 복지국가는 개인의 책임과 시장의 역할을 중시하는 유형이다. 이 유형에서는 국가는 최소한의 복지 안전망만을 제공하며, 복지보다는 개인의 자립과 시장을 통한 문제 해결을 강조한다. 따라서 국가의 직접적인 복지 제공은 제한적이고, 개인의 노력과 선택이 중요한 역할을 한다.

(2) 복지는 누구에게 제공될까?

자유주의형 복지국가에서는 복지 혜택이 보편적으로 제공되기보다는, 소득이나 자산 조사를 통해 도움이 꼭 필요한 사람에게만 선별적으로 지원하는 경향이 강하다. 그 결과 복지 지출 규모는 상대적으로 작으며, 민간 보험이나 개인 저축, 가족의 역할이 크게 작용한다.

(3) 일과 복지의 관계는 어떻게 이해될까?

자유주의형 복지국가에서는 일을 할 수 있는 사람은 가능한 한 노동을 통해 스스로 생계를 유지해야 한다는 인식이 강하다. 즉, 국가의 복지 지원보다 개인의 노력과 책임을 먼저 강조하는 특징을 가진다. 이를 흔히 노동윤리가 강조된다고 표현한다. 이러한 인식에 따라 자유주의형 복지국가에서는 소득이 낮아 생활이 어려운 사람을 대상으로 한 공공부조 제도가 복지의 중심이 된다. 국가는 모든 사람에게 폭넓은 복지를 제공하기보다는, 소득 조사를 통해 정말 도움이 필요한 경우에만 최소한의 지원을 제공한다.

(4) 국가 · 시장 · 민간은 어떤 역할을 맡을까?

국가의 복지 역할은 시장이나 민간 자원봉사단체가 수행하는 복지 활동을 보조하는 수준에 머무는 경우가 많다. 즉, 복지는 주로 개인, 가족, 민간 영역이 담당하고, 국가는 이를 부분적으로 지원하는 역할을 한다. 이러한 특징은 미국과 영국을 비롯해 캐나다와 호주 등의 국가에서 공통적으로 나타난다.

(5) 잠재적인 사회적 갈등 요소는 무엇일까?

이러한 구조로 인해 자유주의형 복지국가에서는 복지가 사회 구성원 모두의 권리로 인식되기보다는, 정말 어려운 상황에 처한 사람을 위한 최소한의 보호

장치로 이해되는 경우가 많다. 복지 혜택을 받는 사람과 그렇지 않은 사람이 구분되면서, 사회 구성원은 세금을 내는 사람과 지원을 받는 사람으로 나뉘게 된다. 이로 인해 계층 간의 갈등이나 대립이 발생할 가능성이 있다는 지적도 제기된다.

3) 보수주의 · 조합주의형

(1) 복지는 어떤 기준으로 제공될까?

보수주의 · 조합주의형 복지국가는 전통적인 사회보험 제도를 중심으로 운영되는 유형이다. 이 유형에서는 복지 혜택이 주로 직업과 고용 상태를 기준으로 제공되며, 과거에 얼마나 오랫동안 보험료를 납부했는지가 복지 혜택의 수준을 결정하는 중요한 기준이 된다. 즉, 복지는 권리로서 보편적으로 제공되기보다는 노동 시장에서의 지위와 밀접하게 연관되어 있다.

(2) 국가와 가족은 돌봄 책임을 어떻게 나눌까?

보수주의 · 조합주의형 복지국가에서는 가족의 역할이 비교적 중요하게 남아 있는 것이 특징이다. 국가는 가족이 수행해 온 돌봄 기능을 완전히 대체하기보다는, 기존의 가족 책임을 보완하는 수준에서 복지 제도를 운영하는 경향이 있다. 이와 함께 국가는 전통적인 사회 질서와 직업 구조를 유지하는 방향으로 복지 정책을 설계한다.

(3) 어떤 장점과 한계가 있을까?

이러한 특징으로 인해 보수주의·조합주의형 복지국가는 실업이나 질병과 같은 위험에 대한 소득 보전 기능은 비교적 강한 편이다. 반면 돌봄 서비스나 개인의 삶의 방식 변화에 대응하는 영역에서는 국가의 직접적인 개입이 상대적으로 제한적일 수 있다. 즉, 현금 급여 중심의 복지는 잘 발달해 있지만, 사회서비스의 확대에는 다소 소극적인 모습을 보인다.

(4) 왜 이 유형에서는 '일을 계속하는 것'이 중요한 조건이 될까?

보수주의·조합주의형 복지국가에서는 복지 혜택이 개인의 사회적 지위, 특히 어떤 직업을 가지고 있었는지, 얼마나 오래 일을 하며 보험료를 냈는지와 밀접하게 연결되어 있다. 즉, 복지는 모두에게 똑같이 주어지기보다는 일을 통해 쌓아 온 지위와 기여에 따라 달라지는 구조이다. 이러한 특징 때문에 국가는 일정 수준의 복지를 제공하기는 하지만, 복지를 통해 소득 차이를 크게 줄이는 데에는 한계가 있다. 이미 안정적인 직업과 소득을 가진 사람은 비교적 충분한 보호를 받는 반면, 불안정한 일자리에 있거나 보험료를 충분히 내지 못한 사람은 복지 혜택에서도 불리해질 수 있기 때문이다.

(5) 그 결과 사회에는 어떤 특징이 나타날까?

기존의 사회계층 구조가 크게 바뀌지 않고 유지되는 경향이 나타난다. 앞에서 살펴본 자유주의형 복지국가와 비교하면, 보수주의·조합주의형 복지국가는 민간보험이나 기업복지에 대한 의존이 상대적으로 크지 않다. 국가가 운영하는 사회보험이 복지의 중심 역할을 하기 때문이다. 그러나 사회보험 중심의 제도는 사람들이 여전히 일을 계속해야만 안정적인 생활을 유지할 수 있도록 만드는 구조이기도 하다. 즉, 보수주의 · 조합주의형 복지국가에서는 개인이 노동 시장에서 벗어나 복지에만 의존해 생활하기는 어렵고, 여전히 일을 통해 생계를 유지하는 것이 중요하게 작용한다. 대표적인 보수주의 · 조합주의형 복지국가로는 독일과 프랑스를 비롯해 오스트리아, 이탈리아 등이 있다. 이들 국가는 사회보험을 중심으로 한 복지 체계를 통해 기존의 사회 구조를 유지하면서 안정적인 소득 보전을 추구하는 특징을 보인다.

4) 한국은 어떤 유형인가?

(1) 한국은 어느 유형에 속할까?

한국의 복지국가는 에스핑-앤더슨이 제시한 세 가지 복지국가 유형 중 어느 하나에 완전히 속한다고 보기는 어렵다. 이는 한국의 복지 제도가 하나의 원리에 따라 일관되게 발전해 왔다기보다, 여러 유형의 특징을 함께 가지고 있기 때문이다.

(2) 어떤 요소들이 나타날까?

한국은 기본적으로 국민연금, 건강보험과 같은 사회보험 제도를 중심으로 한 보수주의 · 조합주의형 복지국가의 요소를 가지고 있다. 즉, 직업과 고용을 기반으로 한 사회보험이 복지 체계의 중요한 축을 이루고 있다. 그러나 동시에 아동수당과 같이 모든 국민을 대상으로 하는 보편적 복지 제도를 점차 확대해 오고 있다. 이러한 변화는 사회민주주의형 복지국가의 보편주의적 특징과 일부 공통점을 가진다고 볼 수 있다.

(3) 왜 '혼합형 복지국가'라고 부를까?

일부 영역에서는 여전히 선별적인 복지 방식이 유지되거나, 개인과 가족의 책임이 강조되는 모습도 나타난다. 이러한 점에서는 자유주의형 복지국가의 요소가 부분적으로 남아 있다고 할 수 있다. 이처럼 한국의 복지국가는 사회민주주의형, 자유주의형, 보수주의 · 조합주의형 복지국가의 요소가 함께 나타나는 혼합적 형태로 발전해 왔다. 이는 사회 변화, 재정 여건, 그리고 국민의 요구에 따라 복지국가의 모습이 고정된 것이 아니라 지속적으로 조정되고 있음을 의미한다. 즉, 한국의 복지국가는 특정 유형에 속한다기보다, 여러 복지국가 유형의 특징을 상황에 따라 조합하며 변화해 온 복지국가라고 할 수 있다.

▶▶▶ 참고 개념

□ 상품화란?

사람이 살아가기 위해 필요한 것들을 주로 시장에서 돈을 벌어야만 얻을 수 있는 상태를 말한다. 즉, 일을 하지 못하면 생활이 어려운 상태이다.

□ 탈상품화란?

일을 하지 못하더라도 국가의 복지 제도를 통해 기본적인 생활을 유지할 수 있는 상태를 말한다. 즉, 삶이 시장에 전적으로 의존하지 않도록 보호받는 상태이다. 복지국가 유형은 각 나라가 얼마나 탈상품화를 실현하고 있는지에 따라 서로 다른 모습으로 나타난다.

※ QR 코드로 더 알아보기

- 핀란드의 보편적 복지체제 
- 에스핑-앤더슨의 복지국가 

정리하기

1. 일상 속의 사회복지

- 사회복지는 일부 사람만을 위한 제도가 아니라 우리 모두가 일상에서 경험하는 제도이다. 건강보험, 장학금, 노인 무임교통, 아동수당 등은 사회복지가 우리 삶 가까이에 있음을 보여준다.
- 사회복지는 개인이 혼자 해결하기 어려운 문제를 사회가 함께 책임지는 사회적 안전장치이며, 누구나 그 대상이 될 수 있다.

2. 사회복지의 필요성과 목적

- 현대 사회에서는 실업, 질병, 노령, 돌봄 문제 등 개인이나 가족만으로 감당하기 어려운 위험이 증가하였다. 이러한 변화로 인해 사회 차원의 제도적 대응이 요구되었으며, 사회복지는 그에 대한 핵심적인 대응 방식이다.
- 사회복지는 인간의 기본생활과 존엄을 보장하고, 사회적 불평등을 완화하며, 사회 안정과 통합을 이루는 것을 목적으로 한다.

3. 복지국가란 무엇인가?

- 복지국가는 국민의 최소한의 삶에 대해 국가가 책임을 지며, 사회보험, 공공부조, 사회서비스와 같은 제도를 통해 국민의 삶을 지원한다.
- 복지 제도는 특정 사람만을 위한 것이 아니라, 누구나 삶의 어느 시점에서든 도움의 대상이 될 수 있음을 전제로 한다.

4. 복지국가 유형의 이해

- 복지국가는 국가, 시장, 가족이 복지 책임을 어떻게 분담하는가에 따라 다양한 유형으로 나타난다. 이러한 차이를 바탕으로 에스핑-앤더슨은 복지국가를 사회민주주의형, 자유주의형, 보수주의 · 조합주의형의 세 가지 유형으로 구분하였다.
- 사회민주주의형 복지국가는 국가의 책임이 강하고, 보편적 복지와 사회서비스 제공을 중시한다.

- 자유주의형 복지국가는 개인의 책임과 시장의 역할을 강조하며, 국가는 최소한의 복지 안전망을 제공한다.
- 보수주의 · 조합주의형 복지국가는 사회보험을 중심으로 운영되며, 직업과 고용 상태에 따라 복지 혜택이 제공되는 경향이 있다.
- 한국의 복지국가는 이 세 가지 유형 중 하나에 명확히 속하기보다는, 여러 유형의 요소가 함께 나타나는 혼합적 형태를 보인다. 사회보험 중심의 보수주의 · 조합주의형 요소를 기반으로 하면서도, 점차 보편적 복지를 확대해 온 특징을 가진다.

- 사회복지는 '어려운 사람만을 위한 제도'가 아니라 우리 모두와 관련된 제도라고 한다. 일상 속 사회복지 사례 중 하나를 선택하여, 그 사례가 왜 모든 사람과 관련된 사회복지라고 볼 수 있는지 설명해 보시오.

- 에스핑-앤더슨의 복지국가 유형 중 하나를 선택하여, 그 유형의 장점과 한계를 간단히 정리해 봅시다.

CHAPTER 06

사회복지 실천 대상과 공급자

CONTENTS

■ 이 장의 학습목표

사회복지 실천의 대상은 특정 문제를 가진 개인에 국한되지 않으며, 생애주기와 생활 환경 변화 속에서 도움이 필요한 모든 사람과 집단을 포함한다. 현대 사회복지는 개인을 가족, 집단, 지역사회라는 구조 속에서 살아가는 존재로 이해하며, 이에 따라 실천 영역을 아동, 노인, 장애인, 다문화 등 다양한 인구 집단으로 확장하여 각 특성에 맞는 지원을 제공하고 있다.
이러한 서비스를 전달하는 공급 주체 또한 국가가 중심이 되는 공공부문부터 민간 비영리 및 영리부문까지 다양하게 구성된다. 최근에는 사회적 기업과 같이 영리와 비영리의 경계가 모호해지는 복합적인 구조가 나타나고 있으며, 누가 서비스를 제공하는가보다 어떤 목적과 방식으로 국민의 삶의 질을 높이는지가 더 중요해지고 있다. 이 장에서는 사회복지 실천의 주요 대상별 특성을 살펴보고, 이들에게 서비스를 제공하는 다양한 공급 주체의 역할과 구조를 고찰하고자 한다.

- 개인 · 가족 · 집단 대상 사회복지실천의 기본 개념과 특징을 구분하여 이해할 수 있다.
- 아동, 노인, 장애인 등 대상별 복지 분야의 특징과 그들이 가진 주요 욕구를 설명할 수 있다.
- 사회복지 서비스가 공공부문과 민간부문을 통해 제공된다는 점을 이해하고, 사회복지 공급자의 기본 구조를 파악할 수 있다.

06 CHAPTER

사회복지 실천 대상과 공급자

1. 사회복지의 실천 대상

사회복지 실천의 대상은 흔히 '문제가 있는 사람'으로 좁게 이해되기 쉽지만, 실제로는 개인의 삶의 과정 속에서 도움이 필요해질 수 있는 모든 사람과 집단을 포함한다. 인간은 누구나 생애주기와 생활 환경의 변화 속에서 돌봄, 보호, 지원이 필요한 상황을 경험할 수 있으며, 사회복지는 이러한 필요에 대응하기 위해 존재한다.

사회복지 실천은 개인을 단독으로 바라보지 않고, 가족, 집단, 지역사회, 사회구조 속에서 살아가는 존재로 이해한다. 따라서 실천의 대상 역시 개인에 한정되지 않고, 가족 단위, 유사한 욕구를 가진 집단, 그리고 특정한 사회적 특성을 지닌 인구 집단으로 확장된다. 개인 대상 실천은 일대일 관계를 중심으로 이루어지며, 가족 대상 실천은 가족을 하나의 단위로 보고 관계와 기능에 개입한다.

또한 집단 대상 실천은 집단 내 상호작용과 역동성을 활용하여 구성원의 변화와 성장을 도모한다.

한편 사회복지는 실천 대상을 보다 효과적으로 이해하고 지원하기 위해, 대상의 특성과 공통된 욕구를 기준으로 영역별로 구분하여 접근한다. 이에 따라 아동 · 청소년 · 노인처럼 생애주기에 따라 구분되는 대상이 있으며, 장애인, 여성, 가족, 다문화 집단처럼 생애주기와는 무관하게 사회적 위치나 경험의 특성에 따라 구분되는 대상도 존재한다. 이러한 구분은 사람을 분류하기 위한 것이 아니라, 각 대상이 처한 상황과 욕구를 보다 정확하게 파악하고 적절한 지원을 제공하기 위한 것이다.

예를 들어 아동과 청소년은 성장과 발달을 지원하는 보호와 예방 중심의 접근이 중요하며, 노인은 건강 유지와 돌봄, 사회적 고립 예방이 주요 과제가 된다. 장애인은 재활과 자립, 사회참여가 핵심 욕구로 나타나며, 여성과 다문화 집단은 성차별이나 이주 배경에서 비롯된 구조적 불평등에 대한 대응이 중요한 실천 과제가 된다. 가족복지는 개별 구성원이 아니라 가족 전체의 기능과 관계를 강화하는 데 초점을 둔다.

이처럼 사회복지의 실천 대상은 고정된 집단이 아니라, 사회 변화와 함께 계속 확장되고 다양화되는 영역이다. 사회복지 전문가는 특정 대상이 '왜 사회복지의 실천 대상이 되었는지', 그리고 그들이 어떤 욕구와 문제를 공통적으로 경험하고 있는지를 이해함으로써, 보다 적절하고 효과적인 실천을 수행할 수 있다. 이 장에서는 이러한 관점에서 사회복지 실천의 주요 대상을 살펴보고, 각 대상별 복지 영역의 기본적인 성격을 개관하고자 한다.

1) 개인 대상 사회복지실천

인간은 누구나 서로 다르며, 생리적 · 심리적 · 사회적 특성이 함께 어우러진 존재이다. 이러한 인간을 환경과 분리하지 않고 이해하는 관점은 사회복지실천에서 오래전부터 중요하게 강조되어 왔다. 사회복지사가 개인의 문제에 효과적으로 개입하기 위해서는, 먼저 클라이언트와 그가 처한 상황을 충분히 이해하는 것이 필요하다. 이를 바탕으로 클라이언트의 욕구에 적절히 대응하고, 관계를 형성하며, 클라이언트와 함께 계획을 세우고 의사결정 과정에 참여하도록 돕는 것이 중요하다.

개인 대상 사회복지실천의 핵심에는 '환경 속의 인간'에 대한 이해가 있다. 사회복지사는 클라이언트의 감정과 생각, 행동을 종합적으로 살펴보아야 하며, 특히 클라이언트가 속한 가족의 구조와 기능, 가족 안에서의 역할과 위치를 파악할 필요가 있다. 개인은 가족의 생활방식과 관계 속에서 많은 영향을 받기 때문에, 가족을 이해하는 것은 클라이언트의 욕구와 바람, 그리고 강점을 이해하는 데 중요한 기초가 된다. 또한 사회복지사는 클라이언트가 어떤 관심과 욕구를 가지고 있는지, 어떤 문제가 나타나고 있는지를 파악하는 동시에, 환경 속에서 활용할 수 있는 자원과 한계도 함께 살펴보아야 한다.

여기에서는 개인 대상 사회복지실천을 사회복지사와 클라이언트가 일대일 관계 속에서 이루는 직접적인 실천으로 이해하고자 한다. 개인 대상 사회복지실천이란 개인적 또는 사회적 문제로 어려움을 겪는 사람을 직접 만나 문제 해결을 돕는 활동으로, 클라이언트가 주변 환경에 보다 잘 적응할 수 있도록 지원하거나 개인에게 영향을 미치는 사회 · 경제적 어려움을 완화하는 데 목적이 있다.

우리나라에서는 읍 · 면 · 동 주민센터의 사회복지 전담공무원, 사회복지관의 사회복지사, 종합병원의 의료사회복지사, 정신건강복지센터의 정신건강사회복지사, 학교의 학교사회복지사 등 다양한 현장에서 개인 대상 사회복지실천이 이루어지고 있으며, 이들은 개별 클라이언트를 대상으로 직접 서비스를 제공하고 있다.

2) 가족 대상 사회복지실천

가족 대상 사회복지실천이란 가족을 하나의 단위로 보고 서비스를 제공하는 사회복지 실천을 의미한다. 가족 자체의 문제가 실천의 대상이 되기도 하고, 개인이 겪는 문제를 해결하기 위해 가족 전체를 대상으로 개입하기도 한다. 따라서 가족 대상 사회복지실천을 위해서는 가족을 단순히 개인들의 모임이 아니라, 하나의 사회적 단위로 이해하는 것이 필요하다.

특히 가족을 대상으로 실천하는 사회복지사는 가족을 시간적 관점과 공간적 관점에서 함께 이해해야 한다. 먼저 시간의 관점에서 가족을 본다는 것은, 가족이 생애주기에 따라 계속 변화하며 살아간다는 점을 이해하는 것이다. 가족의 문화나 가치, 관계 방식은 한 세대에서 다음 세대로 이어지며 형성되고 변화한다. 또한 공간의 관점에서 가족을 이해한다는 것은 가족을 하나의 사회체계로 보는 것이다. 가족은 여러 구성원으로 이루어진 하나의 체계이면서, 동시에 확대가족, 지역사회, 문화와 같은 외부 환경과 지속적으로 상호작용하는 존재이다. 이처럼 가족은 독립된 존재이면서도 사회 속에서 끊임없이 영향을 주고받으며 변화한다.

가족 대상 사회복지실천은 가족 자체를 개입의 단위이자 변화의 주체로 본다는 점에서 개인 대상 실천이나 집단 대상 실천과 구별된다. 이 실천은 가족구성원 간의 관계 문제나, 가족구성원 중 한 사람이 겪는 행동적 · 정서적 · 심리적 어려움에 개입하여 문제를 완화하거나 해결하는 것을 목표로 한다. 개인만을 대상으로 접근하는 것보다 가족 전체를 함께 개입하는 것이 더 효과적이라고 판단될 때, 또는 문제 해결을 위해 가족 구성원들의 협력이 필요할 때 가족 대상 사회복지실천이 이루어진다.

이러한 가족 대상 사회복지실천은 주로 부부 갈등, 부모와 자녀 간의 문제, 아동 문제, 세대 간 갈등 등을 다루는 데 활용된다. 우리나라에서는 가족센터, 사회복지관, 교회, 병원, 대학 연구기관 등 다양한 현장에서 가족 대상 사회복지실천이 이루어지고 있다.

3) 집단 대상 사회복지실천

집단 대상 사회복지실천은 비슷한 고민이나 필요를 가진 사람들을 하나의 집단으로 구성하고, 그 집단을 대상으로 사회복지사가 개입하는 실천 방법이다. 이때 사회복지사는 집단이라는 공간과 집단 안에서 이루어지는 상호작용을 활용하여, 집단 구성원 각자의 목표와 집단 전체의 목적이 함께 달성될 수 있도록 돕는다.

집단 대상 사회복지실천의 가장 큰 특징은 집단 안에서 서로 돕고 지지하는 '상호원조'가 이루어진다는 점이다. 사람들은 혼자서만 문제를 해결하기보다, 다른 사람과 관계를 맺고 경험을 나누는 과정에서 성장하고 변화한다. 이러한 점에서 집단 대상 사회복지실천은 '사람에게는 사람이 필요하다'는 인간관계를 중요한 자원으로 활용하는 실천 방법이라고 할 수 있다.

집단을 활용한 대표적인 개입 방법으로는 집단치료와 집단활동이 있다. 두 방법은 모두 집단을 통해 개인의 변화를 돕는다는 공통된 목적을 가지지만, 접근 방식에는 차이가 있다. 집단활동은 음악, 미술, 토론과 같은 다양한 활동을 매개로 구성원 간의 상호작용을 촉진하고, 사회적 적응이나 대인관계 능력을 키우는 데 초점을 둔다. 반면 집단치료는 집단 구성원 간의 관계와 집단 내 역동성을 활용하여, 개인이 겪고 있는 정서적 · 행동적 문제를 완화하거나 관리하는 데 중점을 둔다.

우리나라의 사회복지 실천 현장에서는 집단활동이 주로 지역 사회복지관이나 청소년 관련 기관에서 이루어지고 있으며, 집단치료는 병원이나 정신건강복지센터와 같은 의료 · 보건 영역을 중심으로 실시되고 있다.

4) 사회복지의 대상별 분야

(1) 아동복지

아동권리보장원
아동자립지원

아동은 가족이나 사회의 보호 없이는 스스로 생활하기 어려운 취약한 집단이다. 이러한 특성 때문에 아동은 사회복지서비스의 중요한 대상으로 비교적 이른 시기부터 주목받아 왔다. 우리나라의 경우, 아동복지는 한국전쟁 이후 고아와 기아, 미아 문제가 대규모로 발생하면서 시작되었다. 당시에는 민간단체를 중심으로 한 응급구호 활동이 주를 이루었으나, 시간이 지나면서 아동 보호에 대한 책임이 점차 국가로 확대되었고, 국가 중심의 아동복지 체계가 형성되기 시작하였다.

특히 2000년대 이후 아동복지는 UN 아동권리협약의 정신을 바탕으로 아동을 단순한 보호 대상을 넘어 당당한 '권리의 주체'로 인식하는 아동권리 기반 접근을 핵심 기조로 삼고 있다. 이러한 변화는 국제사회와 발맞추어 아동의 4대 기본권(생존 · 보호 · 발달 · 참여)을 보장하는 방향으로 발전했다. 이에 따라 아동은 모든 사회적 결정에서 '아동의 최선의 이익'을 최우선으로 보장받아야 하며, 단순한 수혜자가 아니라 자신의 삶에 영향을 미치는 문제에 대해 자유롭게 의견을 표현하고 참여할 권리를 가진 존재로 이해되고 있다.

- 핵심: 아동을 단순한 보호 대상 아닌 '권리의 주체'로 인식
- 방향: 생존권, 보호권, 발달권, 참여권 보장

우리나라 아동복지의 기본 법률은 「아동복지법」이며, 이를 근거로 다양한 아동복지서비스가 제공되고 있다. 그 대표적인 예가 부모로부터 충분한 보호를 받기 어려운 아동을 대상으로 한 방과 후 돌봄 및 학습 지원 서비스이다. 이러한 서비스는 과거 지역아동센터를 중심으로 제공되었으나, 최근에는 관계 법령의 개정과 온종일 돌봄 체계의 구축을 통해 다함께돌봄센터, 초등돌봄교실 등 다양한 기관으로 지원 체계가 확대되었다. 특히 이러한 시설들은 법적 근거를 명확히 함으로써 국가와 지역사회가 책임지는 공식적인 아동복지 서비스로 자리 잡게 되었다.

(2) 청소년복지

성평등가족부
청소년사업안내

청소년은 아동기에서 성인기로 넘어가는 과도기에 있는 집단으로, 보호가 필요한 존재이면서 동시에 점차 자율성과 책임이 확대되는 시기에 놓여 있다. 이 때문에 청소년복지는 아동복지와 많은 부분을 공유하면서도, 청소년기 특유의 발달적 특징과 욕구를 반영한 별도의 접근이 필요하다.

청소년기는 신체적 성장은 빠르게 이루어지지만, 정서적 · 심리적 · 사회적 발달은 아직 충분히 성숙되지 않은 시기이다. 또한 이 시기는 자아정체감을 형성해 가는 과정에서 또래 관계의 영향이 커지고, 가정 · 학교 · 사회와의 관계 속에서 갈등과 혼란을 경험하기도 한다. 이러한 환경 속에서 비행, 학교폭력, 학업중단, 약물 문제, 진로 불안과 같은 문제가 비교적 두드러지게 나타날 수 있다.

이에 청소년복지는 단순히 보호에 초점을 두기보다는, 청소년이 건강한 가치관과 자아정체감을 형성하고 사회 구성원으로 성장할 수 있도록 지원하는 데 목적을 둔다. 즉, 청소년의 성장과 발달을 돕는 예방적·발달적 복지의 성격을 강하게 지닌다. 따라서 청소년복지의 주요 영역은 다음과 같이 구성된다.

- 성장 지원: 청소년의 전인적 성장을 돕는 활동 및 프로그램 제공
- 예방 및 개입: 문제 행동 예방 서비스 및 학업·진로·근로 관련 지원
- 위기 보호: 위기 상황에 처한 청소년의 보호와 회복 지원

이를 통해 청소년이 위험으로부터 보호받는 동시에, 자신의 삶을 주체적으로 설계해 나갈 수 있도록 돕는 것이 청소년복지의 핵심이라 할 수 있다.

우리나라에서 청소년복지는 산업화와 도시화, 가족 구조 변화, 교육 환경의 변화 속에서 청소년 문제가 사회적 문제로 인식되면서 본격적으로 발전해 왔다. 현재 청소년복지는 국가와 지역사회를 중심으로 청소년의 권리 보장과 건강한 성장 환경 조성을 목표로 추진되고 있다.

(3) 노인복지

중앙노인돌봄 지원기관 (독거노인종합 지원센터)

노인복지는 고령으로 인해 신체적·정신적 기능이 약화된 노인이 인간다운 생활을 유지하고, 가족과 지역사회 안에서 존엄하게 살아갈 수 있도록 지원하는 사회복지 분야이다. 우리 사회는 빠른 고령화로 인해 노인 인구가 급격히 증가하고 있으며, 이에 따라 노인의 생활 안정과 돌봄을 지원해야 할 사회적 필요도 크게 확대되고 있다.

과거에는 노인에 대한 보호와 부양이 주로 가족의 책임으로 여겨졌지만, 가족 규모의 축소와 맞벌이 증가 등 가족 구조의 변화로 인해 이러한 기능은 점차 약

화되고 있다. 그 결과 노인 빈곤, 건강 문제, 돌봄 공백, 사회적 고립과 같은 문제가 개인이나 가족의 노력만으로 해결하기 어려운 사회적 문제로 나타나고 있다. 이러한 변화 속에서 노인복지는 사회와 국가가 함께 책임져야 할 중요한 복지 영역으로 자리 잡게 되었다.

- 목표: 단순 생계유지를 넘어 건강 유지 및 의미 있는 사회 참여 지원을 지향함
- 주요 영역: 소득 보장, 건강 및 돌봄 지원, 주거 지원, 일상생활 사회서비스, 사회 참여 촉진 활동 등

우리나라에서는 「노인복지법」을 중심으로 다양한 노인복지 제도가 운영되고 있으며, 특히 노인이 가능한 한 자신이 살던 지역사회에서 생활을 지속할 수 있도록 돕는 재가 중심 서비스와 지역사회 돌봄이 강조되고 있다. 최근에는 여러 서비스와 자원을 연계하는 통합적 돌봄 체계를 통해 노인의 삶의 질을 높이고 가족의 부담을 함께 줄이려는 방향으로 노인복지가 발전하고 있다.

(4) 장애인복지

한국장애인 개발원

장애인복지는 신체적 · 정신적 손상이나 기능의 제한을 가진 사람이 사회 안에서 인간다운 삶을 살아갈 수 있도록 지원하는 사회복지 영역이다. 과거에는 장애를 개인의 문제로 보고 보호와 시혜 중심의 지원이 이루어졌으나, 산업화와 도시화가 진행되고 사회 구조가 복잡해지면서 장애로 인한 어려움이 개인의 문제가 아니라 사회 환경과 제도의 문제라는 인식이 확산되었다. 이에 따라 장애인복지는 개인의 결함을 보완하는 데서 나아가, 사회가 장애를 어떻게 만들어내고 있는지를 함께 고려하는 방향으로 발전해 왔다.

이러한 변화 속에서 장애는 고정된 상태라기보다, 사회 환경과 제도가 어떻게

구성되어 있는지에 따라 그 정도와 의미가 달라질 수 있는 것으로 이해된다. 즉, 사회가 장애인을 충분히 고려하지 않은 환경일수록 장애로 인한 불편과 배제는 더 크게 나타난다. 반대로 이동, 교육, 고용, 정보 접근 등에서 장애인을 고려한 제도가 마련될수록 장애로 인한 어려움은 완화될 수 있다. 이와 같은 관점은 장애인을 보호의 대상이 아니라 권리의 주체로 인식하는 현대 장애인복지의 기본 전제가 된다.

- 장애에 대한 인식: 고정된 상태가 아니라 사회 환경(이동, 교육, 고용 등)의 구성 방식에 따라 불편의 정도가 달라지는 가변적 개념
- 기본 전제: 장애인을 단순한 보호 대상이 아닌, 당당한 '권리의 주체'로 인식

장애인의 주요 욕구는 생존을 위한 최소한의 생활 보장을 넘어, 건강 유지와 재활, 교육과 직업을 통한 자립, 지역사회 안에서의 일상생활 유지, 그리고 사회적 관계와 참여의 보장으로 확장된다. 따라서 장애인복지는 단순한 보호나 돌봄에 머무르지 않고, 장애인이 자신의 삶을 스스로 선택하고 사회 구성원으로 살아갈 수 있도록 지원하는 데 목적을 둔다.

이러한 목적에 따라 장애인복지는 다양한 영역을 포함한다.

- 경제 및 재활 지원 영역: 소득 보장(연금 · 수당), 의료 및 재활 서비스, 교육 · 직업 재활 제공
- 자립 지원 영역: 고용 및 주거 지원, 활동지원서비스, 재가복지서비스 등

이들 서비스는 장애인의 자립과 사회통합을 궁극적인 목표로 하여 제공되며, 최근에는 지역사회 안에서 비장애인과 함께 살아갈 수 있도록 돕는 통합적 지원 체계의 중요성이 더욱 강조되고 있다.

(5) 가족복지

한국건강
가정진흥원
유튜브 채널

가족복지는 산업화 이후 변화해 온 가족의 구조와 기능에 대응하여, 가족이 양육과 돌봄, 정서적 지지라는 기본적인 역할을 안정적으로 수행할 수 있도록 지원하는 사회복지 영역이다. 즉, 사회 변화 속에서도 가족이 가족으로서의 기능을 유지하고 강화할 수 있도록 돕는 복지라고 이해할 수 있다.

우리 사회에서는 과거의 확대가족이 줄어들고, 핵가족을 비롯해 한부모가족, 노인가족, 다문화가족 등 다양한 가족 형태가 증가하고 있다. 이러한 변화는 가족이 스스로 감당해야 할 돌봄과 보호의 부담을 키우는 요인으로 작용하고 있다. 특히 맞벌이 가정의 증가, 이혼율 상승, 여성의 경제활동 확대 등은 가족 내에서 자연스럽게 이루어지던 돌봄과 정서적 지지 기능을 약화시키는 환경으로 작용하고 있다. 그럼에도 불구하고 가족은 여전히 자녀를 양육하고, 가족 구성원을 보호하며, 사회 구성원을 길러내는 중요한 사회 단위이다. 가족이 안정적으로 기능하지 못할 경우 개인의 삶의 질은 물론 사회 전체의 안정성에도 영향을 미칠 수 있기 때문에, 가족을 지원하는 사회적 개입의 필요성은 점점 커지고 있다.

가족복지는 이러한 배경 속에서 가족의 다양한 욕구에 대응하여 정책과 제도, 서비스를 통해 가족을 지원하는 공적 활동을 의미한다. 가족복지는 사전 예방적 접근을 중요하게 다루며, 개별 대상 중심이 아닌 가족 단위의 통합적 지원에 초점을 둔다.

- 예방적 접근: 문제가 발생한 후의 사후 개입뿐만 아니라, 가족 위기를 방지하는 사전 지원을 중시
- 통합적 접근: 개별 구성원이 아닌 '가족 전체'를 하나의 단위로 보고 통합적으로 지원

우리나라에서는 「건강가정기본법」을 토대로 가족센터를 중심으로 가족교육, 가족상담, 돌봄 지원, 가족친화 문화 조성 등 다양한 가족복지 서비스가 제공되고 있다. 이를 통해 가족이 변화하는 사회 환경 속에서도 건강한 관계를 유지하고, 일상생활을 안정적으로 영위할 수 있도록 지원하고 있다.

(6) 다문화복지

다문화가족, 이주민생활 정보 제공 다누리홈페이지

다문화복지는 국제이주와 노동이주, 국제결혼의 증가로 형성된 이주민들이 한국 사회 안에서 안정적으로 생활하고 사회 구성원으로 통합될 수 있도록 지원하는 사회복지 분야이다.

- 목적: 언어 · 문화 · 제도적 차이로 발생하는 어려움 완화하고 일상생활과 사회 참여를 돕는 것
- 대상: 결혼이주민, 외국인 근로자, 북한이탈주민 및 그 가족 등을 포괄

이주민들은 이주 과정에서 언어 장벽, 문화 차이, 사회적 편견과 차별, 불안정한 고용과 소득, 제도 이용의 어려움 등 복합적인 문제에 직면하기 쉽다. 특히 이주 배경을 가진 아동과 청소년은 학교생활과 또래 관계 적응 과정에서 추가적인 어려움을 겪을 수 있으며, 이는 장기적으로 사회적 배제로 이어질 위험도 있다.

이러한 문제는 개인이나 가족의 노력만으로 해결하기 어렵기 때문에, 국가와 지역사회의 체계적인 지원이 필요하다. 이에 따라 다문화복지는 단순히 특정 개인을 돕는 데 그치지 않고, 이주민 집단이 지역사회 안에서 안정적으로 정착하고 관계를 형성할 수 있도록 지원하는 방향으로 발전해 왔다.

다문화복지는 문제가 발생한 이후에만 개입하는 사후적 복지가 아니라, 초기 정착 단계부터 필요한 지원을 제공하는 예방적 · 통합적 접근을 강조한다. 주요

내용으로는 언어와 생활 적응 지원, 제도 이용 안내, 상담과 사례관리, 취업과 사회참여 지원 등이 있으며, 이는 이주민이 사회의 주변부가 아닌 동등한 구성원으로 살아갈 수 있도록 돕기 위한 것이다.

우리나라에서는 결혼이주민과 다문화가족, 외국인 근로자, 북한이탈주민 등 이주 유형과 생활 조건의 차이를 고려하여, 각 대상에 맞는 법과 제도를 통해 다문화복지 정책을 운영하고 있다. 이러한 점에서 다문화복지는 다양한 이주 집단의 특성을 반영하여 운영되는 복합적인 사회복지 영역이라고 할 수 있다.

(7) 여성복지

한국여성인권진흥원 여성긴급전화 1366

여성복지는 사회 구조와 제도 속에서 여성이 경험하는 불평등과 차별을 완화하고, 여성이 안정적인 삶을 살아갈 수 있도록 지원하는 사회복지 영역이다. 특히 노동시장, 가족, 돌봄, 폭력과 같은 영역에서 나타나는 성별에 따른 격차와 위험에 대응하는 데 목적을 둔다.

우리 사회에서 여성의 경제활동 참여는 확대되어 왔지만, 여전히 남성에 비해 참여율이 낮고 상대적으로 저임금 · 불안정 노동에 집중되는 경향이 있다. 이로 인해 저소득 여성 가구가 증가하고, 빈곤 문제가 여성에게 집중되는 현상이 나타나고 있다. 또한 출산과 양육, 돌봄의 책임이 여성에게 집중되면서 경제활동의 지속이 어려워지는 경우도 많다.

이와 함께 전통적인 성 역할 인식은 가정과 사회 전반에서 성별에 따른 권력과 역할의 불균형을 강화해 왔으며, 성희롱 · 성폭력 · 가정폭력과 같은 여성에 대한 폭력이 개인의 문제가 아니라 사회 구조 속에서 반복되는 문제로 인식되기 시작하였다. 이러한 배경 속에서 여성복지는 여성 개인의 문제가 아니라, 국가와 사회가 함께 책임져야 할 사회적 과제로 자리 잡게 되었다.

초기의 여성복지는 보호가 필요한 여성을 중심으로 한 선별적 보호에서 출발하였으나, 이후 사회 구조 속 성차별 문제에 대응하는 정책 영역으로 확대되며 모든 여성을 대상으로 하는 복지로 발전하였다. 이러한 변화는 여성복지가 단순한 보호를 넘어 권리와 참여를 보장하는 방향으로 전환되었음을 보여준다.

- 인식의 전환: 저소득 · 미혼모 등 특정 집단에 대한 선별적 보호에서, 모든 여성을 대상으로 한 성평등 실현 정책으로 확대
- 제도적 기반: 「양성평등기본법」을 중심으로 보호를 넘어 권리 보장과 평등한 사회 참여 지원을 지향

현재 여성복지는 소득 보장, 여성의 노동 참여 지원, 돌봄 서비스 확대, 성평등 교육과 문화 확산, 여성 폭력 예방과 피해자 보호 등을 주요 내용으로 한다. 이를 통해 여성복지는 여성이 생애 전반에서 안정적으로 생활하고, 사회의 동등한 구성원으로 참여할 수 있도록 지원하는 것을 목표로 한다.

2. 사회복지의 공급자

사회복지 급여와 서비스를 수급자에게 제공하는 조직이나 조직체계를 사회복지의 공급자라고 한다. 여기서 사회복지의 공급자란 단순히 서비스를 직접 전달하는 기관만을 의미하는 것이 아니라, 사회복지 제도를 설계하고 재원을 마련하며, 실제 서비스를 계획 · 운영 · 관리하는 주체 전체를 포함한다. 즉 사회복지 공급자는 제도의 기획 단계부터 서비스 제공과 관리에 이르기까지 폭넓은 역할을 수행한다.

사회복지 공급자는 이러한 역할을 누가 담당하느냐에 따라 구분할 수 있으며, 일반적으로 공공부문과 민간부문으로 나뉜다. 공공부문은 국가와 지방자치단체가 책임을 지고 제공하는 사회복지 서비스 영역으로, 조세나 사회보험료와 같은 공적 재원을 기반으로 운영된다. 반면 민간부문은 정부가 아닌 민간 주체가 중심이 되어 사회복지 서비스를 제공하는 영역으로, 재원과 운영 방식에서 공공부문과 차이를 보인다.

〈표 6-1〉 사회복지의 공급자

구분		주요 주체	재원 및 특징
공공 부문		국가, 지방자치단체	조세(세금), 사회보험료 기반/제도 설계 및 관리
민간 부문	비영리	사회복지관, 복지재단, NGO	공익 목적/정부와 시장의 틈새 보완
	영리	요양병원, 돌봄 기업	서비스 제공과 수익 활동 병행

민간부문은 다시 비영리 영역과 영리 영역으로 나누어 볼 수 있다. 민간 비영리 영역에는 사회복지관, 지역아동센터, 다양한 복지재단과 같은 기관들이 포함되며, 공익적 목적을 중심으로 사회복지 서비스를 제공한다. 민간 영리 영역에는 요양병원이나 일부 돌봄 관련 기업과 같이, 서비스 제공 과정에서 수익 활동을 병행하는 기관들이 포함된다.

이처럼 사회복지 공급자는 공공부문, 민간 비영리부문, 민간 영리부문 등으로 다양하게 구성되어 있으며, 실제 사회복지 현장에서는 이들이 분리되어 활동하기보다는 서로 협력하며 하나의 복지 전달체계를 형성하는 경우가 많다. 예를 들어 아동학대 신고가 접수될 경우, 경찰과 아동보호전문기관, 지방자치단체가 각자의 역할을 분담하여 함께 대응하는 것처럼, 사회복지 공급자는 단일 기관이 독립적으로 움직이기보다는 상호 협력을 통해 복지 서비스를 제공한다.

이러한 협력적 공급체계 속에서 공공과 민간은 각기 다른 역할을 맡아 사회복지 서비스를 운영한다. 일반적으로 정부는 정책의 방향을 설정하고 재원을 지원하며, 제도의 운영과 관리 · 감독을 담당한다. 반면 민간기관은 현장에서 서비스를 직접 수행하며, 대상자의 욕구에 보다 밀착된 지원을 제공한다. 이와 같은 공공과 민간의 역할 분담과 협력은 사회복지 서비스의 접근성과 효율성을 높이고, 다양한 복지 욕구에 보다 효과적으로 대응할 수 있도록 한다.

1) 공공부문

(1) 개념 및 특징

공공부문은 국가가 사회복지에 대한 최종적인 책임을 지고 서비스를 제공하거나 관리하는 영역을 의미한다. 이는 사회복지를 개인이나 민간의 선택에 맡기지 않고, 정부가 법과 제도에 근거하여 개입함으로써 국민의 기본적인 생활을 국가 차원에서 보장하는 방식이다. 주요 특징은 다음과 같다.

- 공적 책임성: 국가 또는 지방자치단체가 서비스의 기획, 기준 설정, 결과에 대한 최종 책임을 진다.
- 법적 근거: 법률에 의해 제도화되어 있으며, 서비스 제공이 국가의 법적 의무로 규정된다.
- 보편적 보장: 사회적 위험(노령, 질병, 빈곤 등)으로부터 국민을 보호하기 위해 공적으로 운영된다.

(2) 재원 및 제도/서비스 유형

공공부문의 서비스는 다음과 같이 개인의 기부나 자발적 선택이 아닌, 국민의 법적 의무에 기반한 공적 재원으로 조달된다.

- 조세: 국민이 납부한 세금(예: 공공부조 재원)
- 사회보험료: 국민이 의무적으로 납부하는 보험료(예: 4대 보험 재원)

공적 재원의 장점은 법적으로 확보되므로 서비스가 중단되지 않고 안정적으로 제공될 수 있는 기반이 된다는 점에 있다.

주요 제도 및 서비스 유형으로는 사회보험, 공공부조, 사회서비스 등이 포함된다.

- 사회보험(Social Insurance): 국가가 법률에 따라 운영하며, 기여(보험료 납부)를 바탕으로 사회적 위험에 대비하는 제도이다(예: 국민연금, 국민건강보험, 고용보험, 산업재해보상보험).
- 공공부조(Public Assistance): 개인의 기여 여부와 관계없이, 조세를 재원으로 하여 저소득층의 최저생활을 보장하는 제도이다(예: 국민기초생활보장제도).
- 사회서비스(Social Services): 현금 지원 외에도 국공립 시설을 통해 제공되는 보호, 상담, 지원 등의 직접적인 서비스를 포함한다(예: 국공립 어린이집, 공공요양시설, 공공 상담기관 운영 등).

(3) 제도 및 서비스 전달 방식

공공부문의 사회복지는 국가가 직접 서비스를 제공하는 '직영'과 민간에 운영을 맡기는 '위탁' 형태로 나뉘지만, 최종 책임의 소재가 정부에 있다면 모두 공공부문 공급으로 간주한다. 이때 공공 여부를 가르는 결정적 기준은 서비스 수행 주체가 누구인가보다 공적 자금의 투입 여부, 정부의 기준 설정 권한, 그리고 국가의 최종 책임 유무에 있다.

〈표 6-2〉 **제도 및 서비스 전달방식의 구분**

구분	운영 방식 및 특징	대표 사례
직영 방식	중앙정부나 지자체가 직접 시설을 설치하고 인력을 채용하여 운영함	공공 상담소, 지자체 직영 복지시설
위탁 방식	시설 설립과 재정 지원은 정부가 하되, 실제 운영은 민간기관에 맡기는 방식	사회복지관, 민간 위탁 어린이집

2) 민간(비영리/영리)부문

(1) 개념과 역할

민간부문은 국가가 복지의 핵심 역할을 수행함에도 불구하고 발생하는 모든 욕구를 충족하기 어려울 때, 정부를 보완하여 서비스를 제공하는 주체이다. 수익 창출 목적과 이익 처분 방식에 따라 비영리부문과 영리부문으로 구분된다.

민간부문은 다음과 같은 고유한 기능을 수행하며 공공부문을 보완하는 역할을 한다.

- 유연성: 상황 변화에 빠르게 대응하며 지역주민의 세밀한 욕구를 파악함
- 전문성: 특정 대상이나 문제에 특화된 서비스를 제공함

- **보완성**: 정부의 획일적인 서비스가 닿지 못하는 사각지대를 충족함

민간부문은 수익 창출의 목적과 발생한 이익의 처분 방식에 따라 영리부문과 비영리부문으로 나뉜다.

〈표 6-3〉 민간부문의 구분

구분 기준	비영리부문(Non-Profit)	영리부문(For-Profit)
목적	사회적 공익 및 복지 증진	서비스 제공을 통한 이윤 창출
수익 배분	개인에게 분배하지 않고 조직에 재투자	운영 목표에 따라 수익을 배분 · 귀속함
공급 주체	사회복지법인, 시민단체, 종교단체 등	요양병원, 민간 돌봄 기업, 복지 업체 등

(2) 비영리 민간부문

비영리 민간부문은 이윤 추구가 아닌 '공익'을 목적으로 하며, 발생한 수익을 구성원에게 배분하지 않고 조직의 본래 목적을 위해 재투자하는 사회복지의 전통적인 핵심 영역이다.

주요 특징을 정리하면 다음과 같다.

- **원칙**: 국가의 책임과 사회적 연대의 원리에 기초
- **성격**: 사회복지는 본래 이윤 추구의 대상이 될 수 없다는 관점에서 공공성과 비영리성을 최우선으로 함
- **범위**: 공공부문과 민간 비영리부문을 통칭. 오랫동안 사회복지의 본질적 영역으로 간주됨

(3) 영리 민간부문

영리 민간부문은 사회복지 서비스를 제공하여 이윤을 창출하고, 발생한 수익을 운영 목표에 따라 배분하거나 귀속하는 공급 주체를 말한다. 영리 민간부문은 계속해 영역이 확대되면서 사회복지의 공급주체로 인정할 수 있는지에 대한 논쟁도 있어 왔다. 시대에 따른 관점의 변화를 정리하면 다음과 같다.

- 과거 관점: 빈곤층 지원이라는 본질에 어긋난다는 이유로 복지 공급 주체로 인정하지 않는 경향이 강했음
- 현재 관점: 복지 대상이 전 국민으로 확대되고 '삶의 질'과 '자아실현' 등의 욕구가 커지면서, 일상생활 전반을 포괄하는 영리부문의 참여를 인정하기 시작

즉, 영리 민간부문은 과거엔 외면받았으나, 현대에 들어 국민의 다양한 욕구(삶의 질 등)를 충족시키기 위해 복지 현장에 참여하게 된 이윤 추구형 주체이다.

(4) 민간부문에서의 현대적 변화와 복합 구조

과거에는 사회복지를 빈곤층 지원이라는 본질적 영역에 국한하여 영리부문의 참여를 배제하는 경향이 강했으나, 현대에는 전 국민으로 복지 대상이 확대되고 삶의 질에 대한 욕구가 커지면서 공급 체계에 큰 변화가 나타나고 있다.

① 비영리와 영리의 경계 약화

최근에는 비영리와 영리의 경계가 흐려지는 현상이 나타나고 있으며, 그 대표적인 예가 사회적 기업이다. 사회적 기업은 취약계층에게 사회서비스나 일자리를 제공하는 공익적 목적을 추구하면서도, 영업 활동을 통해 수익을 창출하여 사회문제 해결과 경제 활동을 결합한다. 이는 「사회적기업 육성법」에 근거하여

공익성을 전제로 한 영리 활동이 복지 영역에서 허용되고 있음을 보여준다.

② 영리부문의 실질적 참여 확대

이러한 변화는 고령화 시대의 유료 요양시설(실버타운 등) 확산에서도 뚜렷하게 나타난다. 과거의 복지가 시혜적 차원이었다면, 현대의 영리 민간부문은 일상생활 전반을 포괄하는 전문화된 서비스를 제공하며 전 국민의 '자아실현'과 '삶의 질' 향상 욕구에 대응하고 있다. 이는 사회복지가 반드시 무상이나 비영리 방식이어야 한다는 고정관념에서 벗어나, 영리 주체의 효율성과 전문성이 복지 공급의 한 축으로 인정받고 있음을 의미한다.

③ 복합적 공급 구조로의 이행

오늘날 사회복지 공급체계는 공공 · 비영리 · 영리부문이 과거처럼 이분법적으로 구분되지 않고, 서로 다른 방식으로 협력하며 참여하는 복합적인 구조를 이루고 있다. 사회복지 서비스는 공공성과 비영리성을 중심축으로 삼으면서도, 특정 영역에서는 영리부문의 참여가 조화를 이루는 다원적 체계로 발전하고 있다.

결론적으로, 현대 사회복지에서는 '누가 서비스를 제공하는가' 보다, '어떤 목적과 방식으로 최적의 서비스를 제공하는가'가 더욱 중요해지고 있다.

정리하기

1. 사회복지실천대상자

- 개인 대상 사회복지실천은 사회복지사와 클라이언트가 일대일 관계 속에서 이루어지는 직접 실천으로, 개인을 가족 · 사회 · 환경과 분리하지 않고 '환경 속의 인간'으로 이해하며, 개인의 욕구와 문제를 파악하고, 환경에 적응하고 기능할 수 있도록 지원하는 데 목적이 있다.
- 가족 대상 사회복지실천은 가족을 하나의 단위로 보고 개입하는 실천으로, 개인 문제라도 가족관계와 기능을 함께 다룰 때 효과가 더 크다고 판단될 경우 활용한다. 가족을 생애주기에 따라 변화하는 존재이자 사회체계로 이해한다.
- 집단 대상 사회복지실천은 유사한 욕구나 문제를 가진 사람들을 집단으로 구성하여 개입하는 방식으로, 집단 내 상호작용과 상호원조가 핵심 자원으로 작용한다. 집단활동과 집단치료를 통해 개인의 변화와 사회적 적응을 돕는다.
- 사회복지는 대상의 특성과 공통된 욕구에 따라 분야별로 구분하여 접근하며, 아동복지, 청소년복지, 노인복지, 장애인복지, 여성복지, 가족복지, 다문화복지 등은 각 대상의 욕구에 맞는 서비스를 제공하기 위한 주요 실천 영역이다.

2. 사회복지의 공급자

- 사회복지 공급자란 사회복지 서비스를 기획 · 제공 · 전달하는 주체를 의미하며, 공공부문과 민간부문으로 구분된다. 오늘날 사회복지 실천은 공공과 민간이 역할을 분담 · 협력하는 전달체계 속에서 이루어진다.
- 공공부문은 국가와 지방자치단체가 중심이 되며, 읍 · 면 · 동 주민센터의 사회복지 전담공무원 등이 해당된다. 법과 제도에 근거하여 보편적 · 공적 책임에 따라 서비스를 제공한다.
- 민간부문은 사회복지법인, 사회복지시설, 비영리단체, 종교기관 등이 포함된다. 현장 중심의 전문적 서비스 제공과 다양한 욕구에 대한 유연한 대응이 강점이다.

- 과거에는 사회복지를 주로 가난한 사람을 돕는 '무료 서비스'라고 생각했다. 하지만 최근에는 돈을 지불하고 이용하는 고급 실버타운이나 유료 돌봄 서비스 등 영리부문의 참여가 확대되었다. 이렇게 이윤을 목적으로 하는 기업의 복지 서비스가 사회 전체의 복지 수준을 높이는 데 도움이 된다고 생각하는지, 아니면 복지의 본질을 훼손한다고 생각하는지 의견을 나누어 봅시다.

- 교재에서는 아동, 장애인, 여성을 단순히 보호받아야 할 '대상'이 아니라 당당한 '권리의 주체'로 보아야 한다고 강조했다. 우리 일상생활(학교, 길거리, 대중교통 등)에서 이분들이 권리의 주체로서 존중받지 못하고 있다고 느껴진 사례가 있었는지 떠올려 봅시다. 이를 해결하기 위해 우리 사회의 제도나 환경이 어떻게 바뀌어야 할지 함께 생각해 봅시다.

CHAPTER 07

사회복지의 중범위와 거시적 실천방법

CONTENTS

■ 이 장의 학습목표

사회복지 실천은 개인을 직접 돕는 활동에서부터, 집단과 조직, 더 나아가 지역사회와 정책 수준에 이르기까지 다양한 범위에서 이루어진다. 이 장에서는 이러한 사회복지 실천 중에서도 중범위와 거시적 차원의 실천방법에 주목하고자 한다. 중범위와 거시적 실천은 개인의 문제를 넘어, 사람들이 살아가는 환경과 구조를 변화시키는 데 목적을 둔 실천이라는 점에서 중요한 의미를 갖는다.

먼저 지역사회복지는 중범위 실천의 대표적인 영역으로, 지역 주민의 욕구를 파악하고 지역 내 자원과 기관을 연계하여 문제를 해결하는 과정을 다룬다. 이어서 사회복지행정은 사회복지조직이 목표를 효과적으로 달성하고 서비스가 체계적으로 전달되도록 지원하는 거시적 실천의 한 형태로 이해할 수 있다. 또한 사회복지정책은 사회문제를 제도적으로 해결하기 위한 거시적 실천으로, 정책이 형성되고 집행 · 평가되는 과정을 통해 사회 전반에 영향을 미친다.

이 장을 통해 학생들은 사회복지 실천이 개인에 대한 직접적인 개입에만 머무르지 않고, 조직 운영과 제도, 정책 변화까지 포괄하는 폭넓은 실천 활동임을 이해하게 될 것이다. 이를 바탕으로 사회복지사가 중범위와 거시적 수준에서 수행하는 역할과 실천방법의 중요성을 살펴보고자 한다.

- 지역사회복지, 사회복지행정, 사회복지정책의 기본 개념과 상호 관계를 이해하고 설명할 수 있다.
- 사회복지행정의 필요성과 역할을 파악하고, 조직 운영과 서비스 전달에서 행정이 수행하는 기능을 설명할 수 있다.
- 사회복지정책의 주요 영역과 형성과정을 이해하고, 정책이 지역사회와 현장에서 실천으로 이어지는 과정을 설명할 수 있다.

07 CHAPTER

사회복지의 중범위와 거시적 실천방법

초고령사회의 역설

사회조사결과

사회복지는 개인이나 가족을 돕는 데서 출발하지만, 그것만으로 모든 문제가 해결되지는 않는다. 개인이 겪는 많은 문제는 개인의 성격이나 능력 때문이 아니라, 사회 구조적인 요인에서 비롯되는 경우가 많기 때문이다. 따라서 사회복지는 개인과 가족을 넘어서, 문제를 만들어 내는 사회적 구조 자체를 변화시키는 실천을 함께 고려해야 한다. 예를 들어, 청년의 취업난은 개인의 노력 부족이나 능력의 문제가 아니라, 노동시장 구조의 변화, 일자리 감소, 고용 형태의 불안정 등 사회경제적 요인과 깊이 관련되어 있다. 이러한 상황에서 취업으로 힘들어하는 청년 개인에게 상담만 제공하는 것은 정서적 도움은 될 수 있지만, 문제의 근본적인 해결로 이어지기는 어렵다. 청년의 고용 문제가 개선되어야만 청년 개인이 겪는 불안이나 우울 또한 근본적으로 완화될 수 있다.

이처럼 사회복지는 개인의 문제를 개인 차원에서만 이해하지 않고, 그 문제가 발생한 환경과 구조를 함께 살펴본다. 이를 바탕으로 사회복지 실천은 개인 상담이나 치료와 같은 직접적 개입뿐만 아니라, 제도와 정책을 개선하고 사회적 환경을 변화시키는 방식으로도 이루어진다. 즉, 개인과 가족에 대한 개입을 넘어, 지역사회와 사회 구조 전반을 함께 변화시키는 다층적인 접근이라고 이해할 수 있다.

1. 지역사회복지

1) 지역사회복지란 무엇인가

지역사회(community)는 두 가지 의미를 함께 가진 개념이다. 하나는 지리적 의미로, 일정한 공간을 중심으로 형성된 공동체를 말한다. 예를 들어, 마을이나 시 · 군 · 구와 같은 지방자치단체가 이에 해당한다. 다른 하나는 기능적 의미로, 같은 관심이나 목적을 가진 사람들이 모여 형성된 공동체를 의미한다. 연합회나 협회, 온라인에서 활동하는 네티즌 커뮤니티 등이 그 예이다. 이러한 기능적 공동체는 지역사회복지, 즉 공동체 복지의 관점에서 이해할 수 있다.

지역사회복지(community welfare)는 지역사회 안에서 발생하는 문제나 주민들의 욕구를 해결하기 위한 실천 방법이다. 이를 위해 주민 조직, 복지기관, 일반 사회단체, 행정기관 등 다양한 조직과 집단에 개입한다. 이때 사회복지사는 개인 한 사람 한 사람을 직접 돕기보다는, 지역사회를 대표하는 사람이나 조직을 대상으로 개입한다. 즉, 지역사회복지는 개인의 문제를 넘어서 지역사회 전체의 변화를 목표로 하는 실천이라고 볼 수 있다.

2) 지역사회 내 복지 생태계의 이해

사회복지의 실천방법과 중범위, 거시적 실천은 실제로 지역사회 안에서 서로 연결되어 작동한다. 사회복지는 특정 기관 하나만의 노력으로 이루어지지 않으며, 지역 안에 있는 여러 기관과 자원이 함께 협력하면서 문제를 해결해 나간다. 이러한 관점에서 지역사회 안의 복지 자원과 그 관계를 하나의 체계로 이해할 필요가 있다. 이를 지역사회 내 복지 생태계라고 한다.

지역사회 내 복지 생태계는 학생들이 가장 가까이에서 체감할 수 있는 사회복지의 현장이다. 동 주민센터, 사회복지관, 지역아동센터, 노인복지관, 가족센터 등은 모두 지역사회 안에서 서로 역할을 나누어 주민의 삶을 지원하는 기관들이다. 이들 기관은 각자의 기능을 수행하면서도, 필요할 경우 서로 연계하여 지역 주민의 문제를 함께 해결한다.

예를 들어, 동 주민센터에서 긴급복지 신청을 받은 경우, 단순히 행정적 절차만 처리하는 데 그치지 않고 사회복지관과 연계하여 실제로 필요한 지원이 이루어지도록 한다. 사회복지관은 식료품 지원이나 주거 지원과 같은 서비스를 제공하고, 필요에 따라 지역 내 다른 기관과도 협력한다.

이처럼 지역사회 내 복지 생태계는 각 기관이 따로 움직이는 것이 아니라, 서로 역할을 나누고 연결되어 문제를 해결해 나가는 협력 구조를 가진다. 이러한 협력 구조를 통해 지역 주민은 보다 종합적이고 지속적인 복지 지원을 받을 수 있다.

3) 지역사회복지의 주요 실천방법

지역사회 내 복지 생태계 안에서는 하나의 방식만으로 사회문제를 해결하기 어렵기 때문에, 여러 가지 사회복지 실천방법이 함께 이루어진다. 대표적인 실천방법으로는 지역조직화, 정책 옹호, 사회운동, 네트워크 구축이 있다. 이들 방법은 각각의 역할은 다르지만, 서로 연결되어 지역사회의 문제를 해결하는 데 기여한다.

(1) 지역조직화

지역조직화는 지역 주민들이 자신이 살고 있는 지역의 문제를 스스로 인식하고, 함께 해결해 나갈 수 있도록 돕는 과정이다. 사회복지사는 주민들이 모여 의견을 나누고 공통의 문제를 찾을 수 있도록 돕고, 주민들이 직접 행동에 참여할 수 있도록 지원한다. 예를 들어, 동네에 노인 혼자 사는 가구가 늘어나고 있다는 사실을 주민들이 함께 인식하고, 안부 확인 활동이나 마을 모임을 만들어 나가는 과정은 지역조직화의 한 사례라고 할 수 있다. 이를 통해 지역사회 내부의 힘과 연대가 강화된다.

(2) 정책 옹호

정책 옹호는 지역 주민이나 특정 집단의 요구가 정책과 제도에 반영되도록 목소리를 전달하는 활동이다. 이는 단순히 불편함을 호소하는 것이 아니라, 문제의 원인과 필요성을 정리하여 공적인 결정 과정에 전달하는 것을 의미한다. 예를 들어, 지역 내 노인 돌봄 서비스가 부족하다는 문제가 반복적으로 제기될 경우, 그 현황과 필요성을 정리해 지방자치단체나 지역 의회에 전달하고 제도 개선을 요구하는 활동이 정책 옹호에 해당한다.

(3) 사회운동

사회운동은 사회적 문제에 대한 인식을 넓히고, 제도적 변화를 촉구하기 위한 보다 집단적인 행동을 말한다. 사회운동은 개인의 문제를 사회 전체의 문제로 확장시키는 역할을 한다. 예를 들어, 장애인의 이동권이나 노인 빈곤 문제에 대해 지역 주민과 단체가 함께 캠페인을 벌이고 공론화를 시도하는 것은 사회운동의 한 형태이다. 이를 통해 사회는 해당 문제를 개인의 문제가 아닌 공적인 과제로 인식하게 된다.

(4) 네트워크 구축

네트워크 구축은 지역 안에 있는 다양한 기관과 전문가를 연결하여 문제를 해결하는 방식이다. 한 기관이 모든 문제를 해결할 수 없기 때문에, 학교, 사회복지기관, 보건소, 주민단체 등 여러 주체가 협력하는 구조를 만드는 것이 중요하다. 예를 들어, 아동학대 문제가 심각해진 지역에서 학교, 보건소, 사회복지기관, 주민 모임이 함께 협력하여 조기 발견과 예방 활동을 진행하는 경우는 네트워크 구축이 잘 이루어진 사례라고 할 수 있다.

이러한 실천방법들은 서로 분리되어 작동하기보다는, 지역사회 복지 생태계 안에서 함께 이루어지는 경우가 많다. 노인 고독사를 예방하기 위한 지역 단위의 공동 대응 활동이나, 장애인의 이동권을 보장하기 위한 지역 캠페인 역시 지역조직화, 정책 옹호, 네트워크 구축이 함께 작동하는 사례라고 볼 수 있다.

4) 지역사회복지의 제도적 기반: 한국의 사례

한국에서 지역사회복지를 잘 보여 주는 대표적인 사례로는 지역사회복지협의체의 운영을 들 수 있다. 「사회복지사업법」이 2005년에 개정되면서, 지역사회복지협의체를 구성하고 운영하는 것이 모든 시 · 군 · 구 기초 지방자치단체의 의무가 되었다.

이에 따라 각 기초 지방자치단체는 공공과 민간이 함께 참여하는 민관협력의 원칙에 따라, 지역 주민들의 다양한 욕구를 파악하고 이를 반영한 지역복지계획을 마련하여 실행하게 되었다. 이 과정에서 지역의 문제를 분석하고, 우선순위를 정하며, 적절한 해결 방안을 모색하는 지역사회복지의 여러 실천 기술들이 활용된다. 즉, 지역사회복지의 기술은 지역복지계획을 수립하고 추진하는 전 과정에서 중요한 역할을 한다.

지역사회보장 협의체 서울시 도봉구 사례

지역사회보장 협의체 경기도 광주 사례

◘ 지역사회복지와 사례관리실천

우리나라의 사회복지실천에서는 점차 지역사회를 중심으로 한 접근의 중요성이 커지고 있다. 이는 도움이 필요한 사람들이 가능한 한 자신이 살고 있는 지역사회 안에서 생활을 유지하며 지원을 받을 수 있도록 하려는 변화와 관련되어 있다. 이러한 흐름 속에서 지역사회에서 필요한 복지서비스를 효과적으로 전달하기 위한 방법으로 사례관리가 주목받고 있다.

사례관리는 지역사회에 거주하면서 장기간에 걸쳐 도움이 필요한 사람을 대상으로 하는 실천 방법이다. 사례관리에서는 상담이나 치료와 같은 개별적인 서비스 제공에 그치지 않고, 클라이언트가 지속적인 지원을 받을 수 있도록 지역사회에 존재하는 다양한 기관과 자원을 서로 연결하는 역할이 함께 이루어진다. 다시 말해, 사례관리는 한 사람의 여러 가지 욕구를 종합적으로 파악하고, 이를 해결하기 위해 지역사회 안에 있는 서비스와 지원 자원을 체계적으로 활용하는 실천 방식이다. 이 과정에서 사회복지사는 클라이언트와 신뢰 관계를 형성하며 직접적으로 개입하는 동시에, 지역사회 내의 기관과 비공식적 지원망을 연계하는 간접적인 개입도 수행한다. 이를 통해 클라이언트의 생활 전반에 긍정적인 변화를 가져오는 것을 목표로 한다.

이러한 사례관리는 보호가 장기간 필요한 대상자가 증가하고, 시설 중심의 보호에서 벗어나 지역사회 안에서 생활을 지원하려는 탈시설화가 확대되면서 더욱 중요해졌다. 또한 복지서비스가 여러 기관에 분산되어 제공되는 상황에서, 이를 조정하고 연결하여 지역 중심의 전달체계를 구축할 필요성이 커지면서 사례관리의 역할과 중요성은 더욱 강조되고 있다.

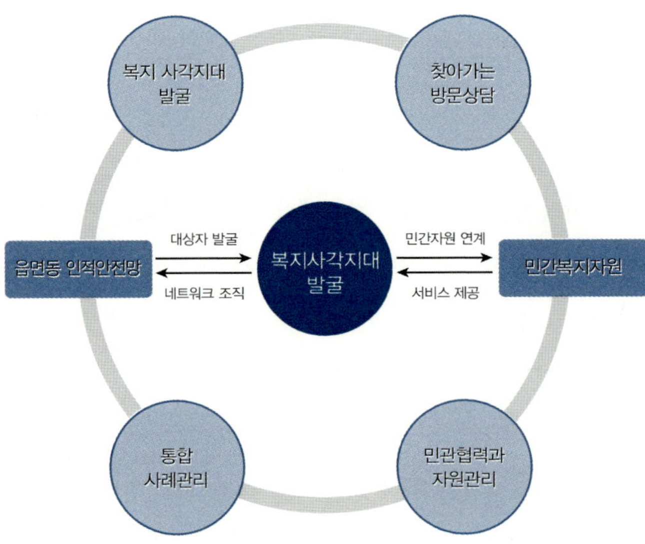

[그림 7-1] 사회복지 전달체계(사례) : 찾아가는 읍면동 서비스

출처: 보건복지부(2025). 복지전달체계 개편

2. 사회복지행정

1) 사회복지행정의 필요성

(1) 왜 '조직'과 '행정'이 필요한가

현대 사회에서 발생하는 복잡한 문제들은 개인의 노력만으로 해결하기 어려운 경우가 많다. 이에 따라 사회는 공동의 목적을 달성하기 위해 조직(기관)을 구성하여 문제에 대응하고 있다. 그러나 단순히 사람들이 모여 있는 것만으로 조직의 목적이 달성되지는 않는다. 조직이 설정한 목표를 향해 구성원들이 체계적으로 협력하고, 제한된 자원을 효율적이고 효과적으로 활용하도록 조정하는 관리 활동이 필요하다. 이러한 관리 활동이 바로 행정이다. 따라서 사회복지행정은 사회복지조직이 제공하는 각종 서비스가 이용자에게 원활하게 전달되도록 조직의 운영 전반을 관리하는 역할을 수행하고 있다. 다시 말해, 사회복지행정은 사회복지 서비스를 효과적으로 전달하기 위한 조직 운영의 기술이라고 할 수 있다.

(2) 만약 행정이 없다면?

행정이 결여된 사회복지조직의 운영은 방향성과 질서가 없이 이루어지는 상태에 가깝다. 이는 여러 사람이 함께 활동하고 있음에도 불구하고, 공통의 목표나 이를 조정하는 체계가 부재하여 조직 운영의 혼란이 오히려 심화되는 상황으로 이해할 수 있다. 바인바흐(Weinbach, 1990)는 행정이 없는 사회복지조직에서 발생할 수 있는 다양한 문제를 제시함으로써 사회복지행정의 필요성을 강조하였다. 이를 토대로 행정이 부재할 경우 나타나는 혼란은 〈표 8-1〉과 같이 네 가지 영역으로 정리할 수 있다.

〈표 8-1〉 행정 부재 시의 혼란

구분	행정이 없을 때 발생하는 문제
업무의 혼선	직원들이 매일 수행할 업무를 임의로 결정하고, 서로의 업무와 연계하지 않아 조직 전체의 활동이 체계적으로 이루어지지 않는다.
책임의 부재	업무 수행 결과에 대해 점검하거나 책임지는 주체가 없으며, 업무 평가나 피드백이 이루어지지 않는다.
방향성의 상실	조직이 존재하는 이유나 목표, 향후 발전 방향에 대한 공유가 이루어지지 않아 조직 운영이 무질서해진다.
성장의 정체	직원의 전문성을 향상시키기 위한 교육과 훈련이 부족하고, 정보 공유가 이루어지지 않아 서비스의 질이 저하된다.

이처럼 사회복지조직에서 행정이 제대로 이루어지지 않을 경우, 조직은 효율성과 책임성을 상실하게 되며 사회복지서비스 역시 안정적으로 제공되기 어렵다. 이러한 점에서 사회복지행정은 조직 운영과 서비스 질을 유지 · 향상시키기 위한 필수적인 요소라고 할 수 있다.

(3) 사회복지행정이 갈수록 중요해지는 이유

최근 사회복지 환경은 급속한 변화를 겪고 있으며, 이에 따라 사회복지행정의 역할과 중요성은 더욱 커지고 있다. 사회복지조직은 변화하는 환경에 효과적으로 대응하지 못할 경우, 서비스의 질 저하와 조직 운영의 불안정을 초래할 수 있다. 이러한 점에서 사회복지행정은 사회복지조직이 지속적으로 기능하기 위해 필수적인 요소라고 할 수 있다.

① 사회복지 욕구가 점차 다양화되고 있다.

오늘날 개인과 가족이 경험하는 문제는 과거보다 훨씬 복합적이고 세분화되어 있으며, 이에 따라 이용자들의 요구 또한 구체적이고 다양해지고 있다. 이러한 다양한 욕구에 적절히 대응하기 위해서는 서비스 기획과 전달 과정을 체계적으로 조정하는 행정의 역할이 중요하다.

② 사회복지서비스 제공 환경에서 경쟁이 심화되고 있다.

바우처 제도의 도입과 민간 참여의 확대 등으로 인해 사회복지조직 간 경쟁이 강화되면서, 각 기관은 보다 질 높은 서비스를 제공해야 하는 상황에 놓여 있다. 이 과정에서 조직의 역량을 효과적으로 관리하고 서비스의 질을 유지 · 향상시키는 사회복지행정의 중요성이 더욱 커지고 있다.

③ 사회복지조직이 확보해야 할 자원의 출처가 다양해지고 있다.

사회복지조직은 정부 지원금에만 의존하기보다 후원금, 기부금, 민간 자원 등 다양한 재원을 확보하고 관리해야 하며, 이를 위해 체계적인 자원 관리 능력이 요구되고 있다.

④ 사회복지조직의 책임성과 투명성에 대한 사회적 요구가 강화되고 있다.

기부금과 공적 재원이 적절하고 효율적으로 사용되고 있는지를 입증해야 할 책임이 커지면서, 예산 집행과 성과 관리 전반에 대한 행정적 관리의 중요성 역시 강조되고 있다.

이와 같이 사회복지 환경의 변화는 사회복지행정의 중요성을 더욱 부각시키고 있다. 사회복지행정은 사회복지조직이 지속적으로 운영될 수 있도록 기반을 마련하고, 제공되는 서비스의 질을 좌우하는 핵심적인 요소로 자리 잡고 있다.

또한 사회복지행정은 기관장이나 관리자만을 위한 지식이 아니라, 모든 사회복지 실천을 수행하는 데 필요한 기본적 이해 영역이다. 모든 사회복지 실천은 조직이라는 틀 안에서 이루어지므로, 현장에서 직접 서비스를 제공하는 사회복지사 역시 사회복지행정의 기본 원리와 기능을 이해할 필요가 있다. 사회복지사들이 행정의 원리를 바탕으로 실천 활동을 수행할 때, 조직 운영과 서비스 제공은 보다 체계적이고 효과적으로 이루어질 수 있으며, 이는 궁극적으로 클라이언트에게 제공되는 서비스의 질 향상으로 이어질 수 있다.

2) 사회복지행정의 개념

사회복지행정은 사회복지정책을 구체적인 서비스로 전환하여 클라이언트에게 전달하는 체계적인 과정이다. 이러한 사회복지행정의 개념은 초점을 어디에 두느냐에 따라 크게 미시적 차원과 거시적 차원으로 구분하여 이해할 수 있다.

(1) 미시적 차원의 개념: 기관 안에서 이루어지는 행정

미시적 차원의 사회복지행정은 개별 사회복지기관 내부에서 이루어지는 운영과 관리 활동에 초점을 둔다. 이는 사회복지기관이 클라이언트에게 직접적인 서비스를 제공하기 위해 수행하는 다양한 행정적 활동을 의미한다.

이러한 행정은 상담이나 서비스 제공과 같은 직접적인 실천을 지원하는 역할을 하며, 기관이 원활하게 운영될 수 있도록 필요한 제반 과정을 포함한다. 예를 들어 인력 배치, 업무 조정, 내부 의사소통, 시설 운영과 같은 활동들이 이에 해당한다. 또한 미시적 차원의 사회복지행정은 기관이나 시설 수준에서 조직의 목표를 달성하기 위해 관리자가 활용하는 전문적인 관리 활동을 의미한다. 즉, 제한된 인력과 자원을 효율적으로 활용하여 기관이 설정한 목적을 달성하고, 직원들이 안정적으로 업무를 수행할 수 있도록 지원하는 역할을 수행한다.

이처럼 미시적 사회복지행정은 '기관을 어떻게 운영하고 관리할 것인가'에 초점을 두며, 조직 내부의 효율성과 안정성을 높이기 위한 관리 역량을 강조한다.

(2) 거시적 차원의 개념: 정책과 지역사회로 확장되는 행정

거시적 차원의 사회복지행정은 사회복지정책이 실제 서비스로 이어지는 전체 과정을 다루는 행정이다. 이는 기관 내부의 운영 관리에만 초점을 두는 것이 아니라, 기관을 둘러싼 외부 환경과의 관계까지 함께 고려하는 넓은 개념이다.

이 차원의 사회복지행정은 정책에서 제시된 목표를 현장에서 실행 가능한 서비스로 바꾸는 역할을 한다. 동시에 서비스 제공 과정에서 드러난 문제나 현장의 경험을 다시 제도와 정책에 반영하여, 정책과 실천이 서로 연결되도록 한다. 또한 거시적 사회복지행정은 지역사회와의 협력을 중요하게 다룬다. 사회복지기관은 지방자치단체, 다른 복지기관, 민간단체 등과 협력하여 필요한 자원을 확보하고, 서비스를 보다 효과적으로 전달할 수 있는 체계를 만들어 간다.

이처럼 거시적 사회복지행정은 '정책을 실제 서비스로 어떻게 구현할 것인가', 그리고 '기관이 지역사회와 어떻게 소통하고 협력할 것인가'에 초점을 둔 행정이라고 할 수 있다.

미시적 · 거시적 관점을 종합해 보면, 사회복지행정이란 국가 차원의 사회복지정책이 개별 조직을 통해 이용자에게 효과적으로 전달될 수 있도록, 조직 내부의 운영 관리와 외부 환경과의 관계를 체계적으로 조정하고 이끄는 제반 활동이라고 할 수 있다.

3) 사회복지행정의 역할

(1) 정책과 실천과의 연결

사회복지행정은 추상적인 사회복지정책이 현장에서 실제 서비스와 실천으로 이어지도록 연결하는 중요한 중간 단계이다. 아무리 잘 설계된 복지정책이라 하더라도, 그것이 구체적인 서비스로 전환되어 이용자에게 전달되지 않으면 정책의 의미는 충분히 실현되기 어렵다.

이러한 점에서 사회복지행정은 사회복지정책이 지향하는 방향과 목표가 현장에서 효과적이고 효율적으로 실현되도록 돕는 집행체계의 역할을 수행한다. 더 나아가 사회복지행정은 정책을 단순히 집행하는 데 그치지 않고, 현장에서 나타나는 이용자의 욕구와 서비스의 효과, 문제점을 파악하여 이를 다시 정책에 반영하는 환류 기능까지 포함한다. 따라서 사회복지행정은 정책과 실천을 일방적으로 연결하는 것이 아니라, 양 방향으로 조정하고 소통하는 역할을 수행한다고 볼 수 있다.

(2) 조직의 목표 달성을 위한 전문적 관리

사회복지정책이 실제 프로그램이나 서비스로 만들어져 이용자에게 전달되는 공간은 사회복지조직이다. 따라서 사회복지행정은 사회복지조직이 설정한 목표를 효과적이고 효율적으로 달성할 수 있도록 조직 운영 전반을 체계적으로 관리하는 역할과 밀접하게 관련되어 있다.

사회복지행정은 조직을 어떻게 이해하고 운영할 것인지에 대한 전반적인 관리 기능을 담당한다. 여기에는 조직구조 설계, 인력의 배치와 동기부여, 프로그램과 서비스의 기획과 실행, 자원의 확보와 관리, 그리고 조직 성과의 관리 등이 포함된다. 이러한 관리 활동을 통해 사회복지조직은 안정적으로 운영되고 보다 질 높은 서비스를 제공할 수 있다.

4) 사회복지행정 영역

사회복지행정 영역은 조직을 둘러싼 외부 환경의 요구를 조직의 목표로 통합하고, 이를 달성하기 위해 인적 · 물적 자원을 배치하여 클라이언트에게 서비스를 전달하는 전 과정을 의미한다. 즉 사회복지행정은 조직 운영과 서비스 제공에 이르는 모든 관리 과정을 포괄한다고 할 수 있다. 황성철 외(2012)는 이러한 사회복지행정의 관리 영역을 환경관리, 조직관리, 자원관리, 프로그램관리의 네 가지로 구분하였으며, 이 구분은 현재 사회복지행정을 이해하는 핵심적인 틀로 활용되고 있다.

(1) 환경관리

사회복지조직은 외부 환경과 끊임없이 정보와 자원을 주고받는 개방된 조직이므로, 외부 환경과의 효과적인 상호작용은 조직의 생존과 직결된다. 특히 사회복지조직은 외부 자원에 대한 의존도가 높기 때문에 지역주민, 후원자, 유관기관, 지방자치단체 등과의 관계를 유지하고 관리하는 활동이 매우 중요하다.

최근 지역사회 네트워크의 강화로 인해 조직 간 경쟁과 협력이 동시에 강조되고 있으며, 이에 따라 환경관리의 중요성은 더욱 커지고 있다. 환경관리는 주로 최고관리자가 중심이 되어 수행하는 핵심적인 관리 영역이다. 즉, 환경관리는 사회복지조직이 외부 환경과 안정적인 관계를 유지하며 지속적으로 운영되도록 하는 관리 영역이다.

(2) 조직관리

조직관리는 조직 내부의 다양한 요소들이 서로 조화를 이루며 조직의 목표를 향해 나아가도록 조정하는 관리 활동이다. 여기에는 조직의 장기적인 방향을 설정하는 전략과 기획, 효율적인 조직구조의 설계, 조직문화 형성, 리더십 발휘, 의사결정과 슈퍼비전 등이 포함된다.

조직관리는 주로 최고관리자와 중간관리자가 담당하며, 조직이 안정적으로 운영되고 기능할 수 있도록 하는 데 목적이 있다. 즉, 조직관리는 조직 내부가 효과적으로 작동하도록 구조와 사람, 문화를 조정하는 관리 영역이다.

(3) 자원관리

자원관리는 사회복지조직이 목표를 달성하기 위해 필요한 자원을 확보하고 관리하는 활동으로, 크게 인적자원관리와 물적자원관리로 구분된다.

① 인적자원관리

인적자원관리는 조직 구성원의 채용, 직무 분석, 성과 평가, 직원 교육 및 동기부여 등 '사람'을 관리하는 인사행정을 의미한다.

② 물적자원관리

물적자원관리는 예산의 편성과 집행, 후원금과 기부금 등 재원을 확보하고 관리하는 재정행정을 의미한다.

최근에는 사회복지조직의 투명성과 책임성이 강조되면서 전문적인 재정관리의 중요성이 더욱 부각되고 있으며, 자원관리는 주로 중간관리자의 역할이 강조되는 영역이다. 즉, 자원관리는 사회복지조직이 필요한 인력과 재정을 안정적으로 확보 · 활용하기 위한 관리 영역이다.

(4) 프로그램관리

프로그램이란 조직의 목적을 달성하기 위해 고유한 목표와 예산을 가지고 수행되는 구체적인 서비스 활동을 의미한다. 프로그램관리는 사회복지정책이 실제 서비스로 전환되는 실천적 과정을 관리하는 것으로, 프로그램의 기획, 실행, 모니터링, 성과 평가에 이르는 전 과정을 포괄한다.

책임성과 성과 측정이 중요해진 현대 사회복지 환경에서 프로그램관리의 전문성은 필수적이며, 이 영역은 주로 중간관리자와 일선관리자가 담당하는 실무 중심의 관리 영역이다. 즉, 프로그램관리는 사회복지정책이 실제 서비스로 구현되는 전 과정을 관리하는 영역이다.

3. 사회복지정책

1) 사회복지정책의 개념

정책이란 일정한 목표를 달성하기 위해 어떤 방향으로 행동할 것인지를 정해

놓은 기준이나 원칙을 의미한다. 즉 정책은 개인이나 기관이 우연히 행동하는 것이 아니라, 미리 설정된 목적을 바탕으로 계획적으로 선택한 행동의 방향이라고 할 수 있다. 이러한 의미에서 정책은 다양한 기관의 의사결정과 행동을 이끄는 역할을 하지만, 일반적으로는 정부가 수행하는 공적인 행위라는 점에서 공공성이 더욱 강조된다. 따라서 정책은 정부가 사회적으로 중요한 목표를 달성하기 위해 의도적으로 선택한 행동 지침으로 이해되기도 한다.

사회복지정책 역시 이러한 공공성을 바탕으로 한다. 사회복지정책은 정부가 국민의 삶의 질을 향상시키고 사회복지의 목표를 실현하기 위해 계획적으로 선택한 행동 지침이라고 할 수 있다(남기민, 2010). 구체적으로 사회복지정책은 국민에게 서비스나 소득을 제공함으로써 생활의 안정과 복지 수준에 영향을 미치는 정부 정책을 의미하며, 여기에는 사회보험, 공공부조, 그리고 다양한 사회복지서비스 관련 정책들이 포함된다.

2) 사회복지정책과 사회복지실천과의 관계

사회복지정책과 사회복지실천은 서로 분리된 것이 아니라 밀접하게 연결되어 있다. 사회복지정책은 사회복지실천이 이루어질 수 있는 기본적인 틀과 방향을 제시하며, 사회복지실천은 이러한 정책의 틀 안에서 실제로 수행된다. 또한 사회복지정책은 사회에서 나타나는 문제와 이슈, 그리고 사회복지실천 현장에서 드러나는 욕구를 바탕으로 형성될 때 실제로 효과를 발휘할 수 있다. 다시 말해, 정책은 현장의 현실과 요구를 충분히 반영할 때 실천 가능한 형태로 만들어질 수 있다.

이처럼 사회복지정책은 사회복지실천의 기준과 지침이 되는 동시에, 실천 현장의 경험과 결과로부터 영향을 받는다. 따라서 사회복지정책을 수립하기 위해서는 사회복지실천 현장에서 발생하는 다양한 문제와 상황에 대한 이해가 필요하며, 사회복지실천가 역시 자신이 수행하는 실천을 정책의 관점에서 이해할 수 있어야 한다.

3) 사회복지정책의 영역과 분야

사회복지를 어떤 시각에서 이해하느냐에 따라 사회복지정책의 영역과 범위는 달라질 수 있다. 또한 정치적, 경제적, 사회적 여건의 변화에 따라 사회복지가 담당하는 정책 분야는 확대되거나 축소되기도 한다. 그러나 최근에는 사회환경이 빠르게 변화하면서 사회복지의 역할과 영역이 전반적으로 확대되는 추세에 있다.

일반적으로 사회복지정책이라고 하면 국민건강보험, 고용보험, 산업재해보상보험, 국민연금, 노인장기요양보험과 같은 사회보험 제도와 저소득층의 소득 보장을 목적으로 하는 공공부조 정책인 국민기초생활보장제도, 그리고 다양한 사회복지서비스 관련 제도를 의미한다.

하지만 이러한 구분은 사회복지를 좁은 의미로 이해한 경우에 해당한다. 보다 넓은 의미에서 사회복지정책은 교육, 보건, 주거, 고용정책은 물론 조세정책까지 포함하는 개념으로 볼 수 있다. 학자들은 조세정책이 사회보험이나 공공부조처럼 직접적인 급여를 제공하지는 않지만, 소득의 재분배 효과를 통해 간접적으로 국민의 생활 안정에 기여한다는 점에서 사회복지정책의 한 영역으로 보았다(남기민, 2010). 또한 복지국가의 위기 이후 실업과 불안정 고용이 증가하고 사회복지 재정이 축소되는 상황 속에서, 고용정책 역시 사회복지의 주요 정책 영역으로 포함되었다고 설명하였다.

이러한 논의는 사회복지정책의 범위가 단순한 소득 보장 정책을 넘어, 고용과 노동시장 문제까지 확장되고 있음을 보여준다. 이러한 흐름 속에서 공공부조 제도인 국민기초생활보장제도 역시 고용을 통한 자활을 궁극적인 목표로 하고 있으며, 장애인, 여성, 노인, 청소년 등 노동시장 취약계층의 고용 문제는 중요한 사회복지정책의 한 부분으로 다루어지고 있다.

4) 사회복지정책의 형성과정

사회복지정책은 한 번에 만들어지는 것이 아니라, 여러 단계를 거치며 형성–실행–평가되는 동태적이고 연속적인 과정이다. 이 과정은 설명의 목적에 따라 네 단계로 정리되기도 하고, 보다 세분화하여 여섯 단계로 구분하기도 한다. 본 교재에서는 정책 형성과정을 이해하기 쉽도록 사회문제의 이슈화, 정책의제 형성, 정책대안 형성, 정책결정, 정책집행, 정책평가의 여섯 단계로 나누어 살펴보고자 한다.

(1) 사회문제의 이슈화

사회문제란 사람들이 해결할 필요성을 느끼는 불만족스러운 상태를 의미한다. 그러나 모든 사회문제가 곧바로 사회복지정책으로 이어지는 것은 아니다. 어떤 문제가 정책으로 다루어지기 위해서는 개인이나 일부 집단의 문제가 아니라, 사회 전체가 함께 관심을 가져야 할 사안으로 인식되는 과정이 필요하다. 이를 사회문제의 사회적 이슈화라고 한다.

사회복지 문제는 사람들이 인간으로서 기본적인 생활을 누리지 못한 채 어려움을 겪고 있으며, 이러한 상황을 반드시 해결해야 할 문제로 인식할 때 비로소 사회문제로 자리 잡는다. 이때 이슈란 특정한 문제나 요구가 사회적 관심을 끌어 공적인 논의의 대상으로 떠오르는 상태를 의미한다. 다시 말해, 문제의 존재가 사회적으로 알려지고 공감이 형성될 때 그 문제는 정책적으로 다루어질 가능성을 갖게 된다.

어떤 문제가 사회적 이슈로 부각되기 위해서는 이를 제기하는 주체와 함께, 사회적 공감을 불러일으킬 수 있는 사건이나 계기가 필요하다. 이슈를 제기하는 주체는 해당 문제로 직접적인 어려움을 겪는 당사자일 수도 있으며, 현장을 잘 이해하고 있는 사회복지사인 경우도 많다. 특히 사회복지 문제의 당사자는 사회적 약자인 경우가 많기 때문에, 사회복지사가 이들의 목소리를 사회에 전달하고 대변하는 역할을 수행하는 것이 중요하다.

이와 같은 이슈화 과정은 사회 속에 방치되어 있던 문제를 공적인 문제로 인식하게 만들고, 이를 해결하기 위한 정책 논의가 이루어지도록 하는 출발점이 된다. 따라서 사회문제의 사회적 이슈화는 사회복지정책 형성과정에서 가장 중요한 첫 단계라고 할 수 있다.

(2) 정책의제 형성과 정책대안 형성

정책의제란 다양한 사회문제 가운데 정부가 책임지고 해결해야 할 공적인 문제로 공식적으로 선택된 사안을 의미한다. 다시 말해, 사회적으로 중요한 문제라고 인식되었고, 정부가 이를 해결할 의지와 능력이 있다고 판단한 문제를 정책의제라고 한다.

정책의제로 채택된 이후에는 해당 문제를 어떤 방식으로 해결할 것인지에 대한 논의가 이어지며, 이 과정에서 정책대안이 마련된다. 정책대안이란 정책 목표를 달성하기 위해 활용할 수 있는 여러 가지 해결 방안을 탐색하고, 그중에서 가장 적절한 방안을 찾기 위한 과정을 의미한다.

정책대안을 형성하는 과정은 일반적으로 다음과 같은 단계로 이루어진다.

① 정책 문제로 규정된 사회문제의 내용과 이를 둘러싼 상황을 파악한다.
② 정책을 통해 달성하고자 하는 목표를 분명히 설정한다.
③ 다양한 해결 방안을 탐색하고 개발한다.
④ 각 대안의 장단점을 비교 · 분석한다.

이 과정에서는 기존 정책을 점진적으로 개선하는 방식이나 자유로운 아이디어 제시를 통한 방법 등 다양한 접근이 활용될 수 있다. 또한 각 대안을 평가할 때에는 비용 대비 효과를 고려하거나, 정책 목표 달성에 얼마나 효과적인지를 분석하는 방법 등이 사용된다.

(3) 정책결정과 집행

정책결정이란 사회문제를 해결하기 위해 제시된 여러 정책대안 가운데, 어떤 방안을 실제로 선택할 것인지를 결정하는 과정을 의미한다. 앞선 단계에서 다양한 해결 방안이 제시되었다면, 정책결정 단계에서는 이들 대안의 장단점과 현실적 가능성을 고려하여 가장 적절한 방안을 선택하게 된다. 다시 말해, 정책결정은 “무엇을 할 것인가”를 최종적으로 정하는 단계라고 할 수 있다.

이 과정에서는 정책 목표를 얼마나 잘 달성할 수 있는지, 필요한 비용과 자원은 어느 정도인지, 사회적 합의가 가능한지 등을 종합적으로 고려한다. 따라서 정책결정은 단순한 선택이 아니라, 여러 조건과 여건을 함께 따져보는 판단의 과정이다.

정책집행은 이렇게 결정된 정책을 실제 현실에서 실행에 옮기는 단계이다. 정책집행 단계에서는 정책의 내용이 구체적인 제도, 사업, 프로그램, 서비스의 형태로 나타나며, 행정조직과 담당 기관을 통해 현장에서 실천된다. 즉 정책집행은 “결정된 정책을 어떻게 실행할 것인가”에 대한 단계라고 할 수 있다.

이 과정의 목적은 정책에서 설정한 목표가 계획에 그치지 않고, 실제 현장에서 구현되도록 하는 데 있다. 따라서 정책집행이 제대로 이루어지지 않으면, 아무리 좋은 정책이라 하더라도 기대한 효과를 거두기 어렵다. 이러한 점에서 정책결정과 정책집행은 서로 밀접하게 연결되어 있으며, 정책의 성과를 좌우하는 중요한 단계라고 할 수 있다.

(4) 정책평가

정책평가는 정책이 실제로 집행된 이후, 그 정책이 처음에 세웠던 목표를 얼마나 잘 달성했는지를 살펴보는 과정이다. 즉 정책평가는 정책이 계획대로 실행되었는지, 그리고 그 결과가 사회문제 해결에 실제로 도움이 되었는지를 점검하는 단계라고 할 수 있다.

정책평가에서는 정책이 기대한 효과를 거두었는지 뿐만 아니라, 집행 과정에서 예상하지 못한 부작용은 없었는지도 함께 검토한다. 이를 통해 정책이 긍정적인 결과만 가져왔는지, 아니면 보완이 필요한 부분이 있는지를 종합적으로 판단하게 된다.

정책을 평가할 때에는 여러 기준이 활용된다. 예를 들어 정책이 목표를 얼마나 잘 달성했는지를 보는 효과성, 투입된 자원에 비해 결과가 적절했는지를 살펴보는 능률성, 정책 내용이 문제 상황에 적합했는지를 판단하는 적절성, 정책 혜택이 공정하게 제공되었는지를 살펴보는 형평성, 정책이 대상자의 요구에 잘 반응했는지를 평가하는 반응성, 그리고 정책이 전체 제도나 환경과 조화를 이루었는지를 보는 적합성 등이 있다.

정책평가를 통해 드러난 문제점이나 개선이 필요한 부분은 다시 정책 과정에 반영된다. 이러한 환류 과정을 통해 정책은 수정 · 보완되며, 다음 단계의 정책 수립과 집행에 중요한 기초 자료로 활용된다.

[예시] 노인복지 정책을 통해 살펴본 거시적 사회복지 실천

노인복지 정책을 예로 단계적으로 사회복지 실천을 설명하면 다음과 같다.

- 먼저 사정 단계에서는 사회 전반에서 나타나는 변화를 살펴본다. 노인 인구가 빠르게 증가하면서 혼자 생활하는 노인이 늘어나고, 일상생활에서 돌봄이나 지원이 필요한 상황이 반복적으로 관찰된다. 이러한 문제는 더 이상 개인의 문제가 아니라, 사회 전체가 함께 대응해야 할 구조적 문제로 인식된다.
- 다음으로 기획 단계에서는 이러한 노인 문제에 어떻게 대응할 것인지를 검토한다. 노인의 일상생활을 지원하기 위해 어떤 서비스가 필요한지, 기존 제도는 충분한지, 지역사회에서 노인이 안전하게 생활할 수 있도록 어떤 정책적 보완이 필요한지를 종합적으로 논의하며 정책의 방향과 기본 틀을 마련한다.
- 개입 단계에서는 기획된 내용을 바탕으로 실제 정책과 제도가 시행된다. 노인의 돌봄과 건강, 생활 안전을 지원하는 서비스가 확대되거나 새로운 제도가 도입되며, 이를 운영하기 위한 행정적·제도적 기반이 정비된다. 이 과정에서 노인복지 정책은 많은 노인의 삶에 직접적인 영향을 미치게 된다.
- 정책이 시행된 이후에는 예상하지 못한 문제나 한계가 드러날 수 있는데, 이를 보완하는 과정이 조정 단계이다. 예를 들어 일부 노인이 서비스를 이용하기 어렵거나 지역 간 격차가 나타나는 경우, 운영 기준이나 전달 방식이 수정된다.
- 마지막으로 평가 단계에서는 이러한 정책이 노인의 삶에 어떤 변화를 가져왔는지를 점검하고, 그 결과는 이후 정책 개선에 반영된다.

이러한 노인복지 정책의 추진 과정은 중앙정부와 지방자치단체 간의 역할 분담 속에서 이루어진다. 중앙정부는 정책의 기본 방향과 제도적 틀을 마련하고, 광역 지자체는 이를 바탕으로 지역의 특성과 여건을 반영한 조례와 운영 기준을 정비한다. 이 과정에서 조례 개정과 제도 정비는 노인복지 서비스의 전달 방식과 운영 체계에 변화를 가져오며, 지역 내 노인의 삶에 직접적인 영향을 미친다. 이처럼 노인복지 정책 사례는 사회 변화에 대응하여 중앙정부의 정책이 지방자치단체 차원의 제도와 서비스로 구체화되는 과정을 보여주며, 거시적 차원의 사회복지 실천이 어떻게 이루어지는지를 잘 보여주는 예라고 할 수 있다.

※ QR 코드로 더 알아보기

● 사회보장 기본계획 	● 복지전달체계 개편 사례 

정리하기

1. 지역사회복지

- 지역사회복지는 지역 주민이 겪는 문제를 지역 차원에서 인식하고, 지역 내 자원과 기관을 연계하여 해결하려는 중범위 실천이다. 주민 참여와 네트워크 형성을 통해 지역사회의 문제 해결 역량을 높이는 데 목적이 있다.

2. 사회복지행정

- 사회복지행정은 사회복지조직이 설정한 목표를 효과적이고 효율적으로 달성하도록 지원하는 거시적 실천이다. 조직 운영, 인력과 자원의 관리, 프로그램 운영을 통해 사회복지 서비스가 안정적으로 전달되도록 한다.

3. 사회복지정책

- 사회복지정책은 사회문제를 제도적으로 해결하기 위한 거시적 실천으로, 정책의 형성 · 결정 · 집행 · 평가 과정을 통해 사회 전반에 영향을 미친다. 정책은 사회복지 실천의 방향과 틀을 제공하며, 동시에 실천 현장의 경험을 반영해 변화한다.
- 지역사회복지, 사회복지행정, 사회복지정책은 각각 다른 수준에서 이루어지지만, 모두 개인의 문제를 사회적 · 구조적으로 해결하려는 사회복지 실천이라는 공통된 목적을 가진다. 사회복지사는 이러한 중범위와 거시적 실천을 이해함으로써, 보다 넓은 시각에서 문제를 바라보고 효과적인 개입을 설계할 수 있다.

- 지역사회복지관은 어떤 '실천 수준'에서 활동하는 기관일까? 지역사회복지관의 주요 역할을 떠올려 보고, 이것이 개인을 직접 돕는 미시적 실천인지, 지역 주민과 자원을 연결하는 중범위 실천인지, 혹은 제도와 정책과 연결되는 거시적 실천인지 생각해 보자. 또한 지역사회복지관의 활동이 사회복지행정이나 사회복지정책과는 어떻게 연결되는지도 함께 정리해 봅시다.
- 지역사회에서 반복되는 문제가 있다면, 그것은 어떻게 정책이나 제도로 이어질 수 있을까?예를 들어 노인 돌봄, 1인 가구의 고립, 아동 돌봄 부족과 같은 지역사회문제를 하나 떠올려 보고, 이러한 문제가 지역사회복지관의 실천을 거쳐 사회복지행정이나 사회복지정책 차원의 대응으로 확대될 수 있는 과정을 생각해 봅시다.

CHAPTER 08

사회복지의 정책분야

사회보험, 공공부조, 사회서비스

CONTENTS

■ 이 장의 학습목표

사람들은 살아가면서 질병, 실업, 노령, 빈곤, 돌봄과 같은 다양한 사회적 위험과 생활상의 어려움에 직면하게 된다. 이러한 문제는 개인이나 가족의 노력만으로 해결하기 어려운 경우가 많으며, 이때 국가가 어떤 제도적 장치를 통해 개입하는지가 삶의 안정과 직결된다. 사회복지정책은 이러한 위험에 대응하기 위해 사회가 책임지고 마련한 제도적 틀이며, 우리나라의 사회복지정책은 사회보험, 공공부조, 사회서비스라는 세 가지 핵심 영역을 중심으로 구성되어 있다. 이 장에서는 이 세 제도가 각각 어떤 목적과 방식으로 운영되는지를 살펴보고, 서로 다른 제도가 국민의 삶에서 어떻게 역할을 분담하며 상호 보완적으로 작동하는지를 이해하고자 한다.

- 사회복지정책의 세 가지 핵심 영역인 사회보험, 공공부조, 사회서비스의 개념과 차이를 설명할 수 있다.
- 국민연금, 국민기초생활보장제도, 기초연금, 긴급복지지원제도 등 주요 사회보장제도의 목적과 기능을 이해할 수 있다.
- 각 사회복지 제도가 국민의 삶에서 어떤 역할을 수행하는지 실제 생활 사례를 통해 설명할 수 있다.

08 CHAPTER

사회복지의 정책분야
사회보험, 공공부조, 사회서비스

사회복지정책은 사람들이 살아가면서 겪게 되는 질병, 실업, 노령, 빈곤, 돌봄의 어려움과 같은 사회적 위험에 대응하기 위해 국가가 마련한 제도적 장치이다. 개인의 노력만으로는 감당하기 어려운 생활상의 위험에 대해 국가와 사회가 어떤 방식으로 개입할 것인지를 체계적으로 정리한 것이 사회복지정책이라 할 수 있다.

사회복지정책을 이해하기 위해서는 우리 사회의 사회보장체계가 어떤 구조로 구성되어 있는지를 살펴볼 필요가 있다. 사회보장제도는 재원을 어떻게 마련하는지, 누구를 대상으로 하는지, 어떤 방식으로 지원하는지에 따라 사회보험, 공공부조, 사회서비스의 세 영역으로 구분된다.

이 세 제도는 모두 국민의 삶을 보호하고 인간다운 생활을 보장하기 위한 공적 제도라는 공통점을 지니지만, 운영 원리와 지원 방식에는 차이가 있다. 사회보험은 보험료를 기반으로 사회적 위험에 대비하는 제도이며, 공공부조는 생활이 어려운 사람에게 국가가 직접 소득이나 생계를 보장하는 제도이다. 사회서비스는 돌봄, 보호, 상담, 생활 지원과 같은 서비스를 제공함으로써 일상생활의 어려움을 완화하는 제도이다. 즉, 사회보험 · 공공부조 · 사회서비스는 대상, 급여 내용, 지원 방식이 서로 다른 제도이다.

이러한 구분은 우리나라 사회보장체계를 이해하는 기본 틀로 자리 잡고 있으며, 1995년 제정된 「사회보장기본법」에서도 사회보장을 사회보험, 공공부조, 사회서비스로 나누어 규정하고 있다. 법에 따르면 사회보장이란 국민이 다양한 사회적 위험으로부터 보호받고 인간다운 생활을 영위할 수 있도록 소득과 서비스를 보장하는 제도 전반을 의미한다.

우리나라 사회보장제도는 이 세 축을 중심으로 구성되어 있으며, 사회보험과 공공부조는 소득 보장의 핵심 제도로, 사회서비스는 돌봄과 생활 지원의 중요성이 커지면서 그 역할이 확대되고 있다. 이 장에서는 먼저 사회보험을 살펴보고, 이어서 공공부조와 사회서비스를 차례로 검토함으로써 우리나라 사회복지정책의 구조와 특징을 이해하고자 한다.

이 장에서는 이러한 세 가지 기둥 가운데 먼저 사회보험을 살펴보고, 이어서 공공부조, 사회서비스를 차례로 소개한다. 각 영역마다 제도의 개념과 특징, 적용 대상, 급여 또는 서비스의 내용, 재원 조달 방식 등을 비교 해 보면서, 우리나라 사회복지정책이 어떤 구조로 작동하고 있는지 이해하도록 한다.

1. 사회보험

사회보험은 사회복지정책을 처음 접하는 학생들이 가장 많이 혼동하기 쉬운 영역이면서도, 동시에 우리 삶과 가장 밀접하게 연결된 제도이다. 병원에 가서 진료비를 줄여주는 건강보험, 실직했을 때 생계를 일부 보장해 주는 고용보험, 노후에 연금을 받게 되는 국민연금은 모두 사회보험에 해당한다. 사회보험을 이해하는 가장 쉬운 출발점은 이를 '내가 보험료를 내고, 나중에 위험이 생기면 도움을 받는 제도'로 생각하는 것이다.

사회보험은 개인이 혼자 감당하기 어려운 사회적 위험을 국가가 보험 방식으로 관리하는 제도이다. 사람은 살아가면서 질병에 걸리기도 하고, 나이가 들어 일을 할 수 없게 되거나, 갑작스럽게 일자리를 잃을 수도 있다. 또 산업현장에서 사고를 당하거나, 노년기에 장기간 돌봄이 필요한 상황에 놓이기도 한다. 사회보험은 이러한 위험에 대비하여 미리 보험료를 나누어 부담하고, 실제 위험이 발생했을 때 급여나 서비스를 제공하여 국민의 삶을 지켜준다.

우리나라는 현재 다섯 가지 주요 사회보험을 운영하고 있다. 각각은 대비하는 위험의 종류에 따라 다음과 같이 구분된다.

□ 공적연금(public pension)

노령, 장애, 사망으로 인한 소득 상실에 대비하는 제도로, 우리나라 사회보험 중 연금 영역에 해당한다. 가장 대표적인 것은 일반 국민을 대상으로 하는 국민연금이며, 이밖에 공무원, 군인, 사립학교 교직원 등을 대상으로 하는 직역연금도 포함된다. 일정 기간 보험료를 납부하면 노후에 연금을 지급받아 기초적인 생활을 유지할 수 있도록 돕는다.

□ 국민건강보험

질병이나 부상으로 인한 고액의 의료비 부담을 줄이기 위한 제도이다. 평소에 보험료를 내고, 필요할 때 병원 진료, 검사, 치료비의 상당 부분을 보험에서 지원받아 본인의 부담을 크게 낮추어 준다.

□ 산업재해보상보험(산재보험)

일터에서 발생한 사고나 질병, 사망에 대비하는 제도이다. 업무와 관련된 재해가 발생했을 때 치료비와 소득 보전, 재활 서비스를 지원하여 근로자와 그 가족을 보호한다.

□ 고용보험

실업이라는 위험에 대비하는 사회보험이다. 일을 하다가 비자발적으로 직장을 잃은 경우, 일정 요건을 충족하면 실업급여를 통해 구직 기간 동안의 생계를 일부 보장받을 수 있다. 또한 직업능력 개발과 고용 안정을 지원하는 기능도 수행한다.

□ 노인장기요양보험

고령이나 노인성 질환으로 인해 혼자서 일상생활을 수행하기 어려운 경우를 대비하는 제도이다. 식사 도움, 목욕, 간호 등 신체활동이나 일상생활을 지원하는 돌봄 서비스를 제공한다.

사회보험의 가장 큰 특징은 주로 현재 소득이 있는 사람을 중심으로 제도가 설계되어 있다는 점이다. 대부분의 사회보험은 보험료를 납부한 실적이 있어야 급여를 받을 수 있으며, 이 보험료는 개인과 사용자(고용주), 또는 국가가 분담하는 구조를 가진다. 이러한 점에서 사회보험은 '미리 준비하는 복지'라고 할 수 있다.

사회보험은 대학생들의 일상과도 결코 멀지 않다. 예를 들어 아르바이트를 하는 대학생도 일정 요건을 충족하면 고용보험의 적용 대상이 된다. 아르바이트 중이더라도 고용보험에 가입되어 있다면, 본인의 의사와 상관없이 일을 그만두게 되었을 때 구직급여를 받을 수 있는 자격이 생긴다. 이는 사회보험이 특정 계층만을 위한 특별한 혜택이 아니라, 일을 하는 모든 사람의 보편적인 위험을 국가가 함께 분담하는 체계임을 보여준다.

대한민국의 사회보험은 1960년 공무원연금을 시작으로, 1963년 산업재해보상보험과 군인연금, 1973년 사립학교교직원연금이 도입되며 제도적 기틀을 마련하였다. 이후 1976년 「의료보험법」 개정, 1986년 「국민연금법」 제정, 1993년 「고용보험법」 제정을 거쳐, 2007년 「노인장기요양보험법」에 이르기까지 사회보험의 영역은 점차 확장되어 왔다. 19세기 말부터 제도를 도입한 유럽의 복지국가들과 비교하면 출발은 다소 늦었으나, 우리나라는 단기간에 보편적인 적용 대상과 서비스를 확보하며 비약적인 발전을 이루어냈다.

이러한 사회보험의 주요 특징은 다음과 같다.

☐ 보편적 적용과 사회적 위험에 대한 대응이다.

사회보험은 특정 계층이 아닌 모든 국민을 대상으로 운영되는 보편적인 제도이다. 개인의 노력만으로는 해결하기 어려운 출산, 양육, 질병, 장애, 실업, 노령, 사망 등 사회 구성원 누구나 겪을 수 있는 다양한 '사회적 위험'에 공동으로 대처한다.

☐ 예방적 성격과 보험 방식의 활용이다.

사회보험은 미래에 닥칠 예기치 못한 상황에 미리 대비하는 예방적 복지이다. 가입자들의 기여(보험료)를 기반으로 공동의 재원을 마련하고, 위험이 발생한 가입자에게 급여를 제공함으로써 위험을 분산하고 극복하는 보험의 원리를 충실히 따른다.

☐ 인간다운 생활 보장과 국가의 책임성이다.

사회보험은 단순히 최저 생계를 유지하는 것을 넘어, 건강과 소득이 문화적인 삶이 가능한 수준이 되도록 보장하는 것을 목표로 한다. 또한 법에 의해 강제되고 실시되므로 국가의 책임이 강하게 작동하며, 이는 민간보험에 비해 높은 안정성과 신뢰를 담보하는 기반이 된다.

이처럼 사회보험은 국민의 전 생애에 걸쳐 발생할 수 있는 위기 상황을 지탱하는 핵심적인 사회적 안전망이다. 다음은 우리나라의 대표적인 사회보험인 국민연금을 포함한 공적연금부터 국민건강보험, 산업재해보상보험(산재보험), 고용보험, 노인장기요양보험에 이르기까지 각 제도의 주요 내용을 살펴보고자 한다.

1) 공적연금

(1) 공적연금의 개념과 의의

공적연금은 국가가 법에 근거하여 운영하는 연금제도로, 노령, 장애, 사망과 같이 개인이 노동을 통해 소득을 얻기 어려운 상황에 대비하여 소득을 보장하는 사회보험이다. 즉, 공적연금은 국민이 생애 과정에서 겪게 되는 대표적인 소득 상실 위험에 대응하는 제도적 장치라고 할 수 있다.

공적연금의 가장 큰 특징은 개인의 저축이나 가족의 부양에만 의존하지 않고, 국가가 책임을 지고 연금 제도를 운영한다는 점이다. 일정 기간 보험료를 납부한 사람은 노후나 장애, 사망 등의 위험이 발생했을 때 연금 급여를 통해 최소한의 생활을 보장받게 된다. 이러한 점에서 공적연금은 노후소득 보장의 핵심적인 제도이자, 사회보험 체계의 출발점에 해당한다.

우리나라의 공적연금은 적용 대상의 특성에 따라 국민연금과 직역연금으로 구분된다. 국민연금은 일반 국민을 대상으로 하는 보편적인 연금제도인 반면, 직역연금은 공무원, 군인, 사립학교 교직원과 같이 국가 또는 공공부문에 소속된 특정 직업군을 대상으로 운영되는 연금제도이다. 이러한 직업군은 고용 구조와 근무 형태가 일반 근로자와 달라 동일한 연금제도를 적용하기 어려웠으며, 국가 기능을 안정적으로 수행하기 위한 필요에 따라 별도의 연금제도가 마련되었다.

이 가운데 국민연금은 가장 많은 국민이 가입하는 대표적인 공적연금으로, 우리나라 연금제도의 중심을 이룬다. 이에 다음에서는 공적연금 가운데 가장 대표적인 제도인 국민연금을 중심으로 살펴보고, 직역연금에 대한 구체적인 내용은 생략한다.

(2) 대표적인 공적연금: 국민연금

국민연금제도는 국민의 노령, 장애 또는 사망과 같은 사회적 위험에 대비하여 가입자와 그 유족에게 연금급여를 지급함으로써, 경제적 생활 안정과 복지 증진을 도모하기 위한 제도이다(국민연금법 제1조). 국민연금은 공적연금 가운데 전 국민을 대상으로 하는 기본적인 연금제도라는 점에서 중요한 의미를 갖는다.

국민연금공단

우리나라 국민연금은 1973년 「국민복지연금법」으로 처음 제도화되었으나, 당시 경제적 · 사회적 여건의 한계로 시행이 유보되었다. 이후 1986년 「국민연금법」이 제정되었고, 1988년부터 본격적으로 시행되었다. 초기에는 일부 사업장 근로자를 중심으로 적용되었으나, 점차 적용 대상이 확대되어 현재는 농어촌 지역 주민과 도시 자영업자를 포함한 전 국민 연금제도로 자리 잡았다(권중돈 외, 2022). 이러한 확대 과정은 국민연금이 특정 계층만을 위한 제도가 아니라, 국민 전체의 노후 위험을 공동으로 분담하는 사회보험임을 보여준다.

(3) 적용 대상과 급여의 개요

국민연금의 가입 대상은 국내에 거주하는 18세 이상 60세 미만의 국민으로,

사업장가입자와 지역가입자를 중심으로 구성된다. 이 외에도 소득이 없거나 일정한 조건을 충족하는 경우에는 본인의 신청에 따라 임의가입이나 임의계속가입이 가능하다. 이를 통해 국민연금은 가능한 한 많은 국민을 제도 안으로 포괄하고자 한다.

국민연금의 급여는 노령연금, 장애연금, 유족연금이 중심이 된다. 노령연금은 일정 기간 보험료를 납부한 가입자가 노후에 매월 지급받는 연금으로, 국민연금의 가장 기본적인 급여이다. 장애연금과 유족연금은 각각 장애 발생이나 사망으로 인해 소득을 상실한 경우를 대비한 급여로, 가입자 본인뿐 아니라 가족의 생활 안정에도 중요한 역할을 한다. 이 외에도 연금 수급 요건을 충족하지 못한 경우에는 반환일시금이 지급된다.

(4) 재원과 공적연금의 특징 : 국민연금을 중심으로

국민연금의 재원은 가입자가 납부하는 보험료를 기본으로 하며, 사업장가입자의 경우 사용자와 근로자가 보험료를 분담한다. 또한 국가는 농어민 등에 대해 보험료 일부를 지원하고, 제도의 안정적인 운영을 위해 관리 · 운영 비용을 부담한다. 이러한 구조는 국민연금이 개인 책임에만 의존하지 않고, 국가와 사회가 함께 책임지는 공적 제도임을 보여준다.

공적연금은 단순한 노후 대비 수단을 넘어, 국민의 생애 전반에 걸친 소득 안전망으로 기능한다. 특히 노령, 장애, 사망이라는 불가피한 위험에 대비하여 인간다운 생활을 유지할 수 있도록 돕는다는 점에서, 공적연금은 사회보험 체계의 가장 핵심적인 제도라 할 수 있다.

2) 국민건강보험

(1) 국민건강보험의 개념과 의의

국민건강보험은 질병이나 부상과 같이 누구에게나 발생할 수 있는 건강상의 위험에 대비하여, 의료비 부담을 사회적으로 분담하기 위한 사회보험 제도이다. 현대 사회에서는 산업화와 도시화, 고령화의 진전으로 질병 발생과 의료 이용의 가능성이 커졌으며, 이에 따라 의료비 부담은 개인이나 가족만의 문제가 아니라 사회 전체가 함께 해결해야 할 과제가 되었다.

어떤 나라에서는 국가가 병원을 운영하며 의료서비스를 직접 제공하지만, 우리나라는 국민이 미리 보험료를 납부하고 병원에서 진료를 받을 때 보험 혜택을 적용받는 방식을 이용한다. 이를 사회보험 방식의 국민건강보험이라고 한다. 이 제도는 국민이 평소 보험료를 납부하고, 질병, 부상, 출산 등으로 의료서비스가 필요할 때 진료와 치료에 드는 비용의 상당 부분을 보험 급여로 지원받도록 설계되어 있다. 이를 통해 국민의 건강을 보호하고, 과도한 의료비로 인한 생활 불안을 예방하는 것을 목적으로 한다.

(2) 제도의 전개 과정

국민건강보험공단

우리나라의 의료보험 제도는 1963년에 처음 도입되었으나, 초기에는 가입이 의무가 아니어서 실제로 이용하는 사람이 많지 않았다. 이후 1977년부터 일정 규모 이상의 사업장을 대상으로 의료보험 가입이 의무화되면서 제도가 본격적으로 운영되기 시작하였다. 그 후 의료보험의 필요성이 커지면서 적용 대상은 점차 확대되었고, 1980년대 후반에는 농어촌 지역 주민과 도시 지역 주민까지 포함되면서 전 국민을 대상으로 하는 의료보험 체계가 마련되었다.

한편 당시에는 직업이나 지역에 따라 여러 개의 의료보험 조합이 나뉘어 운영되고 있었는데, 이러한 방식은 제도의 형평성과 효율성 측면에서 한계를 드러냈다. 이에 따라 1999년 「국민건강보험법」이 제정되면서 의료보험 제도가 하나로 통합되었고, 2000년 국민건강보험공단이 출범하면서 현재의 단일 보험자 체계가 완성되었다(신영전 · 정일영, 2020). 이는 국민 누구나 보다 공평하게 의료보장을 받을 수 있도록 한 중요한 변화였다.

(3) 적용 대상과 급여의 개요

국민건강보험은 의료급여를 받는 일부 사람을 제외하고, 우리나라에 사는 거의 모든 국민이 보험료를 내는 가입자이거나 가족 자격의 피부양자로 참여하는 제도이다. 국민건강보험의 가입자는 크게 직장가입자와 지역가입자로 나뉜다. 직장가입자는 회사나 기관에 소속되어 월급을 받으며 일하는 사람으로, 보험료를 근로자와 사용자가 함께 부담한다. 이 경우 일정 요건을 충족한 가족은 별도의 보험료를 내지 않고도 피부양자로서 보험 혜택을 받을 수 있다. 반면 지역가입자는 회사에 소속되지 않고 일하거나 소득이 일정하지 않은 사람으로, 자영업자나 프리랜서, 무직자 등이 여기에 해당한다. 지역가입자는 본인의 소득과 재산을 기준으로 보험료를 부담한다. 이러한 구분을 통해 국민건강보험은 대부분의 국민을 제도 안에 포함시키는 보편적인 사회보험으로 운영되고 있다.

국민건강보험의 급여는 주로 병원이나 의원을 이용할 때 제공된다. 병원에 가서 진료를 받고, 검사를 하거나 치료를 받을 때 드는 비용의 상당 부분을 건강보험이 대신 부담해 주는 것이다. 입원이나 간호가 필요한 경우에도 건강보험의 지원을 받을 수 있다. 이 밖에도 정기적인 건강검진을 받을 수 있고, 필요한 경우에는 일부 보조기기 지원도 이루어진다. 이를 통해 국민은 치료비 부담을 덜고, 필요한 의료서비스를 제때 이용할 수 있다.

국민건강보험은 연금처럼 현금을 지급하는 제도가 아니라, 병원 진료와 치료를 중심으로 지원하는 제도라는 점에서 다른 사회보험과 구별된다.

(4) 재원과 국민건강보험의 특징

국민건강보험의 재원은 주로 가입자가 납부하는 보험료로 마련되며, 직장가입자의 경우 근로자와 사용자가 보험료를 나누어 부담한다. 지역가입자는 소득과 재산 등을 기준으로 산정된 보험료를 부담한다. 또한 국가는 제도가 안정적으로 운영될 수 있도록 일정 부분 재정을 지원한다. 국민건강보험은 질병이라는 예기치 않은 위험에 대비하여 국민 모두가 비용을 함께 부담하고, 필요할 때 의료서비스를 이용할 수 있도록 하는 대표적인 사회보험이다(국민건강보험공단, 2026a). 이를 통해 의료비 부담 때문에 치료를 미루거나 포기하는 상황을 예방하고, 국민의 생활 안정을 지키는 사회적 안전망 역할을 한다.

3) 산업재해보상보험

(1) 산업재해보상보험의 개념과 의의

산업재해보상보험은 근로자가 업무 수행 과정에서 입은 부상, 질병 또는 사망과 같은 산업재해에 대비하여, 그에 따른 치료와 소득 상실을 보상하기 위한 사회보험 제도이다. 산업화가 진전되면서 작업 환경이 다양해지고 산업 현장의 위험이 증가함에 따라, 업무 중 발생하는 재해를 개인의 책임으로만 돌리기에는 한계가 커졌다. 이에 따라 산업재해는 개인이나 가족의 문제가 아니라 사회가

근로복지공단

함께 책임져야 할 위험으로 인식되게 되었다.

산업재해보상보험은 근로자의 업무상 재해를 신속하고 공정하게 보상하고, 재해 이후 재활과 사회복귀를 지원함으로써 근로자의 인간다운 삶을 보장하는 것을 목적으로 한다. 특히 이 제도는 사용자의 고의나 과실 여부와 관계없이, 업무와 관련된 재해인 경우 보상이 이루어지는 무과실책임주의를 원칙으로 하여, 재해를 입은 근로자가 보다 안정적으로 보호받을 수 있도록 설계되어 있다.

(2) 제도의 전개 과정과 적용 대상

산업재해보상보험은 우리나라에서 가장 먼저 도입된 사회보험으로, 1963년에 법이 제정되고 1964년부터 일부 대규모 사업장을 중심으로 시행되었다. 이후 제도의 필요성이 커지면서 적용 대상이 점차 확대되어, 현재는 원칙적으로 근로자를 고용하는 모든 사업장이 적용 대상이 된다. 이를 통해 산업재해보상보험은 일터에서 발생하는 위험으로부터 근로자를 폭넓게 보호하는 제도로 자리 잡았다.

다만 공무원, 군인, 사립학교 교직원처럼 이미 별도의 재해보상 제도가 마련된 직업군과, 가정 안에서 이루어지는 고용활동 등은 적용 대상에서 제외된다. 산업재해보상보험은 근로자가 일하는 사업장을 기준으로 관리되며, 실제 보험 혜택은 업무 중 재해를 입은 근로자에게 제공된다.

(3) 급여의 개요

산업재해보상보험의 급여는 업무와 상당한 관련성이 인정되는 '업무상 재해'에 대해 제공된다. 업무를 수행하는 과정에서 발생했거나, 업무에 기인한 재해임이 인정될 경우 보험 급여가 지급된다(근로복지공단, 2026b). 산재보험의 급여는 손해 전부를 보상하는 것이 아니라, 근로자의 평균임금을 기준으로 일정 비율을 보장하는 방식으로 이루어진다.

주요 급여로는 치료를 위한 요양급여, 일을 하지 못한 기간 동안 소득을 보전하는 휴업급여, 장해가 남은 경우 지급되는 장해급여, 사망 시 유족에게 지급되는 유족급여 등이 있다. 이 밖에도 재활과 직장 복귀를 지원하기 위한 급여가 제공되어, 재해 이후 근로자의 회복과 사회 복귀를 돕는다.

(4) 재원과 산업재해보상보험의 특징

산업재해보상보험의 재원은 다른 사회보험과 달리 사업주가 보험료를 전액 부담하는 구조를 가진다. 이는 산업재해가 업무 환경과 밀접하게 관련되어 있다는 점을 반영한 것이다. 보험료는 사업장의 업종과 재해 위험 수준에 따라 차등적으로 산정되며, 재해 예방 노력이 우수한 사업장에는 보험료 부담을 경감하는 제도가 함께 운영되고 있다.

산업재해보상보험은 근로자가 일터에서 겪을 수 있는 위험을 사회적으로 분담함으로써, 산업재해로 인한 개인과 가족의 생활 붕괴를 예방하는 핵심적인 사회보험이다. 특히 근로자의 안전과 건강을 보호하고, 재해 이후의 회복과 복귀를 지원한다는 점에서 중요한 사회적 안전망으로 기능한다.

4) 고용보험

(1) 고용보험의 개념과 의의

고용보험

고용보험은 근로자가 실업 상태에 놓였을 때 최소한의 생활을 보장하고, 재취업을 촉진하기 위한 사회보험 제도이다. 현대 사회에서는 산업 구조의 변화, 경기 변동, 기술 발전 등으로 인해 개인의 노력만으로는 실업 위험을 완전히 피하기 어렵다. 이러한 실업은 개인과 가족의 생계에 직접적인 영향을 미칠 뿐 아니라 사회 전체의 불안 요인이 되기도 한다.

고용보험은 이러한 실업 위험에 대응하기 위해 단순히 실직 이후의 소득을 보전하는 데 그치지 않고, 실업을 예방하고 고용을 안정시키는 기능까지 함께 수행한다(고용24, 2026). 즉, 고용보험은 실업 이후를 대비하는 소극적 제도이면서 동시에, 직업능력 개발과 고용 촉진을 통해 실업을 사전에 줄이려는 적극적인 노동시장정책의 성격을 함께 지닌 사회보험이다.

(2) 제도의 전개 과정과 적용 대상

우리나라의 고용보험은 1993년 「고용보험법」 제정을 통해 제도적 기반이 마련되었으며, 1995년부터 시행되었다. 이는 기존의 실업보험 개념을 넘어, 고용 안정과 직업능력 개발을 통합적으로 지원하는 제도로 설계되었다는 점에서 중요한 의미를 가진다.

고용보험은 원칙적으로 근로자를 고용하는 대부분의 사업장을 대상으로 운영된다. 따라서 해당 사업장에서 일하는 근로자는 고용보험에 가입되어 보험의 보호를 받게 된다. 다만 농림어업 중 규모가 매우 작은 사업장이나 가정 안에서 이루어지는 고용과 같이 일부 예외적인 경우에는 고용보험이 적용되지 않는다. 이처럼 모든 근로자가 동일하게 적용되는 것은 아니며, 고용보험은 근로계약을 전제로 한 사회보험이라는 특징을 가진다.

(3) 급여의 개요

고용보험의 급여는 크게 실업급여와 고용 안정 및 직업능력 개발과 관련된 급여로 나눌 수 있다. 실업급여는 근로자가 본인의 의사와 무관하게 실직한 경우, 일정 기간 동안 생활에 필요한 급여를 제공하여 구직 활동에 전념할 수 있도록 돕는 제도이다. 이를 통해 실직으로 인한 갑작스러운 소득 상실을 완화하고, 재취업까지의 공백 기간을 지원한다.

이와 함께 고용보험은 직업훈련과 능력 개발을 지원하고, 육아휴직이나 출산전후휴가와 같은 일 · 가정 양립을 위한 급여도 제공한다(고용24, 2026). 이러한 급여는 근로자가 일 때문에 가정생활을 포기하지 않고, 출산이나 육아 기간에도 안정적으로 직장을 유지할 수 있도록 돕는다. 그 결과 근로자가 직장을 쉽게 그만두지 않게 되어, 장기적으로는 일자리가 보다 안정적으로 유지되는 노동환경을 만드는 데 기여한다.

(4) 재원과 고용보험의 특징

고용보험의 재원은 주로 근로자와 사업주가 함께 부담하는 보험료로 마련된다. 실업급여에 필요한 보험료는 근로자와 사업주가 공동으로 부담하며, 고용안정과 직업능력 개발을 위한 비용은 주로 사업주가 부담한다. 또한 국가는 제도의 안정적인 운영을 위해 재정 지원과 기금 관리를 담당한다.

고용보험은 실업이라는 위험에 대비하는 동시에, 재취업과 고용 안정을 적극적으로 지원하는 사회보험이다. 이는 고용보험이 단순한 소득 보장 제도를 넘어, 변화하는 노동시장 속에서 근로자의 삶을 지탱하는 중요한 사회적 안전망으로 기능하고 있음을 보여준다.

5) 노인장기요양보험

(1) 노인장기요양보험의 개념과 의의

노인장기요양
보험제도

노인장기요양보험은 고령이나 노인성 질환으로 인해 장기간 일상생활을 혼자서 수행하기 어려운 노인에게 신체활동이나 가사활동을 지원하는 장기요양급여를 제공하는 사회보험 제도이다. 이 제도는 노인의 건강과 생활 안정을 도모하는 동시에, 가족에게 집중되던 돌봄 부담을 사회가 함께 분담하는 것을 목적으로 한다.

우리 사회는 고령화가 빠르게 진행되면서 치매, 중풍과 같은 노인성 질환으로 장기간 돌봄이 필요한 노인이 증가하고 있다. 과거에는 이러한 돌봄 문제가 주로 가족의 책임으로 여겨졌으나, 노인장기요양보험의 도입을 통해 장기요양은 개인이나 가족의 문제가 아니라 사회가 함께 해결해야 할 위험으로 인식되게 되었다. 노인장기요양보험은 이러한 변화 속에서 노인의 삶의 질을 높이고, 가족의 부담을 완화하는 핵심적인 사회보험으로 자리 잡고 있다.

(2) 제도의 전개 과정과 적용 대상

노인장기요양보험은 우리나라 5대 사회보험 가운데 가장 최근에 도입된 제도로, 2007년 「노인장기요양보험법」 제정을 거쳐 2008년부터 시행되었다. 이 제도의 도입은 노인 돌봄을 제도적으로 보장하는 중요한 전환점이 되었다.

장기요양급여의 대상은 원칙적으로 65세 이상의 노인이며, 65세 미만이라 하더라도 치매나 뇌혈관성 질환 등 노인성 질환을 가진 경우에는 예외적으로 포함된다. 노인장기요양보험의 가입자는 건강보험 가입자와 동일하며, 장기요양이 필요하다고 인정된 경우에 한해 급여가 제공된다(국민건강보험, 2026b).

(3) 급여의 개요

노인장기요양보험의 급여는 크게 재가급여와 시설급여를 중심으로 제공된다. 재가급여는 노인이 자신의 집에서 생활하면서 방문요양, 방문간호, 주 · 야간보호 등의 서비스를 받는 형태이며, 시설급여는 노인요양시설 등에 입소하여 장기간 돌봄과 보호를 받는 형태이다. 이 밖에도 거주 지역이나 건강 상태 등의 이유로 장기요양기관의 서비스를 이용하기 어려운 경우에는, 예외적으로 현금 형태의 특별급여가 제공되기도 한다. 이는 가족이 대신 돌봄을 제공해야 하는 상황에서 최소한의 지원을 하기 위한 것이다. 예를 들어, 요양시설이나 방문요양기관이 가까이에 없는 농어촌 지역에 거주하는 노인이 가족의 도움으로 일상생활을 유지하고 있는 경우, 국가가 현금 형태로 일부 비용을 지원하는 것이 특별급여에 해당한다.

이러한 급여는 병을 진단하거나 치료하는 의료서비스보다는, 식사 도움이나 목욕 보조와 같은 일상생활을 돕는 돌봄 서비스에 중심을 두고 있다. 따라서 치료비를 지원하는 국민건강보험과는 목적과 내용이 다른 제도라는 점에서 구별된다.

(4) 재원과 노인장기요양보험의 특징

노인장기요양보험은 세 가지 주체(국민, 국가, 수급자)가 비용을 나누어 부담하는 구조로 운영된다. 이 가운데 국민이 납부하는 장기요양보험료가 가장 기본적인 재원이다. 이 보험료는 따로 내는 것이 아니라, 매달 내는 건강보험료에 함께 포함되어 부과된다. 또한 국가는 제도가 안정적으로 운영될 수 있도록 예산을 지원한다. 이는 노인 돌봄이 개인이나 가족만의 책임이 아니라 사회 전체의 책임이라는 점을 반영한 것이다. 마지막으로 장기요양 서비스를 이용하는 노인(수급자)도 비용의 일부를 부담한다. 다만 소득과 재산이 적은 경우에는 이 부담이 줄어들거나, 아예 면제되기도 한다.

노인장기요양보험은 노후에 누구나 겪을 수 있는 장기 돌봄 위험에 대비하여, 돌봄을 사회적 책임으로 전환한 대표적인 사회보험이다. 이는 고령사회에서 노인의 존엄한 삶을 지탱하는 중요한 사회적 안전망으로 기능한다.

2. 공공부조

예 **[사례 1] 경기 안성시 "김희망 씨 둥지찾기 프로젝트"**

실직 후 김희망(가명) 씨는 국민연금과 기초연금 80만 원으로 찜질방에서 1년 가까이 생활하며 카드 부채에 시달렸습니다. 당뇨와 척추질환을 앓고 있었지만 치료받을 여력조차 없었습니다. 기초생활보장법에 따른 급여를 신청하고, 지원받기 전 긴급복지 생계지원을 연계하여 생활을 안정시키고, 경기도형 긴급복지를 연계하여 LH 공공전세임대주택에 입주하였습니다. 이후 기초생활수급 주거급여 대상자로 선정되어 지속적으로 주거비를 지원받을 수 있었고, 사례관리를 통해 법률구조공단의 도움으로 개인파산 면책 결정으로 경제적 재기의 기반을 마련하게 되었습니다. 김희망 씨는 1년간의 찜질방 생활에서 벗어나 희망의 둥지를 찾게 되었습니다.

예 **[사례 2] 충북 청주시 "삶의 끈을 다시 잇다: 위기에서 자립으로"**

열흘 이상 아무것도 먹지 못한 채 단전 · 단가스 상태로 쓰러져 있던 40대 독거남성 A씨를 마을 이장이 발견하여 신고했습니다. 실직 후 신용불량자가 되어 극단적 선택까지 고려했던 A씨는 긴급복지 생계지원을 받았고, 복지119 체계가 즉시 가동되었습니다. 주말을 반납한 민관협력으로 청소업체, 새마을회, 부녀회 등이 참여하여 5일 만에 주거환경을 정돈하고 도배까지 완료했습니다. 긴급복지 신청을 받기 위해 병실로 직접 찾아가는 적극행정을 통해 신속하게 생계비가 지원되었고, A씨는 월세, 통신료, 건강보험료 등 꼭 필요한 생활비에 사용하며 삶을 되찾았습니다.

출처: 보건복지부(2025). 보도참고자료 '긴급복지지원으로 다시 찾은 삶의 희망-위기 가구 긴급복지 적극 지원 우수사례 10편 선정-'.

공공부조(public assistance)는 스스로의 힘으로 최소한의 생활을 유지하기 어려운 사람을 대상으로, 국가와 지방자치단체가 책임지고 생계를 보장하는 제도이다. 질병, 실업, 노령, 갑작스러운 위기 상황 등으로 인해 소득이나 생활 기반이 무너졌을 때, 공공부조는 '도움이 꼭 필요한 사람을 위한 최후의 안전망'으로 기능한다.

공공부조는 개인의 보험 가입이나 기여 여부와 관계없이, 현재의 생활수준과 필요 정도를 기준으로 지원이 이루어진다는 점에서 사회보험과 구별된다. 즉, 공공부조는 이미 생활이 어려워진 이후에 개입하는 사후적 제도이며, 국민의 인간다운 삶을 보장하기 위한 최소한의 사회적 장치라 할 수 있다.

공공부조는 「사회보장기본법」 제3조에서 '국가와 지방자치단체의 책임 하에 생활 유지 능력이 없거나 생활이 어려운 국민의 최저생활을 보장하고 자립을 지원하는 제도'로 정의된다. 공공부조의 주요 특징은 다음과 같다(권중돈 외, 2022).

첫째, 사회적 취약계층을 대상으로 하는 최종적 소득 보장 제도이다. 다른 제도나 가족의 도움으로도 생활이 어려운 경우에 최종적으로 개입한다는 점에서, 공공부조는 사회보장체계의 가장 마지막 단계에 위치한다.

둘째, **선별적 제도**라는 특징을 가진다. 모든 국민이 대상이 될 수 있으나, 실제 급여는 소득 · 재산조사(자산조사)를 통해 일정 기준 이하인 사람에게만 제공된다.

셋째, **급여는 무상으로 제공되며 재원은 일반조세로 충당**된다. 사회보험처럼 보험료를 납부하지 않아도 지원을 받을 수 있으며, 그 재원은 국가 재정으로 마련된다.

넷째, **수급자에게 낙인감이 발생할 수 있는 한계**도 존재한다. 선별적 지원과 자산조사 과정에서 수급 사실이 드러날 수 있기 때문이다.

공공부조는 다음과 같은 원칙에 따라 운영된다.

- **최저생활보장의 원칙:** 생계 · 주거 · 의료 · 교육 등 기본적인 생활을 유지할 수 있는 최소한의 수준을 보장한다.
- **보충성의 원칙:** 개인의 소득 · 자산 · 근로 능력, 가족의 부양 등 모든 자원을 활용한 이후에도 부족한 부분만을 보충한다.
- **자립지원의 원칙:** 단순한 현금 지원에 그치지 않고, 근로 능력이 있는 경우 자활을 통해 스스로 생활할 수 있도록 돕는다.
- **개별성의 원칙:** 가구의 상황과 특성을 고려하여 급여 수준을 달리 정한다.
- **보편적 권리의 원칙:** 성별, 종교, 사회적 신분과 관계없이 누구나 조건을 충족하면 보호받을 권리가 있다.

우리나라의 공공부조는 생활이 어려운 상황의 성격에 따라 여러 제도로 구성되어 있으며, 그 중 대표적인 제도는 다음과 같다.

- 국민기초생활보장제도(국민기초생활보장법): 빈곤 상태에 놓인 가구를 대상으로 생계 · 주거 · 의료 · 교육 등 기본적인 생활을 종합적으로 지원하는 제도. 지속적이고 정기적으로 지원하는 상시적 공공부조
- 기초연금(기초연금법): 일정 소득 이하의 노인을 대상으로 매월 일정 금액을 지급하여 노후 소득을 보완하는 제도. 노인 빈곤 완화를 위한 공공부조
- 긴급복지지원제도(긴급복지지원법): 실직, 중대한 질병, 가구 해체 등 갑작스러운 위기 상황에 처한 경우, 신속하게 단기 지원을 제공하는 제도. 일시적 · 긴급성 공공부조

이들 제도는 모두 보험료 납부 여부와 관계없이, 현재의 생활 곤란 상태를 기준으로 지원이 이루어진다는 공통점을 가지며, 공공부조가 '지금 당장 생활이 어려운 사람을 돕는 제도'임을 잘 보여준다.

〈표 8-1〉 공공부조의 대표적인 제도

구분	목적 및 대상
국민기초생활보장 (최후의 안전망)	최저생활 보장 및 자립 지원 소득인정액이 기준 중위소득 일정 비율 이하인 가구
기초연금 (보완적 안전망)	노후 소득 보완 및 빈곤 완화 만 65세 이상 노인 중 소득 하위 70%
긴급복지지원 (틈새 안전망)	긴급한 위기대응으로 상황 해소 위기 사유 발생으로 생계가 곤란한 저소득 가구

1) 국민기초생활보장제도

(1) 제도의 개념과 도입 배경

국민기초생활보장제도는 생활이 어려운 국민에게 필요한 급여를 제공하여 최저생활을 보장하고, 스스로 자립할 수 있도록 지원하는 공공부조 제도이다(「국민기초생활보장법」 제1조). 이 제도는 단순히 생계를 돕는 데 그치지 않고, 빈곤 상태에 놓인 사람이 사회 구성원으로서 다시 살아갈 수 있도록 돕는 것을 중요한 목표로 한다.

우리나라에서는 과거 「생활보호법」에 따라 공공부조가 운영되었으나, 1997년 IMF 외환위기 이후 대량실업과 빈곤 문제가 급격히 심화되면서 기존 제도의 한계가 드러났다. 특히 일할 능력이 없거나 가족의 도움을 받기 어려운 절대 빈곤층이 제도 밖에 머무르는 문제가 심각하게 제기되었다. 이에 따라 1999년 「국민기초생활보장법」이 제정되고, 2000년부터 시행되면서 공공부조는 시혜적 보호 중심에서 벗어나 국가 책임에 기반한 종합적 빈곤 대응 제도로 전환되었다.

국민기초생활보장제도는 근로능력의 유무와 관계없이 빈곤선 이하의 저소득층에게 최소한의 생활을 보장하는 한편, 근로가 가능한 수급자에게는 자활 · 자립을 지원함으로써 빈곤에서 벗어날 수 있도록 돕는 구조를 갖추고 있다. 또한 2014년부터는 맞춤형 급여체계로 개편되어, 가구의 상황에 따라 생계 · 의료 · 주거 · 교육급여를 각각 다른 기준으로 지원하고 있다(생활법령정보, 2026a).

(2) 적용 대상

국민기초생활보장제도의 수급자가 되기 위해서는 소득인정액 기준과 부양의무자 기준을 함께 충족해야 한다. 소득인정액은 가구의 실제 소득과 재산을 소득으로 환산한 금액을 합산한 것으로, 급여 종류와 가구 규모에 따라 정해진 기준 이하여야 한다. 이 기준은 매년 중위소득을 기준으로 설정된다. 부양의무자란 수급권자의 부모나 자녀 등 직계가족과 그 배우자를 의미하며, 원칙적으로 부양의무자가 있으면 제도 적용이 제한된다. 다만 최근에는 빈곤 사각지대를 줄이기 위해 부양의무자 기준이 단계적으로 완화 또는 폐지되고 있다.

현재 교육급여와 주거급여에는 부양의무자 기준이 적용되지 않으며, 생계급여 역시 대부분의 경우 부양의무자 기준이 폐지되었다.

(3) 급여 내용

국민기초생활보장제도의 급여는 신청주의를 원칙으로 하며, 수급권자 본인이나 가족이 신청한다. 다만 도움이 필요한 사람이 제도를 알지 못해 누락되지 않도록, 사회복지 담당 공무원이 직권으로 신청할 수도 있다. 이 제도에서 제공하는 급여는 크게 다음과 같다.

- 생계급여: 음식 · 의복 등 기본적인 생활에 필요한 비용을 현금으로 지원
- 주거급여: 임차료나 주택 유지 · 수선비 등 주거 안정을 위한 지원
- 의료급여: 진료, 검사, 치료, 입원 등 의료서비스 지원
- 교육급여: 저소득층 자녀의 교육비를 지원하여 빈곤의 대물림을 예방
- 해산급여 · 장제급여: 출산 또는 사망 시 필요한 비용 지원
- 자활급여: 근로능력이 있는 수급자가 자활사업에 참여하여 스스로 자립할 수 있도록 돕는 급여

이러한 급여들은 단순한 현금 지원을 넘어, 생활 유지 → 회복 → 자립으로 이어지는 단계적 지원 체계를 이룬다.

(4) 재원 부담

국민기초생활보장제도에 필요한 재원은 국가와 지방자치단체가 함께 부담한다. 국가와 시 · 도는 제도의 안정적 운영을 위해 주요 비용을 부담하며, 시 · 군 · 구는 행정업무와 일부 보장 비용을 담당한다. 다만 지방자치단체의 재정 여건을 고려하여 국가가 비용의 상당 부분을 분담하는 구조로 운영되고 있다.

국민기초생활보장제도는 국가가 빈곤 문제에 대해 제도적으로 책임지는 대표적인 공공부조이다. 다만 실제 현장에서는 급여 수준이나 신청 과정의 복잡성 등으로 인해 제도의 취지와 체감 사이에 차이가 존재한다는 점도 함께 지적되고 있다.

2) 기초연금

(1) 개념 및 배경

기초연금은 노후 준비가 부족한 어르신들의 평안한 노후 생활을 지원하고 연금 혜택을 공평하게 나누기 위해 마련된 공공부조 성격의 연금 제도이다. 본인이 납부한 보험료를 기반으로 하는 사회보험과 달리, 기초연금은 전액 세금을 재원으로 운영된다. 이에 따라 보험료 납부 여부와 상관없이 만 65세 이상 노인 중 소득과 재산 수준을 고려한 '소득인정액'이 선정기준액(하위 70%) 이하인 대상자에게 매월 일정 금액을 지급하여 기본적인 생활을 돕는다(보건복지부 기초연금, 2026).

이 제도가 도입된 결정적인 배경은 우리나라의 심각한 노인 빈곤 문제에 있다. 우리나라는 국민연금 제도가 1988년에 비교적 늦게 도입되면서, 현재의 노인 세대가 충분한 가입 기간을 확보하지 못했거나 가입 기회 자체가 적어 안정적인 노후 소득을 확보하지 못한 경우가 많다. 이러한 현실을 고려해 기초연금이 도입되었다.

결과적으로 기초연금은 국민연금만으로는 충분히 보호받지 못하는 공적 연금의 사각지대를 보완하는 중추적인 역할을 수행한다. 이는 국민연금과 함께 노후 소득 보장 체계의 한 축을 담당하며, 세계 최고 수준인 노인 빈곤 문제를 완화하고 어르신들의 삶의 질을 실질적으로 높이는 보완적 공공부조 제도로서 중요한 의의를 지닌다.

(2) 선정기준

기초연금은 국민기초생활보장제도보다 완화된 선정 기준을 적용하여, 더 많은 노인을 대상으로 노후 소득을 보완하는 제도이다(보건복지부, 2026a).

- 연령 및 소득 기준: 만 65세 이상 한국 국적의 노인 가운데, 가구의 소득과 재산을 합산한 소득인정액이 전체 노인 중 하위 70%에 해당하는 경우 기초연금 수급 대상이 된다.
- 선정기준액: 매년 노인의 소득 · 재산 수준과 물가 상승 등을 고려하여 보건복지부 장관이 기준을 정해 고시하며, 이를 통해 수급 대상이 조정된다.

(3) 제도의 주요 특징

기초연금은 사회보험인 국민연금과 달리, 개인이 납부한 보험료가 아니라 국가와 지방자치단체의 조세(세금)를 재원으로 운영되는 제도이다. 일정한 소득 · 재산 기준을 충족한 노인에게 지급된다는 점에서, 기초연금은 '범주적 공공부조

(categorical public assistance)'의 성격을 지닌다. 기초연금은 국민기초생활보장제도와 비교할 때 다음과 같은 특징을 가진다.

- 대상: 국민기초생활보장제도가 연령과 관계없이 빈곤 상태에 놓인 가구를 대상으로 하는 데 비해, 기초연금은 '노인'이라는 특정 연령 집단을 중심으로 운영되는 제도이다.
- 급여 형태: 국민기초생활보장제도가 생계 · 의료 · 주거 · 교육 등 다양한 급여를 종합적으로 제공하는 반면, 기초연금은 정기적인 현금 급여를 통해 노후 소득을 보완하는 데 초점을 둔다.

기초연금의 수급 대상은 만 65세 이상 노인 중 소득 · 재산 수준이 일정 기준 이하인 경우로, 선정 기준은 매년 중위소득과 경제 여건을 반영하여 조정된다. 비록 기초연금의 급여 수준이 노인의 전체 생활비를 충당하기에는 충분하지 않지만, 기본적인 생활을 유지하는 데 중요한 보완적 소득으로 기능한다. 이처럼 기초연금은 국민기초생활보장제도를 대체하는 제도가 아니라, 노인 빈곤을 완화하기 위해 함께 작동하는 보완적 공공부조 제도로 이해할 수 있다.

(4) 의의와 한계

기초연금은 현 세대 노인의 빈곤 완화에 실질적으로 기여해 온 제도로, 국가가 노후 소득 보장에 대한 책임을 제도적으로 실현하고 있다는 점에서 중요한 의의를 가진다. 특히 국민연금으로 충분한 보호를 받지 못하는 노인들에게 기본적인 소득을 보완하는 역할을 수행함으로써(이봉주 외, 2023), 노후 생활의 최소한의 안정성을 확보하는 데 기여해 왔다. 그러나 기초연금에는 몇 가지 한계도 존재한다. 우선, 급여 수준이 노후의 최소 생활비를 모두 충당하기에는 여전히 부족하다는 점이 지속적으로 지적되고 있다. 또한 국민기초생활보장제도의 생계급여를 받는 극빈층 노인의 경우, 기초연금 수령액이 생계급여 산정 시 소득으로 반영되어 급여가 감액되는 구조로 인해 제도 간 연계 방식에 대한 개선의 필요성이 지속적으로 제기되고 있다.

그럼에도 불구하고 기초연금은 노인의 기본적인 생활 안정을 돕고, 노후 빈곤의 심화를 완화하는 데 중요한 역할을 수행하는 대표적인 노인 대상 공공부조 제도이다. 앞으로 기초연금의 급여 수준과 제도 간 연계 방식이 보완된다면, 그 역할과 중요성은 더욱 확대될 것으로 기대된다.

3) 긴급복지지원제도

(1) 개념 및 목적

긴급복지지원제도는 실직, 중대한 질병, 사고, 가구 해체, 화재 등과 같은 갑작스러운 위기 상황으로 생계유지가 곤란해진 국민에게 국가가 신속하고 일시적인 지원을 제공하는 공공부조 제도이다. 이 제도는 「긴급복지지원법」에 근거하여 운영되며, 위기 상황에서 최소한의 생활을 유지할 수 있도록 돕는 것을 목적으로 한다.

(2) 제도의 주요 특징

긴급복지지원제도의 가장 큰 특징은 '신속성'과 '일시성'이다. 국민기초생활보장제도와 같이 소득 · 재산 조사를 거쳐 장기적으로 지원하는 제도와 달리, 긴급복지지원제도는 당장 도움이 필요한 상황에 빠르게 개입하는 데 초점을 둔다. 따라서 복잡한 절차보다는 위기 상황 여부를 중심으로 판단하여, 짧은 기간 동안 필요한 지원을 제공한다(보건복지부, 2026b).

- 선(先)지원 후(後)조사: 일반적인 복지 제도는 소득과 재산을 엄격히 조사한 후 지원 여부를 결정하지만, 긴급복지는 위기 상황인지 여부를 먼저 확인하여 최대한 빠르게 지원을 실시한다. 상세한 소득 · 재산 조사는 지원 후에 실시하여 사후에 적정성을 검토하는 방식을 취한다.
- 일시적 지원: 장기적인 보호가 목적이 아니라, 위기 상황이 해소될 때까지 짧은 기간(보통 1개월에서 6개월 내외) 동안만 한시적으로 지원한다.

(3) 지원 대상 및 내용

지원 대상은 위기 사유(실직, 질병, 사고, 가구 해체 등)가 발생하여 생계가 곤란해진 가구 중 일정 소득 · 재산 기준을 충족하는 자이다. 이때 기준은 국민기초생활보장제도보다 비교적 완화되어 적용되므로, 제도 사이의 공백을 메우는 '사회적 안전망' 역할을 수행한다. 이러한 점에서 긴급복지지원제도는 기존 복지 제도의 사각지대를 보완하는 역할을 수행한다.

긴급복지지원제도에서 제공하는 급여는 생계비, 의료비, 주거비 지원이 중심이 된다. 급여는 대부분 현금 또는 현물 형태로 단기간 제공되며, 위기 상황이 해소되면 지원은 종료된다. 주요 급여의 종류는 다음과 같다(생활법령정보, 2026b).

- 생계지원: 일시적인 식료품비, 의복비 등 최소한의 생활비 지원. 예) 갑작스러운 실직으로 생활비가 끊긴 경우
- 의료지원: 중한 질병이나 부상으로 감당하기 어려운 의료비 지원
- 주거지원: 임시로 거주할 곳이 필요하거나 월세 체납 등으로 거주가 불안정한 경우 지원

- 기타 지원: 교육비, 장제비, 전기요금 등 부가적인 항목 지원

(4) 의의와 과제

최근 경제 불황, 고용 형태의 다변화, 1인 가구의 급증, 그리고 대규모 감염병 사태 등으로 인해 갑작스러운 위기에 노출되는 국민이 늘어나고 있다. 긴급복지지원제도는 기존 제도의 엄격한 요건을 충족하지 못해 도움을 받지 못하는 소위 '복지 사각지대'에 놓인 위기 가구를 즉각적으로 보호한다는 점에서 매우 중요한 의미를 지닌다.

다만, 실제 현장에서는 제도를 몰라 신청하지 못하거나, 지자체 공무원의 현장 확인 과정에서 위기 상황에 대한 판단이 주관적일 수 있다는 점이 개선 과제로 지적된다. 그럼에도 불구하고 긴급복지지원제도는 공공부조 체계 내에서 가장 즉각적으로 위기에 대응하는 제도로서, 국민의 삶을 지탱하는 중요한 안전망 역할을 수행하고 있다.

3. 사회서비스

1) 개념 및 법적 정의

사회서비스는 현금이나 소득을 직접 지원하는 사회보험 및 공공부조와 달리, 도움이 필요한 국민에게 돌봄, 교육, 상담, 활동지원 등 구체적인 '서비스'를 직접

제공하는 제도이다.「사회보장기본법」 제3조에 따르면, 사회서비스는 국가와 지방자치단체뿐만 아니라 민간부문의 참여를 통해 상담, 재활, 돌봄, 정보 제공, 시설 이용, 역량 개발 등을 지원함으로써 국민의 삶의 질을 향상시키는 것을 목적으로 한다.

2) 특징

사회서비스는 소득 보장 중심의 제도들과 구별되는 다음과 같은 특징을 지닌다.

첫째, 비금전적 · 현물적 지원이 중심이 된다. 사회보험이나 공공부조가 주로 금전적 급여를 통해 소득을 보전하거나 의료비를 지원하는 것과 달리, 사회서비스는 사람의 생활 과정에 직접 개입하여 전문 인력에 의한 돌봄과 지원을 제공한다. 이는 주로 관련 시설을 이용하거나 특정 프로그램에 참여하는 형태로 실현된다.

둘째, 공공과 민간의 협력 체계로 운영된다. 법적 정의에서 명시하듯이 사회서비스는 국가와 지방자치단체뿐만 아니라 민간부문의 참여가 강조되는 영역이다. 이는 다양한 민간 복지 자원을 활용하여 국민의 다변화된 욕구에 보다 유연하고 전문적으로 대응하기 위함이다.

셋째, 인간다운 생활 보장과 자립 역량 강화를 목적으로 한다. 단순히 일시적인 도움을 주는 것에 그치지 않고, 상담과 역량 개발 등을 통해 스스로 생활할 수 있는 능력을 키워줌으로써 궁극적으로 국민 개개인의 삶의 질을 향상시키는 데 초점을 둔다.

3) 주요 사회서비스의 종류와 예시

우리나라의 대표적인 사회서비스는 대상자의 욕구에 따라 다양하게 운영되고 있다.

〈표 8-3〉 주요 사회서비스의 예

구분	주요 서비스 내용	실생활 예시
아동, 가족	아이돌봄서비스, 한부모가족지원	맞벌이 부부가 출근한 사이 아이돌봄사가 가정을 방문해 아이를 돌봄
노인	노인장기요양보험서비스, 노인맞춤돌봄	거동이 불편한 어르신을 위해 요양보호사가 가사를 돕거나 방문 간호를 제공
장애인	장애인 활동지원, 발달재활서비스	혼자 이동이 어려운 장애인의 외출을 돕거나 재활 훈련 프로그램을 지원
정신건강	심리상담, 자살예방 상담 등	심리적 위기를 겪는 국민에게 전문 상담사가 정기적인 상담 서비스 제공

4) 현대 사회에서의 필요성

현대 사회에서 사회서비스의 중요성은 날로 커지고 있다. 저출생 · 고령화로 인한 인구 구조의 변화와 1인 가구의 급증, 여성의 사회 진출 확대 등으로 인해 과거 가족이 담당했던 돌봄 기능이 급격히 약화되었기 때문이다. 이에 따라 국가는 사회서비스를 통해 개인과 가족이 겪는 돌봄 문제를 공적으로 책임짐으로써 복지 사각지대를 해소하고 국민의 삶을 실질적으로 지탱하는 역할을 수행하고 있다.

결론적으로 사회서비스는 사회보험, 공공부조와 함께 현대 사회보장체계를 지탱하는 세 가지 핵심축 중 하나이다. 이는 소득 보장만으로 해결하기 어려운 생활상의 구체적인 위험들에 대응하며, 국민의 인간다운 생활을 복지 현장에서 실체적으로 완성하는 핵심적인 기제로 기능한다.

정리하기

1. 사회보험

- 사회보험은 국민이 보험료를 미리 납부하고, 질병 · 실업 · 노령과 같은 사회적 위험이 발생했을 때 급여나 서비스를 받는 제도이다. 보험 원리에 기반하며, 개인 · 사용자 · 국가가 비용을 분담한다. 법에 의해 강제되는 국가 책임성이 크고, 사전적 · 예방적 성격을 가진다. 국민연금, 국민건강보험, 고용보험, 산업재해보상보험, 노인장기요양보험이 이에 해당하며, 각각 노후, 의료, 실업, 산업재해, 장기 돌봄 위험에 대비한다.

2. 공공부조

- 공공부조는 스스로의 힘으로 최소한의 생활을 유지하기 어려운 사람을 대상으로, 국가와 지방자치단체가 책임지고 지원하는 제도로 최후의 사회적 안전망에 해당한다. 보험료 납부 여부와 관계없이 현재의 생활 곤란 상태를 기준으로 하며, 소득 · 재산 조사를 통해 대상자가 선정된다. 최저생활보장, 보충성, 자립지원, 개별성의 원칙에 따라 운영되며, 단순한 보호를 넘어 자립을 목표로 한다. 국민기초생활보장제도, 기초연금, 긴급복지지원제도 등이 대표적이며, 특히 긴급복지지원제도는 갑작스러운 위기 상황에 대한 신속하고 일시적인 지원에 초점을 둔다.

3. 사회서비스

- 사회서비스는 현금이나 소득을 직접 지원하기보다는, 돌봄 · 상담 · 교육 · 활동지원 등 구체적인 서비스를 제공하는 제도이다. 국민의 삶의 질 향상을 목표로 하며, 비금전적 지원이 중심이다. 공공과 민간이 협력하여 제공되고, 단기적 지원보다는 생활 전반에 개입하는 성격을 가진다. 고령화, 1인 가구 증가, 가족 기능 약화 등 사회 변화로 인해 사회서비스의 필요성은 지속적으로 확대되고 있으며, 사회보험과 공공부조로 해결하기 어려운 생활 문제를 보완하는 역할을 한다.

- 사회보험, 공공부조, 사회서비스는 각각 어떤 상황에서 필요한 제도인지 예를 들어 설명해 봅시다.

- 국민기초생활보장제도와 긴급복지지원제도는 어떤 점에서 모두 공공부조에 해당하는지 설명하고, 지원의 목적과 운영 방식에서 나타나는 차이를 비교해 봅시다.

- 공공부조와 사회서비스는 도움을 주는 방식이 서로 다르다. 두 제도의 장점과 한계를 비교하고, 각각 어떤 상황에서 더 도움이 될지 생각해 봅시다.

CHAPTER 09

사회복지의 미시적 실천방법

CONTENTS

■ 이 장의 학습목표

사회복지실천은 사람이 살아가면서 겪는 다양한 어려움을 이해하고, 그 어려움을 완화하거나 변화시키기 위해 개입하는 전문적인 활동이다. 현대 사회에서 사람들은 경제 불안, 가족 갈등, 학업 · 직장 스트레스, 정신건강 문제처럼 여러 어려움이 한꺼번에 겹치는 상황을 자주 경험한다. 이런 문제는 단순히 마음을 단단히 먹는 것만으로 해결되기 어렵고, 때로는 스스로 무엇이 문제인지 정리하는 것조차 쉽지 않다. 이때 사회복지실천은 개인과 가족을 중심에 두되, 그 사람을 둘러싼 생활 조건과 관계, 제도 환경까지 함께 살펴보며 구체적인 변화를 만들어 가는 과정을 포함한다. 특히 미시적 사회복지실천은 개인 · 가족 · 소집단을 직접 대상으로 하는 실천으로, 사회복지사가 가장 자주 그리고 가장 깊이 개입하는 영역이다. 단위는 작아 보일 수 있지만, 여기서 일어나는 변화는 개인의 삶 전체에 큰 영향을 미치고, 가족과 지역사회에도 긍정적인 파급 효과를 낳는다.

- 미시적 사회복지실천의 개념과 특징을 이해하고, 거시적 실천과의 차이를 기준에 따라 설명할 수 있다.
- 개인–환경(Person–in–Environment: PIE) 관점에 따라 개인 요인과 환경 요인을 구분하고, 상호작용을 사례로 분석할 수 있다.
- 미시적 실천에서 사회복지사가 수행하는 역할을 대표 과업(Task) 단위로 구체적으로 설명할 수 있다.
- 전문적 관계 형성과 면접기술의 의미를 이해하고, 전문가 화법을 실제 장면에 적용할 수 있다.

09 CHAPTER

사회복지의 미시적 실천방법

1. 미시적 사회복지실천의 개념과 의의

1) 미시적 사회복지실천의 정의

미시적 사회복지실천이란 개인, 가족, 소집단을 직접적인 실천 대상으로 하여 심리 · 정서적 기능과 사회적 기능을 향상시키고, 일상생활에서의 적응을 돕기 위해 이루어지는 전문적 개입 활동을 의미한다. 미시적 실천은 사회복지사가 클라이언트와 직접 만나 관계를 형성하고, 면접과 상담을 통해 문제를 이해하며, 필요한 자원과 서비스를 연결하는 방식으로 수행된다. 여기서 자주 사용하는 직접 서비스(direct service)라는 말이 다소 어렵게 느껴질 수 있다. 쉽게 비유하면, 길을 잃은 사람에게 지도를 '주는 것'만이 아니라, 옆에서 함께 길을 '걸어가는 것'에 가깝다. 즉, 미시적 실천은 정책을 만드는 활동이 아니라, 이미 존재하는 제도와 자원을 활용하면서도 그 사람이 실제로 삶을 바꿔갈 수 있도록 곁에서 돕는 실천이다.

예 **[사례 1]**
취업 실패 이후 무기력해진 청년이 "아무것도 하기 싫다"고 말하며 기관을 찾았다. 사회복지사는 단순히 "취업 정보를 제공"하는 데서 끝내지 않고, 생활 리듬 회복(상담), 생계 · 주거 지원 확인(자원연계), 향후 계획 수립(목표 합의)을 함께 진행한다.

2) 미시적 실천이 요구되는 현대 사회의 맥락

현대 사회에서 개인이 경험하는 문제는 단일 원인으로 설명되기 어렵다. 실업과 소득 불안은 심리적 위축과 불안을 만들고, 이것은 다시 관계 갈등이나 건강 문제를 악화시키는 요인이 되기도 한다. 즉, 하나의 문제는 다른 문제와 연결되며 나타나는 경우가 많다. 이런 상황에서 개인의 문제를 개인의 선택이나 의지 부족으로만 설명하는 것은 현실을 충분히 반영하지 못한다. 따라서 미시적 실천은 개인을 변화의 중심에 두되, 개인이 놓인 생활 조건(경제 · 주거), 관계망(가족 · 지지체계), 제도 접근성(서비스 이용의 장벽)까지 함께 고려하는 방식으로 수행된다. 다시 말해 미시적 실천은 개인만 보는 실천이 아니라, 개인을 출발점으로 하되 환경과의 관계까지 함께 다루는 실천이다.

3) 미시적 실천과 거시적 실천의 관계

사회복지실천은 미시적 실천과 거시적 실천으로 구분된다. 미시적 실천이 개인과 가족의 변화 · 회복을 목표로 한다면, 거시적 실천은 제도 · 정책 · 조직 · 전달체계를 개선해 구조적 조건을 바꾸는 것을 목표로 한다. 두 실천은 경쟁 관계가 아니라 상호 보완 관계다. 개인이 상담과 지지를 충분히 받아도 제도 접근이 어렵거나 지역 자원이 부족하면 변화는 지속되기 어렵다. 반대로 제도가 좋아져도, 그 제도를 실제로 이용하도록 안내하고 동행해 주는 미시적 실천이 없다면 제도의 효과는 제한된다. 따라서 사회복지사는 미시적 실천을 수행하면서도, 반복되는 문제의 구조적 원인이 보일 때 그것을 거시적 과제로 연결해 이해할 수 있어야 한다.

2. 개인-환경(PIE) 관점: 상호작용을 이해하는 분석 틀

1) PIE 관점의 기본 개념

개인-환경(Person-in-Environment: PIE) 관점은 개인의 문제를 개인 내부 특성만으로 설명하지 않고, 개인과 환경의 상호작용 속에서 이해하려는 관점이다. 여기서 중요한 것은 개인도 중요하고 환경도 중요하다는 개념 자체가 아니라, 어떤 방식으로 서로 영향을 주고받으며 문제가 만들어지고 유지되는지를 분석하는 것이다. PIE 관점은 사회복지실천이 심리치료와 구별되는 중요한 지점이기도 하다. 사회복지사는 개인의 감정과 성격만이 아니라, 생활 조건과 제도 환경까지 함께 살펴보며 개입 지점을 찾는다.

2) 환경 요인의 체계적 범주화

PIE 관점을 기반으로 개입 방향을 명확히 하기 위해서는 환경 요인을 최소한 다음 세 범주로 나누어 파악하는 것이 유용하다. 첫째, 물리적 환경은 주거의 안정성, 생활공간의 안전과 위생, 교통 접근성, 지역사회의 안전 수준 등을 포함한다. 이는 개인의 일상 기능 유지에 직접적인 영향을 미친다. 둘째, 사회적 환경은 가족, 친구, 이웃과 같은 관계망을 의미한다. 지지 관계가 존재하는지, 갈등이나 고립이 있는지, 돌봄 공백이 발생하고 있는지 등이 주요 분석 요소이다. 셋째, 제도적 환경은 법과 정책, 서비스 자격 기준, 신청 절차, 기관의 접근성과 같은 제도적 조건을 의미한다. 제도가 존재하더라도 접근이 어렵다면, 이는 개인에게 실질적인 장벽으로 작용한다.

3) 개인-환경 상호작용의 구체적 이해와 개입 지점 탐색

PIE 관점은 개인 요인과 환경 요인을 단순히 나열하는 데서 끝나지 않는다. 이 관점의 핵심은 개인과 환경이 어떤 방식으로 상호작용하며 문제를 유지하거나 악화시키는지를 구조적으로 파악하는 데 있다. 이를 통해 사회복지사는 개입의 우선순위와 전략을 보다 명확히 설정할 수 있다. 예를 들어, 불면을 겪는 개인의 사례를 살펴보면, 불안과 자기비난과 같은 개인 요인이 존재할 수 있다. 동시에 장시간 노동이나 불안정한 고용 환경과 같은 환경 요인이 결합되면 수면 문제는 더욱 심화된다. 이러한 상태가 지속되면 피로와 우울이 증가하고, 이는 다시 업무 수행 능력 저하로 이어져 환경적 스트레스를 강화하는 악순환 구조를 형성한다. 미시적 실천은 이와 같은 악순환 구조를 분석하고, 변화 가능성이 상대적으로 높은 지점을 우선적인 개입 대상으로 설정한다는 점에서 전문성을 가진다.

예 **[사례 2] "불면은 개인 문제인가?"**

A씨는 수개월간 불면을 호소하며 상담을 요청하였다. 초기에는 개인의 성격적 불안이 주요 원인으로 보였으나, 사정 과정에서 반복되는 야간 근무와 불안정한 고용 상태가 함께 확인되었다. 사회복지사는 수면 위생 교육과 같은 개인 차원의 개입과 함께, 근로 조건 조정 가능성 및 제도적 지원 여부를 병행하여 검토하였다. 이 사례는 개인의 증상이 환경과 분리될 수 없음을 보여준다.

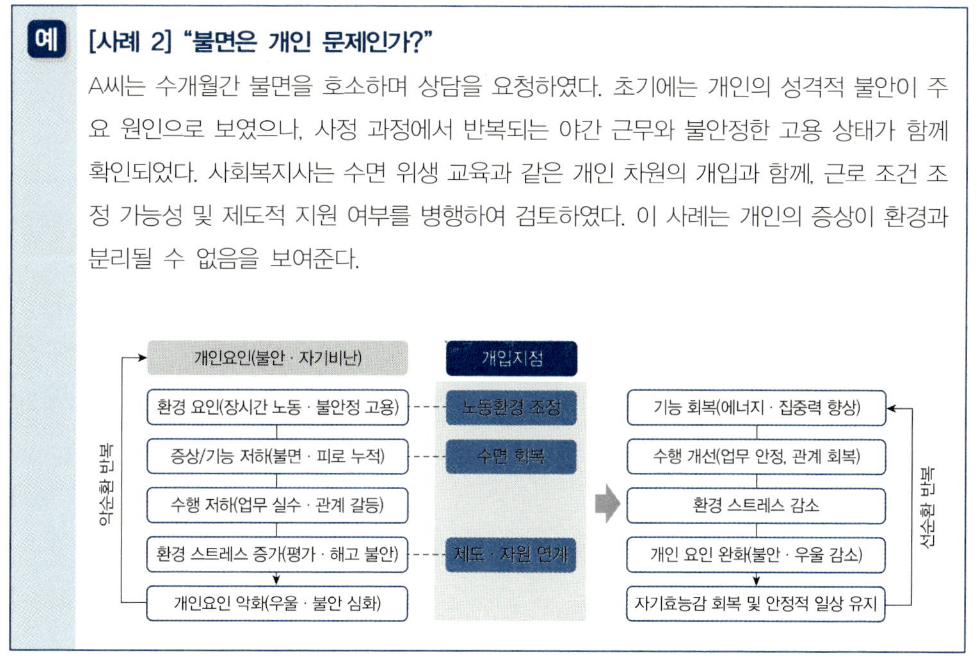

이와 같이 PIE 관점을 활용한 미시적 실천은 문제의 악순환을 끊고, 회복의 선순환을 시작할 수 있는 변화 가능 지점(leverage point)(예: 수면 회복, 노동환경 조정, 자원 연계)을 찾고 그 지점을 중심으로 개입 우선순위를 설정하는 전문적 판단 과정이라고 할 수 있다.

3. 미시적 실천에서 사회복지사의 역할과 대표 과업

미시적 실천에서 사회복지사는 한 가지 역할만 수행하지 않는다. 같은 사례에서도 상담가로 관계를 만들고, 중개자로 자원을 연결하고, 사례관리자로 서비스를 조정하는 역할이 동시에 요구된다. 이러한 역할은 명칭 자체보다 사회복지사가 반복적으로 수행하는 대표 과업을 중심으로 이해하는 것이 중요하다.

1) 상담가

상담가(counselor)로서의 역할은 미시적 실천에서 가장 기본적인 역할이다. 그러나 사회복지 상담은 단순한 대화나 정서적 위로가 아니라, 문제 해결을 목표로 하는 구조화된 전문적 개입이라는 점에서 일상적 상담과 구별된다. 대표 과업은 다음과 같다.

- 초기 면접의 구조화(목적 · 규칙 · 비밀보장 범위 안내)
- 감정 · 사고 · 행동 탐색 및 사정 정보 정리
- 목표 합의 및 회기 계획 수립
- 면접 기록 및 평가 자료 축적

2) 중개자

중개자(broker) 역할은 클라이언트의 욕구와 지역사회 자원을 연결하는 역할이다. 이때 중개는 단순한 정보 제공에 그치지 않는다. 실제 현장에서는 서비스의 존재를 알고 있음에도 불구하고, 복잡한 절차, 심리적 부담, 정보 접근의 어려움 때문에 이용하지 못하는 경우가 빈번하다. 대표 과업은 다음과 같다.

- 욕구에 부합하는 자원의 탐색 및 목록화(공공 · 민간)
- 이용 가능성 확인(자격 요건, 대기 기간, 비용, 필요 서류)
- 신청 절차 안내 및 실행 지원(서류 작성, 전화 연결, 필요시 동행)

최근에는 디지털 전환에 따라 온라인 신청, 모바일 인증, 전자문서 제출 과정에서 발생하는 디지털 장벽과 정보 격차가 새로운 접근 장벽으로 등장하고 있다. 이에 따라 사회복지사는 클라이언트가 디지털 환경에서 배제되지 않도록, 온라인 신청 보조, 정보 해석 지원, 대체 경로 안내 등을 수행하는 중개자 역할도 함께 요구받고 있다.

3) 옹호자

옹호자(advocate) 역할은 클라이언트가 부당한 차별이나 배제, 권리 침해를 경험할 때 수행된다. 이는 단순히 대신 항의하는 역할이 아니라, 권리를 인식하고 주장할 수 있도록 돕는 과정을 포함한다. 대표 과업은 다음과 같다.

- 배제 사유 확인(탈락 · 중단 이유)
- 이의신청/재심사 절차 지원
- 기관과 협의하여 접근 장벽 완화

4) 사례관리자

사례관리자(case manager) 역할은 여러 문제와 욕구가 동시에 존재하는 사례에서 핵심적인 역할이다. 이 역할의 본질은 많은 서비스를 제공하는 것이 아니라, 서비스를 조정하고 통합하는 데 있다. 대표 과업은 다음과 같다.

- 욕구 우선순위 설정(안전→생계→건강→돌봄 등)
- 개별서비스계획(ISP) 수립
- 기관 간 역할 조정 및 사례회의 운영
- 점검과 평가(누락 · 중복 · 효과 확인)

5) 교육자

교육자(educator) 역할은 클라이언트가 일상생활에서 필요한 기술과 정보를 습득하도록 돕는 역할이다. 이는 단기적인 문제 해결을 넘어, 재발 예방과 자기관리 능력 강화를 목표로 한다. 대표 과업은 다음과 같다.

- 제도 이용법 교육

- 스트레스 · 감정조절 · 의사소통 교육
- 양육 · 생활기술 교육

4. 전문적 관계와 면접기술: 전문가 화법의 실제

미시적 사회복지실천에서 전문적 관계는 실천이 작동하게 하는 기반이다. 사회복지사는 클라이언트와 관계를 형성하지 못하면, 문제를 파악(사정)하기도 어렵고, 개입을 실행하기도 어렵다. 그러나 전문적 관계는 일상적인 친분 관계와 다르다. 사회복지사는 클라이언트를 친구처럼 위로하기보다, 도움을 주기 위해 필요한 경계를 지키면서도 따뜻하게 함께하는 관계를 만든다.

1) 전문적 관계의 핵심 요소

(1) 목적 지향성

전문적 관계는 "친해지는 것"이 목표가 아니라, 문제 해결과 기능 회복이라는 목적을 가진다. 예를 들어 면접이 끝난 뒤에도 계속 연락하며 사적인 관계로 이어지는 것은 전문적 관계의 목적과 경계를 흐릴 수 있다.

(2) 역할과 경계

사회복지사는 조력자로서 역할을 수행한다. 클라이언트의 선택을 대신하거나 통제하는 존재가 아니라, 선택할 수 있도록 정보를 정리해 주고 현실적 대안을 찾도록 돕는다. 경계는 차갑게 선을 긋는 것이 아니라, 클라이언트에게 안전하고 예측 가능한 관계를 제공하는 장치이다.

> **예** **[사례 3]**
> 처음 상담을 받는 클라이언트가 "여기서 한 말이 밖에 알려지면 어쩌죠?"라고 묻는다. 사회복지사는 "걱정하지 마세요"라고만 말하기보다, 비밀보장의 원칙과 예외(안전 위험 시)를 구체적으로 설명한 뒤, 면접의 목적과 진행 방식을 안내한다. 클라이언트는 그제야 "여기는 믿을 만한 곳"이라고 느끼며 이야기를 시작한다.

(3) 비밀보장과 예외

비밀보장은 신뢰 형성의 핵심이다. 다만 자해 · 자살 위험, 학대 · 방임, 타인의 생명과 안전을 위협하는 상황에서는 비밀보장의 예외가 있을 수 있다. 그래서 사회복지사는 초기 면접에서 "비밀보장 범위"와 "예외 상황"을 분명히 안내해야 한다. 쉬운 비유로 말하면, 전문적 관계는 '응급실의 의료진 관계'와 비슷하다. 친해지기 위해 만나는 것이 아니라, 안전하게 치료하기 위해 역할과 절차가 정해져 있다. 그 절차가 분명할수록 오히려 불안이 줄어든다.

2) 비에스텍의 전문적 관계의 7대 원칙

미시적 사회복지실천에서 전문적 관계가 어떻게 형성되고 유지되어야 하는지를 체계적으로 정리한 고전적 기준이 바로 비에스텍(Biestek)의 전문적 관계의 7대 원칙이다. 이 원칙들은 사회복지사가 착한 사람이 되기 위한 지침이 아니라, 전문가로서 관계를 안전하고 효과적으로 유지하기 위한 실천 기준이다. 비에스텍의 원칙은 오늘날에도 여전히 유효하며, 특히 미시적 실천에서 경계(boundary) 설정, 권력 불균형 인식, 윤리적 판단을 이해하는 데 중요한 틀을 제공한다.

(1) 개별화(individualization)

개별화란 클라이언트를 집단의 평균이나 전형으로 보지 않고, 고유한 경험과 맥락을 가진 한 사람으로 이해하는 원칙이다. 같은 문제를 가진 것처럼 보여도, 문제의 의미와 영향은 개인마다 다를 수 있다. 예를 들어, 동일한 실직 상황이라 하더라도 누군가에게는 생계 위기일 수 있고, 다른 누군가에게는 정체성 상실이나 관계 붕괴의 위기일 수 있다. 개별화는 "이 사람에게 이 문제는 무엇을 의미하는가?"라는 질문에서 출발한다.

(2) 의도적 감정표현의 허용(purposeful expression of feelings)

이 원칙은 클라이언트가 자신의 감정을 안전하게 표현할 수 있도록 허용하고 지지해야 한다는 것을 의미한다. 특히 분노, 좌절, 무력감과 같은 부정적 감정도 개입의 중요한 자료가 된다.

다만 '허용'은 감정을 무제한으로 표출하도록 방치하는 것이 아니라, 전문적 관계 안에서 의미를 이해하고 다룰 수 있도록 구조화하는 것을 의미한다.

(3) 통제된 정서적 관여(controlled emotional involvement)

사회복지사는 공감해야 하지만, 감정에 휩쓸려서는 안 된다. 통제된 정서적 관여란 클라이언트의 감정을 이해하되, 자신의 감정과 동일시하지 않는 태도를 말한다. 과도한 감정 개입은 객관적 판단을 흐리게 하고, 반대로 감정을 차단하면 신뢰 관계가 형성되기 어렵다.

이 원칙은 공감과 전문성 사이의 균형을 요구한다.

(4) 수용(acceptance)

수용이란 클라이언트의 생각, 감정, 행동을 있는 그대로 인정하는 태도를 의미한다. 이는 행동을 정당화하거나 동의한다는 뜻이 아니다. 예를 들어, "그렇게 느낄 수 있다"는 말은" 그 행동이 옳다"는 판단과는 분명히 구별된다. 수용은 평가 이전에 이해가 선행되어야 함을 강조한다.

(5) 비판단적 태도(non-judgmental attitude)

비판단적 태도는 클라이언트를 도덕적으로 평가하거나 낙인찍지 않는 원칙이다. 사회복지사는 문제의 원인을 탐색하지만, 그 과정에서 옳고 그름의 판결자가 되어서는 안 된다. 이 원칙이 지켜질 때, 클라이언트는 방어를 내려놓고 자신의 경험을 솔직하게 드러낼 수 있다.

(6) 자기결정(self-determination)

자기결정 원칙은 클라이언트가 자신의 삶에 대한 최종 선택권을 가진다는 점을 존중하는 원칙이다. 사회복지사는 더 나은 선택을 강요하는 존재가 아니라, 선택의 결과를 이해할 수 있도록 정보를 제공하고 숙고를 돕는 조력자이다. 물론 자해 · 자살 위험, 학대 · 방임 등 안전 문제가 있는 경우에는 이 원칙이 제한될 수 있으며, 이때 전문적 판단과 윤리적 기준이 함께 적용된다.

(7) 비밀보장(confidentiality)

비밀보장은 전문적 관계의 신뢰를 지탱하는 핵심 원칙이다. 클라이언트는 자신의 정보가 보호된다는 확신이 있을 때 비로소 중요한 이야기를 꺼낼 수 있다. 다만, 비밀보장은 절대적이지 않으며 생명과 안전이 위협되는 상황에서는 예외가 존재한다. 따라서 사회복지사는 비밀보장의 범위와 예외를 초기 면접에서 명확히 설명해야 한다.

비에스텍의 미시적 실천에서 매 순간 판단의 기준이 되는 관계의 나침반이다. 전문적 관계란 자연스럽게 잘해지는 태도가 아니라, 의식적으로 훈련하고 점검해야 유지되는 실천 기술임을 이 원칙들은 분명히 보여준다.

3) 면접기술의 핵심: 반영 · 명료화 · 요약

미시적 실천에서 면접은 단순한 대화가 아니라 의도적이고 구조화된 전문적 상호작용이다. 사회복지사의 말 한마디는 관계 형성, 사정의 정확성, 개입의 방향에 직접적인 영향을 미친다. 이때 핵심이 되는 기술이 반영, 명료화, 요약이다.

(1) 반영(reflection)

반영은 클라이언트가 표현한 감정과 내용을 사회복지사의 언어로 되돌려주는 기술이다. 반영은 감정 반영에 국한되지 않으며, 클라이언트가 이미 보여준 강점, 노력, 의지를 함께 반영할 때 강점 관점 실천이 자연스럽게 구현된다. 예를 들어 "요즘 너무 힘들어서 다 포기하고 싶어요."라는 진술에 대해, "정말 많이 지치신 상태인 것처럼 들립니다."(감정 반영), "그럼에도 불구하고 지금까지 일상을 유지하며 여기까지 오신 점에서, 버텨온 힘도 함께 느껴집니다."(강점 반영)라고 언급하는 것이다. 이와 같은 반영은 고통을 인정하면서도, 클라이언트를 '무력한 존재'가 아니라 이미 대처해 온 주체로 재구성하는 효과를 가진다.

(2) 명료화(clarification)

모호하거나 다의적인 표현의 의미를 분명히 확인하는 기술이다. 즉, 명료화는 모호한 표현의 의미를 구체적으로 확인하는 과정으로, 특히 위험 신호가 포함될 가능성이 있는 표현에 대해 확인하는 과정에서 중요하다. 예컨대 "포기하고 싶다"와 같은 표현에는 일상적 좌절감부터 안전 위험 신호까지 다양한 의미가 포함될 수 있다. 따라서 사회복지사는 의미를 정확히 확인하고, 필요한 경우 안전 점검을 수행해야 한다. "가족이 날 힘들게 해요."에 대해 "어떤 상황에서 그런 느낌을 받으셨나요?"라고 묻는 것도 한 예이다.

(3) 요약(summary)

일정한 대화 단위를 구조화하여 정리하는 기술로, 대화의 흐름을 정리하고 다음 단계로 나아갈 수 있는 기반을 마련하는 기술이다. 특히, 사정 단계에서 정보를 체계화하고 계획 단계로 전환하는 데 중요한 역할을 한다. 실제 면접에서는 반영, 명료화, 요약이 자연스럽게 통합되어 사용된다. 이를 통해 대상자는 자신의 감정을 정리하고 표현할 수 있는 힘을 얻게 된다.

4) 전문가 화법의 O/X 비교

미시적 사회복지실천에서 사회복지사의 말은 단순한 반응이 아니라, 개입 그 자체이다. 클라이언트의 진술에 사회복지사가 어떻게 응답하는지는 관계 형성의 질을 결정할 뿐만 아니라, 사정의 정확성과 이후 개입 방향에도 직접적인 영향을 미친다. 따라서 사회복지실천에서의 의사소통은 일상적인 대화 방식이 아니라, 의도적이고 전문적으로 훈련된 화법을 요구한다. 특히 정서적 고통이나 위기 상황을 표현하는 클라이언트의 발언에 대해 사회복지사가 즉각적인 조언이나 위로로 반응할 경우, 클라이언트는 자신의 경험이 충분히 이해되지 않았다고 느낄 수 있다. 이러한 반응은 문제를 축소하거나 감정을 평가하는 결과로 이어질 위험이 있다. 이에 따라 사회복지실천에서는 반영, 명료화, 요약과 같은 전문가 화법이 강조된다. 다음은 동일한 상황에서 나타날 수 있는 비전문적 화법과 전문적 화법의 대비를 통해, 전문가 화법의 특징과 효과를 구체적으로 살펴본 것이다.

> **예** **[사례 4]**
> (클라이언트) "너무 힘들어서 다 포기하고 싶어요."이 말은 단순한 하소연일 수도 있지만, 경우에 따라 위험 신호(자해 · 자살 생각 등)가 포함될 수도 있다. 따라서 사회복지사는 "좋은 말로 다독이기"보다, 의미를 정확히 확인하고 안전을 점검해야 한다.

(1) (X) 부적절한 반응(비전문적 화법)

"다들 그럴 때 있어요. 조금만 더 버텨보세요."

- 문제점 ①: 고통을 일반화하여 경험을 축소할 위험
- 문제점 ②: '버텨라'는 메시지가 압박 또는 평가로 전달될 수 있음
- 문제점 ③: 의미를 확인하지 않아 사정 과정이 막힐 수 있음

(2) (O) 반영(전문가 화법)

"지금 상황이 너무 벅차서 모든 것을 내려놓고 싶을 만큼 지치신 것처럼 들립니다."

- **효과**: 감정과 의미를 정확히 되돌려 신뢰 형성에 도움

(3) (O) 명료화(전문가 화법)

"'포기하고 싶다'는 말이 어떤 의미인지 조금 더 확인해도 될까요? 일상 기능을 멈추고 싶다는 뜻인지, 혹은 안전과 관련된 위험한 생각도 포함되는지 확인이 필요합니다."

- **효과**: 모호한 표현을 구체화하여 위험 여부 점검+사정 정확성 강화

(4) (O) 요약(전문가 화법)

“정리하면, 최근 경제적 불안과 관계 갈등이 누적되면서 수면과 활력이 떨어졌고, 그 결과 ‘포기’라는 생각까지 이어진 상황으로 이해됩니다.”

- **효과**: 정보를 정리해 계획 단계로 자연스럽게 연결

5. 미시적 실천의 문제해결 과정: 사정-계획-개입-평가

미시적 사회복지실천의 문제해결 과정은 사정 → 계획 → 개입 → 평가 → 종결로 이어진다. 이 과정은 단순한 순서가 아니라, 각 단계에서 전문적 판단이 필요하며 실제로는 반복 · 수정되는 순환 과정이다. 쉬운 비유로 보면, 문제해결 과정은 진료 과정과 비슷하다. 증상을 듣고(사정) → 치료 목표를 세우고(계획) → 치료를 시행하고(개입) → 효과를 확인해(평가) 필요하면 다시 계획을 조정한다.

1) 사정(assessment) : 무엇이 가장 시급한가고 중요한 문제가 무엇인지 결정

사정은 클라이언트의 문제와 욕구를 파악하는 단계이자, 무엇을 먼저 다루어야 하는지를 결정하는 전문적 판단 과정이다. 특히 복합적인 문제를 가진 사례에서는 모든 문제를 동시에 해결할 수 없기 때문에 우선순위 설정이 핵심이다.

일반적으로 사정에서는 다음과 같은 질문이 중심이 된다.

- 현재 가장 시급한 위험은 무엇인가?
  (자해 · 자살 위험, 학대 · 방임, 생계 위기, 건강 악화 등)
- PIE 관점에서 개인 요인과 환경 요인은 무엇이며, 어떻게 상호작용하는가?
- 클라이언트가 이미 가지고 있는 강점과 자원은 무엇인가?

사정은 정보 수집이 아니라, 정보를 해석하고 판단하는 과정이라는 점에서 전문성이 요구된다.

2) 계획(planning) : 목표를 '측정 가능한 문장'으로 바꾸기

계획 단계에서는 사정 결과를 바탕으로 개입 목표와 방법을 설정한다. 이때 중요한 것은 목표가 구체적이고 측정 가능해야 하며, 클라이언트와의 합의를 통해 설정되어야 한다는 점이다. 예를 들어 "우울을 줄인다"라는 목표는 추상적이지만, "일주일에 평균 수면 시간을 5시간 이상으로 회복한다"와 같은 목표는 측정 가능하다. 또한 계획 단계에서는 클라이언트가 서비스 이용에 대해 느낄 수 있는 거부감이나 부담을 예측하고, 이를 완화하기 위한 설명과 선택권 제공 전략을 함께 고민해야 한다. 계획 단계에서는 다음과 같은 질문이 중심이 된다.

- 목표가 구체적 · 측정 가능한가?
- 단기 목표와 중장기 목표가 구분되어 있는가?
- 클라이언트가 부담스러워할 개입은 무엇이며, 대안을 제시할 수 있는가?

3) 개입(intervention) : 상담과 사례관리는 함께 움직인다

미시적 실천에서 개입은 상담과 사례관리로 구분되기도 하지만, 실제 현장에서는 두 영역이 통합적으로 이루어지는 경우가 많다. 정서적 지지가 제공되더라도 생계나 돌봄 문제가 해결되지 않으면 변화는 지속되기 어렵고, 반대로 자원이 연결되더라도 정서적 위기가 관리되지 않으면 서비스 이용이 중단될 수 있다. 따라서 사회복지사는 정서 · 인지 · 행동 변화 개입과 자원 연계를 병행하며, 상황 변화에 따라 개입 내용을 조정한다.

4) 평가(evaluation): '느낌'이 아니라 '지표'로 확인하기

평가는 개입이 잘 된 것 같은가를 묻는 인상의 판단이 아니라, 관찰 가능한 지표를 통해 변화 여부를 확인하는 과정이다. 수면 시간, 서비스 이용 지속 여부, 결석 횟수 감소, 위기 재발 여부 등은 평가 지표가 될 수 있다. 평가 결과는 종결 여부를 판단하거나, 계획을 수정하는 근거가 된다. 평가 결과는 종결 여부를 판단하거나, 계획을 수정하는 근거가 된다.

5) 종결(termination) : 관계를 '끊는 것'이 아닌 '정리하는 것'

종결은 단순히 서비스 제공을 중단하는 절차가 아니다. 종결은 전문적 관계를 정리하고, 변화의 성과를 확인하며, 클라이언트가 이후에도 스스로 문제를 관리할 수 있도록 준비시키는 과정이다. 종결 단계의 주요 과업은 다음과 같다.

- 초기 목표 대비 변화와 성과를 함께 정리하기
- 개입 과정에서 활용한 전략과 강점을 명확히 언어화하기
- 향후 위기 상황 발생 시 활용할 수 있는 대처 방안과 자원 재확인
- 관계 종료에 따라 나타날 수 있는 아쉬움이나 불안을 정상적인 반응으로 다루기

종결을 충분히 다룰 때, 클라이언트는 도움을 받다가 혼자 남겨졌다는 느낌이 아니라, 필요할 때 다시 도움을 요청할 수 있다는 안정감을 가지고 관계를 마무리할 수 있다. 종결은 또한 문제가 완전히 사라졌기 때문이 아니라, 현재의 어려움을 관리할 수 있는 수준에 도달했기 때문에 이루어진다는 점을 분명히 한다. 이 과정이 충분히 이루어질 때, 클라이언트는 관계 종료를 상실이 아닌 자율성과 회복의 확인 경험으로 받아들일 수 있다.

□ 사례 적용

한부모 보호자 K는 우울감과 불면을 호소하며 “아이를 잘 키울 자신이 없다”고 진술한다. 최근 임시직 계약이 종료되면서 소득 공백이 발생하였고, 이로 인해 돌봄 공백과 양육 부담이 확대된 상태이다.

① 사정 단계

이 사례에서 사회복지사는 먼저 안전과 관련된 위험을 확인해야 한다. 자해 위험이나 아동 방임 가능성이 존재하는지 점검하는 것이 최우선 과제이다. 다음으로 생계 위기의 수준, 주거 안정성, 돌봄 공백의 정도를 파악한다. PIE 관점에서 보면, 개인 요인으로는 우울감과 양육에 대한 자기효능감 저하가 있으며, 환경 요인으로는 소득 공백과 돌봄 자원의 부족(사회적 환경)이 확인된다. 이 요인들은 상호작용하며 K의 불안을 증폭시키고 있다.

② 계획 단계

계획 단계에서는 단기 목표와 중장기 목표를 구분한다. 예를 들어 단기 목표는 수면 회복과 돌봄 공백 최소화가 될 수 있으며, 중장기 목표는 안정적인 소득원 확보와 양육 부담 완화가 될 수 있다. 또한 제도 이용 과정에서 K가 느낄 수 있는 낙인감이나 절차 부담을 예측하고, 이를 완화하기 위한 설명과 선택권 제공 전략을 포함시킨다.

③ 개입 단계

상담 개입(수면 위생 교육, 불안 완화 기법, 양육 스트레스에 대한 정서적 지지 제공), 사례관리 개입(소득 지원 제도 확인 및 신청 지원, 돌봄 서비스 연계, 관련 기관과의 조정), 교육 개입(제도 이용 절차 안내, 양육 스트레스 관리 정보 제공)이 주요 개입 내용이 된다.

④ 평가 단계

개입이 어느 정도 효과를 보였는지를 관찰 가능하고 비교 가능한 지표를 통해 확인한다. 구체적으로는 다음과 같은 평가 지표를 활용할 수 있다.

- 평균 수면 시간과 수면의 질 변화(예: 주당 평균 수면 시간 증가 여부)
- 우울감 및 불안 수준의 변화(자가보고 척도 또는 면접을 통한 주관적 변화)
- 돌봄 공백의 완화 여부(공적 · 민간 돌봄 서비스 이용 지속 여부)
- 소득 지원 제도 신청 및 수급 여부, 생계 안정성의 변화
- 일상 기능 유지 수준(자녀 돌봄, 일상생활 수행에 대한 자기효능감)

평가 결과, K가 수면 시간이 점진적으로 회복되고, 돌봄 서비스 이용이 안정화되었으며, 소득 지원 제도가 연계되어 단기적인 생계 불안이 완화되었다면,

이는 개입이 효과적으로 작동하고 있음을 의미한다. 반대로 일부 목표가 달성되지 않았을 경우에는, 계획 단계로 되돌아가 개입 전략이나 우선순위를 재조정할 근거로 활용한다. 이처럼 평가는 종결 여부를 판단하거나 개입을 수정하는 전문적 판단의 핵심 근거가 된다.

⑤ 종결 단계

전문적 관계를 구조적으로 정리하고 변화의 성과를 통합하는 과정이다. 이 사례에서 사회복지사는 K와 함께 개입 초기의 목표와 현재의 변화를 비교하며, 무엇이 달라졌는지를 구체적으로 정리한다. 종결 과정에서 수행되는 주요 과업은 다음과 같다.

- 개입을 통해 달성된 변화와 아직 남아 있는 과제를 함께 정리하기
- 수면 회복, 돌봄 자원 활용, 제도 이용 과정에서 K가 스스로 해낸 부분을 명확히 언어화하여 강점으로 확인하기
- 향후 유사한 위기 상황이 발생할 경우 활용할 수 있는 대처 전략과 지원 자원 재점검하기
- 관계 종료에 대해 느낄 수 있는 아쉬움이나 불안을 정상적인 반응으로 다루기

이 사례는 미시적 사회복지실천이 단일 서비스 제공이 아니라, 사정-계획-개입-평가-종결이 유기적으로 연결된 문제해결 과정임을 보여준다.

※ QR 코드로 더 알아보기	
● 사회복지 미시적 실천 	● 사회복지사의 역할 및 업무 

정리하기

1. 미시적 사회복지실천의 개념과 의의

- 미시적 실천은 개인 · 가족 · 소집단과 직접 만나 변화 과정을 함께 만드는 실천이다.
- 현대 사회의 문제는 복합적이어서, 개인과 환경을 함께 보는 관점이 필요하다.
- 미시와 거시는 분리되는 것이 아니라 서로의 효과를 높이는 관계이다.

2. 개인-환경(PIE) 관점: 상호작용을 이해하는 분석 틀

- PIE는 개인 문제를 개인의 탓으로만 보지 않고, 환경과의 상호작용으로 이해한다.
- 환경은 물리 · 사회 · 제도적 환경으로 나누어 보면 개입 지점이 선명해진다.
- 악순환을 어디서 끊을지 찾는 것이 미시적 실천의 핵심이다.

3. 미시적 실천에서 사회복지사의 역할과 대표 과업(Task)

- 사회복지사는 여러 역할을 상황에 따라 전환 · 통합한다.
- 역할을 이해할 때는 무엇을 하는가(Task)가 핵심이다.
- 상담-자원연계-옹호-조정-교육은 실제 현장에서 동시에 요구된다.

4. 전문적 관계와 면접기술: 전문가 화법의 실제

- 전문적 관계는 친해지는 관계가 아니라 목적 있는 조력 관계다.
- 비에스텍의 7대 원칙은 신뢰롭고 윤리적인 전문적 관계를 유지하기 위한 기준이 되며 개별화, 의도적 감정표현 허용, 통제된 정서적 관여, 수용, 비판단적 태도, 자기결정, 비밀보장을 포함한다.
- 면접기술(반영 · 명료화 · 요약)은 "말을 예쁘게 하는 기술"이 아니라 사정과 안전을 위한 기술이다.
- 특히 위기 표현이 나올 때는 명료화로 의미를 확인하는 과정이 필수적이다.

5. 미시적 실천의 문제해결 과정: 사정-계획-개입-평가

- 문제해결 과정은 사정-계획-개입-평가의 순환이다.
- 사정은 정보 수집이 아니라 우선순위 판단이다.
- 계획은 목표를 측정 가능한 문장으로 바꾸고 합의하는 과정이다.
- 평가는 느낌이 아니라 지표로 확인한다.

- 상담과 사례관리를 통해 개인의 문제를 해결했음에도 동일한 문제가 반복된다면, 그 원인은 개인 내부뿐 아니라 어디에서 찾을 수 있을까?
- 동일한 사례에서 사회복지사가 여러 역할을 동시에 수행하게 되는 이유는 무엇인가?
- 일상적 위로와 전문가 화법의 가장 큰 차이는 무엇인가?

CHAPTER 10

사회복지실천영역: 대상별 실천영역

CONTENTS

■ 이 장의 학습목표

사회복지실천은 인간의 삶을 전 생애적 관점에서 이해하고 개입하는 전문 활동이다. 그러나 인간의 삶은 동일하지 않다. 연령, 성별, 장애 여부, 가족 형태와 같은 조건에 따라 개인이 경험하는 위험과 욕구는 질적으로 달라진다. 따라서 사회복지실천은 보편적 원칙 위에서 이루어지되, 대상별 특수성을 반영한 실천 영역으로 발전해 왔다. 대상별 실천 영역은 특정 집단을 문제 집단으로 분류하기 위한 것이 아니라, 그들이 처한 발달적 · 사회적 맥락을 이해하고, 보다 적절한 개입 전략을 설계하기 위한 실천적 구분이다. 이 장에서는 아동, 청소년, 노인, 장애인, 여성, 가족을 중심으로 각 대상별 사회복지실천의 핵심 내용을 살펴본다.

- 아동 · 청소년 · 노인 · 장애인 · 가족의 주요 특성과 핵심 욕구를 설명할 수 있다.
- 대상별로 위험요인-보호요인을 구분하고, PIE 관점에서 개입 지점을 도출할 수 있다.
- 대상별 실천에서 사회복지사가 수행하는 역할을 대표 과업(Task)단위로 구체화할 수 있다.
- 사례(scenario)를 바탕으로 사정-계획-개입-평가흐름에 맞춰 개입을 설계할 수 있다.

10 CHAPTER

사회복지실천영역: 대상별 실천영역

대상별 실천영역은 흔히 “아동은 이런 서비스, 노인은 저런 서비스”처럼 외우는 장으로 오해된다. 그러나 이 교재에서 대상별 실천을 다루는 이유는 따로 있다. 사람을 더 정확히 사정(assessment)하기 위해서다. 즉, 같은 우울이라도 아동에게는 돌봄 공백, 학대/방임, 학교 적응, 발달지연의 신호일 수 있고, 청소년에게는 정체성 혼란, 폭력 노출, 학업 · 진로 압박, 가출/위험행동의 전조일 수 있으며, 노인에게는 상실, 고립, 만성질환, 빈곤, 자살 위험과 결합될 수 있다. 따라서 대상별 실천은 서비스를 더 많이 아는 것이 아니라, 사정의 질문을 바꾸는 것이다. 이 장은 아래 질문을 각 대상 별로 반복 제시한다.

- 무엇이 위험인가? (안전/폭력/학대/자살)
- 무엇을 먼저 다룰 것인가? (우선순위)
- 누구와 협력해야 하는가? (가족 · 학교 · 의료 · 지역자원 · 행정)
- 무엇을 바꾸면 효과가 큰가? (개인 요인 vs 환경 요인)

1. 아동복지실천

1) 핵심 개념: 아동은 작은 어른이 아니라 발달 중인 주체

아동 실천은 성인 실천의 축소판이 아니다. 아동은 아직 언어 · 인지 · 정서조절이 완성되지 않았고, 문제를 설명하기보다 행동으로 드러내는 경우가 많다. 그래서 아동 실천에서 문제행동 교정에만 초점을 두면, 원인(환경)이 그대로인 상태에서 재발이 반복되기 쉽다. 예컨대 실천의 전환은 다음과 같다. 기존에 "아이를 훈육하기"에서 "아이의 발달 환경(가정 · 학교 · 지역사회)을 재설계하기"로 전환하는 것이다. 다시 말하면 아동을 돕는 일은 고장 난 장난감을 고치는 것이 아니라, 씨앗이 자랄 수 있도록 흙 · 물 · 빛(환경)을 맞추는 일에 가깝다.

2) 아동복지 정책과 전달체계: 시설보다 가정 · 지역사회로 이동하는 흐름

우리나라 아동복지가 치료적 · 시설 중심 접근의 한계를 보완하기 위해 제도적 확장을 해왔음을 보여준다. 아동권리보장원 설립(2019.7)과 아동수당 도입(2018) 등이 그 예다. 또한 정책 · 서비스는 요보호아동 자립지원, 가정위탁, 공동생활가정, 아동복지시설 운영, 드림스타트, 디딤씨앗통장, 자립수당, 부모급여 등으로 폭넓게 구성되어 있다. 특히 드림스타트는 취약아동을 발굴하고 문제 · 욕구를 파악한 뒤, 지역자원을 연계해 건강 · 영양 · 교육 · 문화 · 복지 서비스를 맞춤형으로 제공하는 사업이며, 전담공무원과 아동통합사례관리사 체계를 통해 전국 229개 지역에서 진행된다.

3) 아동복지 실천의 대표 과업

아동복지실천에서 사회복지사의 역할은 단순한 상담이나 정서적 지지에 머무르지 않는다. 아동은 스스로 위험을 인식하고 도움을 요청할 수 있는 능력이 제한되어 있기 때문에, 사회복지사는 아동의 말과 행동, 그리고 주변 환경을 종합적으로 해석하여 보이지 않는 위험을 먼저 발견하고 개입하는 책임을 가진다. 이러한 맥락에서 아동복지 현장에서 반복적으로 요구되는 핵심 과업은 다음과 같이 정리할 수 있다.

(1) 과업 1. 안전 사정(위험 선별)

아동복지실천에서 가장 우선되는 과업은 아동의 안전을 확인하는 것이다. 안전 사정은 아동이 현재 학대나 방임, 또는 기타 위험 상황에 놓여 있는지를 조기에 발견하는 전문적 판단 과정이다. 이는 단순히 명백한 폭력 여부를 확인하는 차원이 아니라, 아동의 정서 상태, 행동 변화, 신체적 징후, 보호자의 양육 태도와 생활 조건을 종합적으로 살피는 작업을 포함한다. 사회복지사는 설명되지 않는 상처, 지나친 위축이나 공격성, 반복적인 결식, 부적절한 보호 상태 등을 통해 학대·방임 가능성을 탐색한다. 특히 성폭력이나 가정폭력, 장시간 방치와 같은 위험 노출은 아동의 발달에 치명적인 영향을 미치므로, 의심 단계에서부터 적극적인 확인이 필요하다. 위험이 확인되거나 높다고 판단될 경우, 사회복지사는 지체 없이 보호체계로 연결해야 한다. 이는 아동학대 신고, 응급 분리, 임시 보호 조치 등 법과 제도가 허용하는 범위 안에서 이루어진다. 동시에 아동이 위기 상황에서 스스로 도움을 받을 수 있도록, 안전계획을 함께 수립하는 것도 중요한 과업이다. 안전 계획에는 위기 시 연락할 수 있는 사람, 이동 가능한 장소, 위험 신호를 인식하는 방법 등이 포함되며, 이는 아동의 불안을 완화하고 예측 가능성을 높이는 기능을 한다.

아동의 안전 사정은 연령과 발달 단계에 따라 관찰해야 할 신호가 다르다. 사회복지사는 단일 징후만으로 판단하기보다, 발달 단계별 위험 신호를 종합적으로 관찰해야 한다.

〈표 10-1〉 발달 단계별 위험 신호 체크리스트

발달 단계	주요 위험 신호
영유아	설명되지 않는 잦은 멍·상처, 보호자와의 애착 반응 결여, 과도한 위축
학령기	반복적 결식, 잦은 결석·지각, 또래 관계에서의 극단적 고립
청소년	자해 암시, 극단적 무가치감 표현, 가출·무단결석, 급격한 행동 변화

이 체크리스트는 진단을 위한 도구가 아니라, 추가 사정과 개입 필요성을 판단하기 위한 관찰 기준으로 활용될 수 있다.

(2) 과업 2. 가족 기능 강화(양육 조건 회복)

아동의 문제를 아동 개인의 성향이나 태도에서만 찾는 접근은 실천적으로 한계를 가진다. 많은 경우 아동의 어려움은 보호자의 양육 역량 부족이 아니라, 버티기 어려운 생활 조건에서 비롯된다. 따라서 아동복지실천에서 가족 기능 강화는 보호자를 평가하거나 비난하는 과정이 아니라, 양육을 어렵게 만드는 조건을 분리하여 사정하고 조정하는 과정이다. 사회복지사는 양육 스트레스의 원인을 경제적 불안, 돌봄 공백, 부부 갈등, 정신건강 문제 등으로 세분화하여 파악한다. 이를 통해 보호자가 의지가 없어서가 아니라, 자원이 부족하거나 과도한 부담을 지고 있음을 드러낸다. 이러한 관점 전환은 보호자가 방어적으로 반응하지 않고 실천 과정에 협력하도록 만드는 중요한 전제 조건이 된다. 가족 기능 강화는 부모교육이나 양육 코칭만으로 이루어지지 않는다. 실제로는 돌봄 지원, 생계 지원, 주거 안정, 심리 상담 등 다양한 서비스가 패키지 형태로 제공되어야 효과가 나타난다. 즉, 보호자가 '잘 돌보라'는 요구를 받기 전에, 돌볼 수 있는 조건을 회복하도록 돕는 것이 이 과업의 핵심이다.

(3) 과업 3. 서비스 코디네이션(통합사례관리)

아동복지실천에서 서비스 코디네이션은 단순한 정보 제공이나 기관 소개와는 질적으로 다르다. 이는 아동과 가족의 욕구에 맞추어 보건 · 복지 · 교육 서비스를 하나의 목표 아래 조정하고 실제 이용까지 연결하는 통합적 사례관리 과정이다. 이 과업의 대표적인 실천 모델이 드림스타트이다. 드림스타트는 취약계층 아동을 발굴한 후, 건강 · 영양 · 교육 · 문화 · 복지 영역의 서비스를 개별적으로 나열하는 것이 아니라, 아동의 발달 단계와 가정 상황에 맞추어 맞춤형으로 연계하는 통합서비스 체계를 갖는다. 사회복지사는 이 과정에서 사례관리자로서 욕구를 사정하고, 서비스 간 우선순위를 조정하며, 실제 서비스 이용이 지속되도록 점검한다. 또한 요보호아동 자립지원, 가정위탁, 공동생활가정, 디딤씨앗통장, 자립수당, 부모급여 등 다양한 아동 관련 제도 역시 개별적으로 접근할 경우 효과가 제한된다. 사회복지사는 이러한 제도를 사례의 목표에 맞게 조합하여, 아동의 현재 안전과 미래 준비가 동시에 이루어지도록 설계해야 한다. 이처럼 서비스 코디네이션은 아동의 삶을 단편적인 지원이 아니라 하나의 연속된 과정으로 묶는 과업이다.

(4) 과업 4. 학교 · 지역사회 협력(낙인 최소화)

아동의 일상에서 학교와 지역사회는 가정만큼이나 중요한 환경이다. 따라서 아동복지실천은 학교와의 협력 없이 완결되기 어렵다. 사회복지사는 담임교사, 상담교사, 지역 기관과의 협력을 통해 역할을 조정하고, 중복 지원이나 사각지대를 최소화해야 한다. 이 과업에서 특히 중요한 점은 아동이 '문제아'로 낙인찍히지 않도록 보호적 환경을 조성하는 것이다. 학습 부진이나 행동 문제를 이유로 배제되기보다, 지원이 자연스럽게 제공되는 환경을 만드는 것이 목표이다. 이를 위해 방과후 돌봄, 학습 지원, 상담, 치료 서비스의 동선을 단순화하고, 아동과 보호자가 여러 기관을 전전하지 않도록 조정하는 역할이 요구된다. 학교 · 지역사회 협력 과업은 아동복지실천이 개별 사례에 머무르지 않고, 아동이 속한 환경 자체를 변화시키는 실천임을 보여준다.

4) 사례: 결석하는 아동 C

초등 4학년 C는 최근 결석이 잦고 학습이 급격히 저하되었다. 교사는 "집중력이 부족하고 의지가 약하다"고 말한다. 가정 방문에서 보호자의 야간근무로 아침 돌봄 공백이 있고, 식사가 불규칙하며 취침 시간이 늦다는 사실이 확인된다.

(1) 사정(PIE): '개인+환경+상호작용'으로 읽기

- 개인(아동): 피로, 무기력, 학습 결손, 학교 회피
- 환경(가정): 야간근무, 돌봄 공백, 생활리듬 붕괴
- 상호작용(악순환): [그림 10-1] 참조

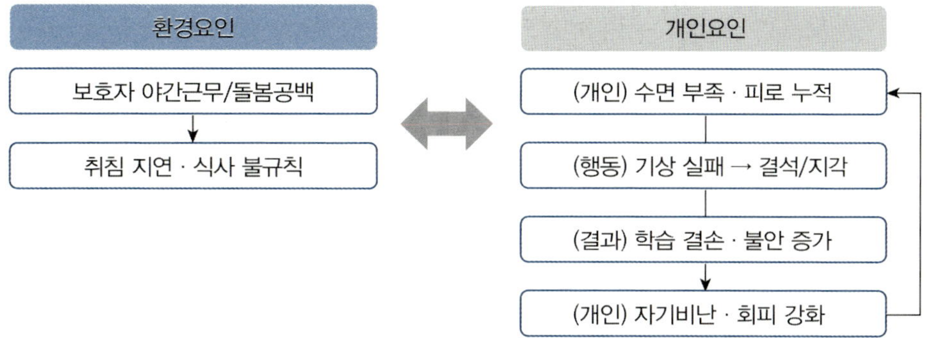

[그림 10-1] 아동 C의 악순환(PIE 다이어그램)

(2) 계획: 목표를 '측정 가능'하게 바꾸기

① 단기 목표(2~4주)

- 주당 결석/지각 횟수 감소
- 평균 수면시간 증가(예: 평일 7~8시간에 접근)
- 아침 식사 또는 간편식 루틴 확보

② 중기 목표(1~3개월)

- 학습 결손 보완(학습지원 · 과제 구조화)
- 학교 적응감 회복(관계 · 교사 지지 확보)

(3) 개입: 상담+가족지원+드림스타트 기반 통합서비스

- 아동 개입: 감정 반영, 작은 성공 경험 설계(출석 목표를 '가능한 수준'으로)
- 가족 개입: 보호자 비난이 아닌 조건 조정 중심(돌봄 대체 인력 · 서비스 확보)
- 코디네이션: 드림스타트 등 통합사례관리 체계를 활용해 영양/교육/복지 서

비스를 종합적으로 연계하고, 실제 이용(신청 · 동행 · 조정)까지 지원

(4) 평가 지표

- 결석률/지각률 변화
- 평균 수면시간
- 아침 식사 실천 빈도
- 학습 참여도(과제 수행, 수업 집중)
- 자기평가 변화("할 수 있다" 진술 증가)

(5) 위험요인 vs 보호요인(사정 틀)

본 사례를 기반으로 사정 틀을 기반으로 한 위험 및 보호요인은 다음과 같다.

〈표 10-2〉 아동 사정 시 위험요인과 보호요인

구분	위험요인(위기↑)	보호요인(회복↑)
아동	수면 부족, 학습 결손, 회피	루틴 형성 가능, 작은 성공 경험
가족	돌봄 공백, 양육 스트레스	협력 의지, 자원 연계 가능성
환경	서비스 동선 복잡, 지지체계 약함	학교 협력, 통합사례관리 접근

종합하면 아동복지실천은 아이를 교정하는 일이 아니라 발달의 조건을 다시 세우는 통합사례관리라고 할 수 있다.

2. 청소년복지실천

청소년 실천에서 가장 자주 발생하는 오해는 청소년 문제는 비행이며, 해결은 통제라는 믿음이다. 그러나 위기청소년 지원을 위해서는 지역사회 청소년안전망(CYS-Net)을 구축하고, 위기청소년 발굴 · 지원 · 사후관리를 전담하는 안전망 팀 설치를 추진하는 등, 청소년 문제가 단일 기관의 훈육으로 해결되지 않는다는 점이 전제되어야 한다. 즉 청소년복지실천은 문제행동을 멈추게 하는 실천이 아니라, 안전 · 거처 · 관계 · 학업 · 진로를 다시 연결하는 실천이다.

1) 청소년 보호·복지시설의 의미: "쉼+회복+복귀"를 구조화하는 장치

(1) 가출청소년쉼터

가출청소년쉼터는 1992년 서울 YMCA 쉼터 개소 이후 확대되었고, 2019년 기준 134개 쉼터가 운영되며, 2005년부터 일시 · 단기 · 중장기 쉼터로 체계화되었다. 쉼터 핵심서비스는 의 · 식 · 주의 생존권 보장, 의료 서비스 제공, 유해환경 차단, 가정 · 학교 · 사회 복귀 촉진, 비행 예방이며, 상담 · 심리검사 · 집단상담 · 진로상담 · 미술/음악치료 같은 치료 및 예방서비스와, 성 · 금연 · 약물교육, 예절교육, 학습지도, 문화활동 등을 제시한다.

(2) 청소년상담복지센터

청소년상담복지센터는 청소년복지지원법 근거로 설치되며, 상담 · 긴급구조 · 자활지원 · 교육 · 연구를 제공하고 지역 청소년통합지원체계(청소년안전망)의 중심 역할을 수행한다는 점이 핵심이다. 또한 교육청 · 학교 연계망, 면접 · 집단 · 전화 · 사이버상담, 심리검사, 전문프로그램 개발, 연수 기능, 긴급구조 · 사후관리 · 약물 예방/치료, one-stop 서비스 제공까지 기능이 폭넓게 제시된다.

(3) 학교밖청소년지원센터(꿈드림)

꿈드림은 2015년 법 시행 이후 학교 밖 청소년의 특성과 상황을 고려해 상담지원 · 교육지원 · 직업체험 및 취업지원 · 자립지원 프로그램을 통해 미래 준비를 돕는다고 제시된다.

2) 청소년복지 실천의 대표 과업

청소년복지실천에서 사회복지사는 단순히 문제행동을 교정하는 역할을 수행하지 않는다. 청소년기는 신체적 · 정서적 변화가 급격히 이루어지는 시기이며, 동시에 가정 · 학교 · 지역사회와의 관계에서 갈등이 증폭되기 쉬운 시기이다. 이 과정에서 나타나는 가출, 폭력, 비행, 학업 중단과 같은 행동은 일탈이라기보다 위험과 필요를 알리는 신호로 이해되어야 한다. 따라서 청소년복지 실천의 과업은 통제보다 보호, 훈육보다 경로 설계에 초점을 둔다.

(1) 과업 1. 위기 개입(긴급 구조 · 보호)

청소년복지실천에서 위기 개입은 가장 즉각적이며 생명과 직결되는 과업이다. 가정폭력, 성착취, 또래 폭력, 자해 · 자살 위험에 노출된 청소년은 스스로 도움을 요청하기 어렵고, 위기 상황을 축소하거나 숨기는 경향이 있다. 따라서 사회복지사는 청소년의 언어적 표현뿐 아니라 행동 변화, 반복적인 위기 노출, 관계 단절 신호를 통해 위험을 선별해야 한다. 위험이 확인될 경우, 사회복지사는 지체 없이 안전한 거처를 확보해야 한다. 이는 일시 보호 쉼터, 청소년 보호시설, 의료 및 심리적 응급 지원으로 연결되는 과정을 포함한다. 이때 중요한 점은 보호가 처벌이나 격리가 아니라 안전을 위한 임시적 조치임을 청소년에게 명확히 설명하는 것이다. 위기 개입은 단발성으로 끝나서는 안 된다. 보호 이후에는 재가출, 재폭력, 반복적 위기 상황을 예방하기 위한 사후 관리가 필수적이다. 이는 보호 해제 이후의 주거, 학업, 관계 환경을 함께 점검하는 과정까지 포함한다.

(2) 과업 2. 신뢰 관계 형성(동반자적 면접)

청소년복지실천의 성패는 신뢰 관계 형성에 달려 있다고 해도 과언이 아니다. 청소년은 이미 어른과 제도에 대한 불신을 경험한 경우가 많으며, 통제적이거나 권위적인 태도에 즉각적으로 반발하거나 침묵으로 대응할 수 있다. 따라서 사회복지사는 지시하거나 설득하는 사람이 아니라, 함께 선택지를 탐색하는 동반자로 자신을 위치시켜야 한다. 이를 위해 면접 과정에서는 열린 질문을 활용하고, 정답을 제시하기보다 청소년의 생각과 감정을 충분히 말할 수 있는 공간을 제공해야 한다. 동시에 위험 요소를 회피하거나 축소하지 않고, 사실에 근거한 정보를 제공함으로써 협력적 안전 확보를 도모한다. 중요한 것은 청소년의 선택을 무조건 존중하거나 방임하는 것이 아니라, 선택의 결과와 위험을 함께 검토하면서 책임 있는 결정을 가능하게 하는 관계를 형성하는 것이다. 이 과업은 이후 진로 · 자립 지원으로 이어지는 모든 실천의 기반이 된다.

(3) 과업 3. 진로 · 자립 지원(경로 설계)

청소년복지실천에서 진로 · 자립 지원은 단순한 직업 상담이 아니다. 특히 학교 밖 청소년의 경우, "학교로 돌아갈 것인가"라는 이분법적 질문을 넘어서, 현실적으로 가능한 삶의 경로를 설계하는 것이 핵심 과업이다. 이 과정에서 사회복지사는 학업 복귀, 대안 교육, 직업 훈련, 취업, 자립 준비 등 다양한 선택지를 함께 검토한다. 이러한 통합적 접근을 가능하게 하는 대표적 제도가 학교밖청소년지원센터(꿈드림)이다. 꿈드림은 상담, 교육, 직업 체험, 취업 연계, 자립 지원을 하나의 체계로 묶어 제공함으로써, 청소년이 중도 탈락하지 않고 자신의 경로를 탐색하도록 돕는다. 진로 · 자립 지원의 핵심은 빠른 성과가 아니라, 실패를 포함한 경로 탐색을 견딜 수 있도록 지지하는 것이다. 사회복지사는 청소년이 한 번의 좌절로 다시 위기 상황에 빠지지 않도록, 단계적 목표와 재도전의 가능성을 함께 설계해야 한다.

(4) 과업 4. 안전망 조정(네트워크 코디네이션)

청소년복지실천은 단일 기관이나 단일 전문가의 개입으로 완결될 수 없다. 위기청소년의 문제는 가정, 학교, 또래 관계, 지역사회 환경이 복합적으로 얽혀 있기 때문이다. 따라서 사회복지사의 중요한 과업 중 하나는 지역사회 청소년안전망을 조정하는 역할이다. 우리나라의 청소년복지 실천에서는 청소년안전망(CYS-Net)을 중심으로 상담, 보호, 자립 서비스를 연계하는 체계가 구축되어 있다. 사회복지사는 이 체계 안에서 각 기관의 역할을 조정하고, 중복 개입이나 사각지대를 최소화하며, 청소년의 상황 변화에 따라 개입 강도를 조절한다. 안전망 조정 과업의 핵심은 '많은 기관을 연결하는 것'이 아니라, 청소년에게 실제로 작동하는 네트워크를 만드는 것이다. 이를 통해 청소년은 위기 시 혼자가 아니라는 경험을 하게 되고, 장기적으로는 지역사회 안에서 다시 자리 잡을 수 있는 기반을 마련하게 된다.

3) 청소년 안전망 구조

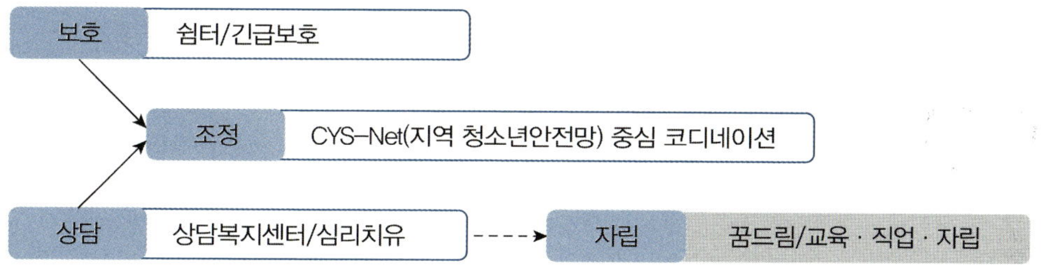

[그림 10-2] 위기청소년 지원의 '3각 축'(보호-상담-자립)

이 그림의 핵심은 한 기관이 다 하는 것이 아니라 안전망이 역할을 나눠 움직이되, 사례관리(조정)가 중심축이 된다는 점이다.

4) 위험요인 vs 보호요인(사정 틀)

청소년복지 실천에 있어서 사정 틀을 기반으로 한 내용은 다음과 같다.

〈표 10-3〉 청소년 사정 시 위험요인과 보호요인

구분	위험요인	보호요인
개인	우울/불안, 충동성, 자해 위험	도움 요청 의지, 강점 · 흥미, 목표
가족	폭력 · 갈등, 방임, 소통 단절	대체 지지자(친척/교사), 협력 가능성
환경	주거 불안, 유해 또래, 학교 단절	쉼터 접근성, CYS-Net 연계, 꿈드림 경로

종합하면 청소년복지실천은 문제행동을 교정하는 일이 아니라 안전망에 안착시키고 삶의 경로를 재설계하는 일이다.

3. 노인복지실천

1) 핵심 개념: 노화는 쇠퇴만이 아니라 삶의 통합 과정

노인복지실천은 흔히 '돌봄 제공'이나 '수발 서비스'로 이해되기 쉽다. 그러나 이러한 접근만으로는 노인의 삶을 충분히 설명할 수 없다. 노년기는 신체 기능의 변화와 함께 배우자 상실, 사회적 역할 축소, 소득 감소, 건강 문제 등이 동시에 혹은 연속적으로 발생하는 시기이다. 이 과정에서 노인은 자신의 삶을 돌아보고 의미를 재구성하는 과업을 수행하게 된다. 따라서 노화는 단순한 기능적 쇠퇴가 아니라, 삶의 경험을 통합하고 정리하는 과정으로 이해될 필요가 있다. 노인복지실천이 중요하게 다루어야 할 질문은 "얼마나 잘 돌볼 것인가"가 아니라, "이 노인이 남은 삶을 어떤 관계 속에서, 어떤 존엄을 유지하며 살아갈 수 있는가"이다.

이러한 관점에서 노인복지실천은 다음 세 가지를 핵심 축으로 삼는다.

① 인권 중심 접근(학대 · 방임 · 차별 예방)
② 가족 부양 부담의 사회적 분담,
③ 사회적 고립 예방과 관계 회복

노인 문제를 개인의 취약성으로만 환원하지 않고, 가족 · 지역사회 · 제도의 책임을 함께 묻는 실천이 요구된다.

2) 노인복지실천의 대표 과업

(1) 과업 1. 위험 스크리닝(학대 · 자살 · 고독사 조기 발견)

노인복지실천에서 위험 스크리닝은 모든 개입의 출발점이다. 노인은 신체적 · 정서적 변화가 자연스러운 노화로 오인되기 쉬워, 위기 신호가 뒤늦게 발견되는 경우가 많다. 따라서 사회복지사는 '노인이라서 그런 것'이라는 해석을 경계해야 한다. 정서적 위축, 갑작스러운 성격 변화, 설명되지 않는 상처, 재산 관리의 급격한 변화 등은 학대 또는 착취의 신호일 수 있다. "이제 살 만큼 살았다", "짐이 된다"와 같은 반복적 진술은 자살 위험 신호로 해석되어야 한다. 독거노인의 경우 장기간 외부 접촉이 단절되는 상황은 고독사 위험과 직결된다. 위험이 확인될 경우, 노인복지실천은 관계 유지보다 즉각적 보호와 안전 확보를 우선해야 하며, 의료 · 행정 · 법적 개입을 포함한 긴급 대응이 필요하다.

(2) 과업 2. 부양 체계 조정(가족부담 완화)

노인 돌봄 문제는 가족의 효심이나 책임감의 문제로만 다루어질 수 없다. 장기 간병은 가족 구성원에게 신체적 피로뿐 아니라 죄책감, 분노, 무력감을 동시에 유발한다. 이러한 감정이 누적될 경우, 가족 갈등이나 방임, 학대로 이어질 위험도 커진다. 따라서 사회복지사는 간병 부담을 도덕의 문제가 아니라 조건의 문제로 사정해야 한다. 가족 구성원별 돌봄 참여 정도와 부담의 불균형을 분석하고 장기요양보험, 재가서비스, 주 · 야간 보호, 단기 보호 등을 조합하여 돌봄을 사회적으로 분산시키며, 가족 상담을 통해 못 돌보는 가족이 아니라 지나치게 혼자 감당해 온 가족이라는 관점을 제시해야 한다. 이 과업의 핵심은 가족 기능을 비난하거나 대체하는 것이 아니라, 지속 가능한 돌봄 구조로 재조정하는 것이다.

이 단계에서 사회복지사가 수행할 또 다른 세부 과업으로는 장기요양보험 급여 조정 및 서비스 코디네이션을 들 수 있다. 노인 실천에서 사회복지사는 단순히 장기요양보험 서비스를 연결하는 역할을 넘어, 급여 수준과 서비스 구성을 조정 · 조율하는 코디네이터 역할을 수행한다. 주요 과업은 다음과 같다.

- 장기요양등급 및 급여 내용에 대한 이해와 설명
- 신체 · 정서 상태 변화에 따른 급여 조정 필요성 검토
- 방문요양, 주야간보호, 복지관 서비스 간 역할 중복 · 공백 조정
- 보호자 부담 완화를 위한 서비스 재배치

이 과업은 노인복지관이나 재가복지센터 현장에서 가장 빈번하게 수행되는 실질적 미시 실천 과업에 해당한다.

(3) 과업 3. 관계망 복원(고립 예방)

노인의 삶의 질은 서비스의 양보다 관계의 유무에 의해 크게 좌우된다. 신체 기능이 일정 부분 저하되더라도, 사회적 관계가 유지되는 노인은 상대적으로 우울과 무기력이 낮다. 관계망 복원 과업에서는 다음이 중요하다. 하루의 리듬을 만드는 활동(복지관 프로그램, 식사 모임, 자조모임 등)을 설계하고 이웃, 자원봉사자, 지역 단체 등 비공식적 관계망을 연결하며 단순한 만남이 아니라 정서 지지와 사회참여가 동시에 이루어지도록 계획한다. 이는 노인을 '돌봄의 대상'이 아니라, 여전히 관계 속에 존재하는 사회적 주체로 존중하는 실천이다.

3) 위험요인 vs 보호요인(사정 틀)

노인복지 실천에 있어서 사정 틀을 기반으로 한 위험/보호요인은 다음과 같다.

〈표 10-4〉 노인 사정 시 위험요인과 보호요인

구분	위험요인	보호요인
개인	만성질환, 기능 저하, 우울	건강관리 참여, 회복 의지
가족	간병 소진, 경제 부담, 갈등	돌봄 분담 가능성, 협력 의지
환경	고립, 이동 불편, 정보 단절	지역 돌봄망, 이웃 관계

종합하면, 노인복지실천은 단순 수발이 아니라 인권을 지키고, 가족부담을 조정하며, 고립을 예방하는 통합 돌봄 실천이다.

4. 장애인복지실천

1) 핵심 개념: 장애는 결함이 아니라 사회적 장벽과의 만남에서 커진다

장애를 개인의 기능 제한으로만 이해할 경우, 실천은 치료 · 재활 · 보호에 머무르기 쉽다. 그러나 실제로 장애인의 일상에서 경험되는 어려움은 신체적 조건 그 자체보다, 이동 · 고용 · 교육 · 정보 접근을 가로막는 사회적 장벽과 결합될 때 심화된다. 따라서 장애인복지실천의 핵심 질문은 "이 사람에게 무엇이 부족한가?"가 아니라 "이 사회는 이 사람의 참여를 어디에서 막고 있는가?"이다. 이러한 관점은 장애인을 보호의 대상이 아니라, 권리와 선택을 가진 시민으로 재위치시키며, 실천의 목표를 '적응'이 아닌 '참여 가능성의 확대'로 전환시킨다.

2) 실무 맥락: 등급 중심 → 필요(장애 정도) 중심

과거 장애인복지 체계는 1~6급의 등급 판정을 중심으로 서비스 접근 여부를 결정해 왔다. 그러나 이 방식은 개인의 실제 욕구와 생활 조건을 충분히 반영하지 못한다는 한계를 가졌다. 이에 따라 우리나라 장애인복지 제도는 장애 등급제를 폐지하고 장애를 '장애정도(심한/심하지 않은)'로 구분하며 서비스 지원 종합조사를 통해 개인별 필요도를 중심으로 지원을 설계하는 방향으로 전환되었다. 이 변화는 단순한 행정 절차의 수정이 아니라, 사회복지사의 사정 언어를 근본적으로 바꾸는 전환이다. 이제 실천 현장에서 중요한 질문은 "몇 급인가"가 아니라, "이 사람의 삶을 유지하기 위해 어떤 지원이 얼마나 필요한가"이다.

3) 장애인복지 실천의 대표 과업

(1) 과업 1. 권리 옹호(차별 대응 · 정당한 편의 제공)

장애인복지 실천에서 권리 옹호는 선택적 역할이 아니라 핵심 과업이다. 고용, 교육, 서비스 이용, 이동 과정에서 발생하는 차별을 구체적으로 파악하고 정당한 편의 제공 요구를 문서화 · 절차화하여 실질적 권리 행사로 연결하며 정보 접근성 부족, 복잡한 행정 절차 등 보이지 않는 장벽을 낮추는 조정을 수행한다. 이는 장애인을 대신해 싸우는 것이 아니라, 권리를 행사할 수 있는 조건을 마련하는 실천이다.

(2) 과업 2. 자기결정 지원(당사자 중심 계획)

장애인복지 실천에서 가장 흔한 오류는 도와준다는 명목으로 대신 결정하는 것이다. 자기결정 지원은 방임이 아니라, 선택을 가능하게 하는 정보와 환경을 제공하는 과정이다. 당사자가 원하는 삶의 모습(자립생활, 직업, 관계)을 충분히 언어화하도록 돕고 선택에 따른 위험을 숨기지 않되, 위험을 줄일 수 있는 대안을 함께 설계하며 안전과 자율 사이의 균형을 지속적으로 점검한다.

(3) 과업 3. 정당한 편의 제공에 대한 권익 옹호

장애인 실천에서 사회복지사는 클라이언트의 권리가 실제 환경에서 구현되도록 정당한 편의 제공을 옹호하는 역할을 수행한다. 예컨대 취업 면접 시 수어 통역 또는 문자 통역 지원 요청, 상담 · 교육 과정에서 보조기기 또는 접근 가능한 자료 제공 요청, 서비스 이용 과정에서 물리적 · 의사소통 장벽 조정 요구 등을 들 수 있다. 이러한 옹호는 특혜가 아니라, 동등한 참여를 위한 권리 보장이라는 점을 분명히 한다.

(4) 과업 4. 통합 환경 조성(이동권 · 디지털 격차 · 지역사회 참여)

장애인의 참여는 단일 서비스로 보장되지 않는다. 이동권, 정보 접근, 주거, 직업, 여가를 하나의 삶의 계획으로 통합하여 조정하고 활동지원, 보조기기, 주거 · 직업 재활 서비스를 연계하며 가족의 돌봄 부담을 완화해 장기적으로 지속 가능한 지원 구조를 만든다.

4) 위험요인 vs 보호요인(사정 틀)

장애인복지 실천에 있어서 사정 틀을 기반으로 한 내용은 다음과 같다.

〈표 10-5〉 장애인 사정 시 위험요인과 보호요인

구분	위험요인	보호요인
개인	건강 악화, 위축, 반복 실패 경험	강점 · 기술, 자기결정 의지
가족	돌봄 부담 집중, 갈등	지지, 분담 가능성
환경	이동 · 정보 장벽, 차별	종합조사 기반 서비스, 지역 자원

종합하면, 장애인복지실천은 보호를 넘어 장벽을 낮추고, 자기결정을 가능하게 하며, 필요 중심으로 지원을 조정하는 권리 기반 실천이다.

5. 가족복지실천

1) 핵심 개념: 가족복지실천의 관점 전환

가족복지실천은 오랫동안 가족을 유지하고 보호하는 것에 초점을 두어 왔다. 그러나 현대 사회에서 가족은 더 이상 고정된 형태나 역할로 설명되기 어렵다. 가족의 구성 방식은 다양해졌고, 돌봄 · 부양 · 양육 · 생계의 부담은 특정 가족 구성원에게 과도하게 집중되는 경향이 강해졌다. 이러한 조건 속에서 발생하는 가족 문제를 개인의 성격이나 도덕성의 문제로 환원하는 접근은 실천적 한계를 가진다. 따라서 현대 가족복지실천의 핵심은 다음과 같은 관점 전환에 있다. 즉, 기존의 "왜 저 가족은 문제가 많은가?"의 질문에서 "이 가족이 이런 선택을 할 수밖에 없었던 관계의 패턴과 생활 조건은 무엇인가?"의 질문으로의 전환이다.

다시 말하면 가족복지실천은 가족을 '치료 대상'으로 교정하는 작업이 아니라, 관계 · 역할 · 돌봄 · 경제 조건을 재구성하는 실천이다.

2) 가족복지실천의 대표 과업

가족복지실천에서 사회복지사의 개입은 특정 개인의 문제를 교정하는 데서 출발하지 않는다. 가족 문제는 대개 한 사람의 성격이나 능력 부족에서 비롯되기보다, 관계 패턴의 고착화, 돌봄과 책임의 불균형, 경제적 · 사회적 조건의 압박속에서 형성된다. 따라서 가족복지실천의 과업은 '가족을 유지할 것인가, 해체할 것인가'를 판단하는 것이 아니라, 이 가족이 어떤 조건에서 더 안전하고 기능적으로 살아갈 수 있는가를 재구성하는 과정이다.

(1) 과업 1. 가족 사정: 관계 패턴과 위험 선별

가족복지실천의 출발점은 가족 사정이다. 이때 사정의 초점은 개별 구성원의 성향이나 태도보다, 가족 안에서 반복되는 상호작용의 패턴에 놓인다. 사회복지사는 갈등이 발생할 때마다 반복되는 순서-예를 들어 비난 → 방어 → 침묵 → 감정 폭발-를 파악함으로써, 문제가 우연이 아니라 구조화된 관계 방식임을 드러낸다. 동시에 가족 사정에서는 폭력, 학대, 방임과 같은 위험 요소를 반드시 선별해야 한다. 가족 갈등과 폭력은 동일 선상에서 다루어질 수 없으며, 안전이 위협받는 상황에서는 관계 개선보다 보호가 우선된다. 또한 가족이 현재 어떤 생애주기(결혼, 출산, 자녀 독립, 노부모 부양 등)에 놓여 있는지, 전환기 스트레스가 누적되어 있는지를 함께 살피는 것이 중요하다. 이는 가족의 어려움을 '문제 있는 가족'이 아니라 변화기에 놓인 가족으로 이해하게 한다.

▶▶▶ KEY POINT

□ 가족 형태별 사정의 팁

- 다문화가족: 언어 장벽, 문화 차이에 대한 오해, 서비스 접근성
- 한부모가족: 돌봄·생계 이중 부담, 사회적 고립, 낙인 경험
- 재혼·조손가족: 역할 경계 혼란, 세대 간 권력 구조

(2) 과업 2. 역할 재조정과 돌봄 부담 분산

많은 가족 문제의 핵심에는 돌봄 · 생계 · 가사 역할의 불균형이 자리하고 있다. 특정 가족 구성원에게 책임이 과도하게 집중될 경우, 소진과 갈등은 필연적으로 발생한다. 가족복지실천에서 사회복지사의 과업은 이러한 불균형을 도덕적으로 평가하는 것이 아니라, 구조적으로 재조정하는 것이다. 이를 위해 사회복지사는 가족 내에서 누가 어떤 역할을 맡고 있는지, 그 역할이 선택의 결과인지 강요의 결과인지를 함께 검토한다. 이후 가족 구성원 간 협의를 통해 역할을 재배분하고, 모든 부담을 가족 내부에서만 해결하려 하지 않도록 외부 자원과의 연결을 모색한다. 이는 가족의 책임을 축소하는 것이 아니라, 지속 가능한 방식으로 재구성하는 과정이다.

(3) 과업 3. 경제 · 돌봄 · 양육의 통합 지원

가족의 기능 약화는 종종 경제적 불안과 돌봄 공백에서 시작된다. 따라서 가족복지실천에서 경제 지원과 돌봄 지원은 분리된 영역이 아니라, 하나의 통합된 개입 단위로 다루어져야 한다. 사회복지사는 현금 급여, 간접 급여, 보육 · 돌봄 서비스 등을 가족의 상황에 맞게 조합하여 제공한다. 특히 한부모가족이나 빈곤

가족의 경우, 단일 서비스로는 효과를 기대하기 어렵기 때문에 맞춤형 지원이 필요하다. 또한 일-가정 양립 제도를 활용할 수 있도록 정보를 제공하고, 실제 이용까지 이어지도록 조정하는 역할도 중요하다. 이 과업의 핵심은 가족이 당장의 위기를 넘기는 데 그치지 않고, 장기적으로 기능을 유지할 수 있는 조건을 확보하도록 돕는 것이다.

(4) 과업 4. 안전 확보와 보호 개입

가족복지실천에서 가장 중요한 원칙 중 하나는 안전이 위협받는 상황에서는 관계 조정보다 보호가 우선되어야 한다는 점이다. 가정폭력, 아동학대, 노인학대와 같은 상황에서는 대화와 타협이 오히려 2차 피해를 초래할 수 있다. 이러한 경우 사회복지사는 분리 조치, 쉼터 연계, 법적 · 의료적 지원을 포함한 보호 개입을 신속하게 실행해야 한다. 동시에 피해자가 비난받거나 책임을 전가받지 않도록, 2차 피해 예방을 중심에 둔 개입이 요구된다. 이는 가족을 해체하기 위한 개입이 아니라, 피해자의 생명과 존엄을 지키기 위한 최소한의 개입이라는 점을 분명히 해야 한다.

3) 사례 적용하기

□ 사례: 반복되는 말다툼-부부와 자녀가 함께 지친 가족

- 부부는 사소한 문제로 말다툼이 격화되며, 중학생 자녀가 항상 중재 역할을 맡는다. 자녀는 불안과 두통을 호소한다.

(1) 사정: 관계 패턴 중심

- 표면 문제: 부부 갈등
- 핵심 패턴: 비난→방어→침묵→감정 폭발→자녀 개입→일시적 진정→재발

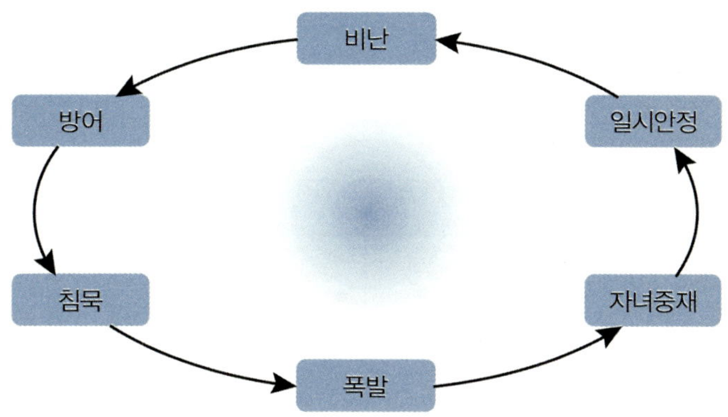

[그림 10-3] 가족 갈등 악순환 도식

(2) 개입 설계

- 과업 1: 폭력 · 정서적 학대 위험 선별
- 과업 2: 자녀 '완충 역할' 중단(아동 보호 관점)
- 과업 3: 부부 의사소통 훈련 및 역할 재배분
- 과업 4: 가족 외부 지지체계 연결

(3) 평가 지표

- 갈등 빈도 및 강도 감소

- 자녀 신체화 증상 완화
- 가족 회의 및 의사소통 방식 변화

종합하면 가족 문제는 개인의 실패가 아니라 관계와 조건의 결과이다. 실천의 목표는 가족을 유지하는 것이 아니라 안전하고 기능적인 관계를 만드는 것이다. 가족복지실천은 상담 · 돌봄 · 경제 · 보호를 통합적으로 조정하는 사례관리 실천이다.

※ QR 코드로 더 알아보기	
● 아동복지 	● 청소년복지 

정리하기

1. 아동복지실천

아동복지실천은 아동을 문제의 원인으로 보지 않고, 발달을 가능하게 하는 환경을 재구성하는 실천이다. 핵심 과업은 아동의 안전을 조기에 사정하고, 가족의 양육 조건을 회복하며, 필요한 서비스를 통합적으로 조정하는 것이다. 아동을 교정하는 접근이 아니라 가정 · 학교 · 지역사회를 함께 바꾸는 통합사례관리가 중심이 된다.

2. 청소년복지실천

청소년복지실천은 비행 통제보다 보호와 경로 재설계를 중시하는 실천이다. 가출 · 비행 · 학업중단은 처벌의 대상이 아니라 위기 신호로 이해되며, 보호-상담-자립을 연결하는 안전망 구축이 핵심이다. 사회복지사는 신뢰 관계를 바탕으로 위기 개입, 진로 · 자립 지원, 지역사회 네트워크 조정을 수행한다.

3. 노인복지실천

노인복지실천은 노화를 단순한 쇠퇴가 아니라 삶을 통합하는 과정으로 이해한다. 주요 과업은 학대 · 자살 · 고독사와 같은 위험을 조기에 발견하고, 가족의 돌봄 부담을 사회적으로 분산하며, 관계망을 복원하는 것이다. 이는 수발 중심이 아니라 인권 보호와 사회적 고립 예방을 포함한 통합 돌봄 실천이다.

4. 장애인복지실천

장애인복지실천은 장애를 개인의 결함이 아니라 사회적 장벽과의 상호작용으로 본다. 실천의 핵심은 등급이 아닌 개인의 필요에 기반해 지원을 설계하고, 차별에 대응하며 자기결정을 가능하게 하는 것이다. 사회복지사는 권리 옹호, 정당한 편의 제공, 지역사회 참여를 조정하는 역할을 수행한다.

5. 가족복지실천

가족복지실천은 가족 문제를 개인의 성격이나 도덕성 문제가 아니라 관계와 조건의 결과로 이해한다. 핵심 과업은 반복되는 관계 패턴을 사정하고, 돌봄과 책임을 재조정하며,

경제 · 돌봄 · 양육 지원을 통합하는 것이다. 안전이 위협되는 경우에는 관계 조정보다 보호 개입을 우선하는 사례관리 실천이 중심이 된다.

- 드림스타트가 서비스 제공이 아니라 통합사례관리 모델이라는 점이 현장 개입에 주는 의미는 무엇인가?
- 청소년쉼터의 보호서비스와 상담복지센터의 one-stop 서비스는 어떻게 연결될 때 가장 효과적인가?
- 노인학대 예방에서 가족의 부양부담 경감이 왜 핵심 전략이 되는가?
- 장애등급제 폐지 이후 장애정도 구분과 종합지원체계는 현장에서 어떤 실천 과업을 새롭게 요구하는가?

CHAPTER 11

사회복지실천영역: 직능별 실천영역

CONTENTS

■ 이 장의 학습목표

사회복지실천은 인간의 삶의 문제를 개인 · 가족 · 환경 간 상호작용 속에서 이해하고 개입하는 전문 활동이다. 그러나 삶의 문제는 그 발생 맥락에 따라 서로 다른 제도와 전문가의 협력이 필요하다. 예를 들어, 질병으로 인해 삶이 제한되는 사람에게 필요한 지원은 병원 안의 진료와 치료만이 아니라, 질병의 수용 · 적응 · 퇴원 이후의 지역사회 복귀까지 포함한 통합적 지원이어야 한다. 정신질환으로 고통받는 사람의 경우에도 단순한 증상 관리보다 관계 회복, 낙인 완화, 사회적 기능의 회복이 함께 이루어져야 한다. 이처럼 실천의 장(場)에 따라 요구되는 지식 · 기술 · 역할이 달라지며, 이는 직능별 사회복지실천 영역의 분화를 낳았다. 본 장에서는 의료, 정신건강, 학교, 군, 교정, 산업(직장) 영역으로 나누어 각 영역의 특성과 주요 이론, 실천과정, 현장의 제도적 기반, 그리고 사회복지사의 전문 역할을 구체적으로 살펴본다.

- 의료 · 정신건강 · 학교 · 군 · 교정 · 산업 영역의 실천 목표와 대상의 특성을 설명할 수 있다.
- 각 영역별로 적용되는 주요 이론과 모델(생심리사회적, 스트레스–취약성 모델, 사회체계이론 등)을 이해한다.
- 사례관리, 위기개입, 다학제 협력 등 핵심 실천기술을 직능별 특성에 맞게 적용할 수 있다.
- 관련 법 · 제도 · 정책을 실천과 연결하여 설명할 수 있다.
- 각 영역별 사회복지사의 주요 과업(Task)을 구체적으로 제시할 수 있다.

11 CHAPTER

사회복지실천영역: 직능별 실천영역

1. 의료사회복지

1) 의료사회복지의 개념

의료사회복지(medical or health social work)는 병원과 보건의료기관을 중심으로 이루어지는 사회복지실천으로, 질병이나 상해를 경험한 환자와 그 가족이 질병으로 인해 겪는 심리적 · 사회적 · 경제적 문제에 개입하는 전문적 활동이다. 의료사회복지는 질병을 단순히 신체적 문제로 보지 않고, 개인의 삶 전반과 사회적 관계 속에서 이해한다는 점에서 전인적 관점을 가진다.

◻ 프리드랜더와 앱트의 정의

프리드랜더와 앱트는 의료사회복지를 "사회복지사가 의사, 간호사, 기타 치료 전문가들과 협력하여 조사와 진단, 치료계획 과정에 참여함으로써 환자의 사회적 기능 회복을 돕는 활동"으로 정의하였다. 이 정의는 의료사회복지가 의료팀의 일원으로서 수행되는 전문 실천임을 강조한다.

◻ 유수현 외의 정의

유수현 외(2017)는 의료사회복지를 "질병의 예방과 건강 증진을 지향하는 포괄적 의료 개념에 기초하여, 보건의료기관뿐 아니라 관련 정책 · 제도 · 행정 영역에서 사회복지사가 수행하는 전문적 활동"으로 규정하였다. 이 정의는 의료사회복지를 병원 안에 국한하지 않고 지역사회와 정책 영역까지 확장된 실천으로 이해한다.

2) 의료사회복지의 목적: 관점별 이해

정책적 관점에서의 목적 정책적 관점에서 의료사회복지는 질병의 예방과 건강증진을 지향하는 의료복지를 실현하는 것을 목적으로 한다. 이를 위해 보건 · 의료 영역에서 사회복지조사, 의료복지정책 개발, 의료전달체계 평가와 개선에 참여하며, 국민건강보험과 의료급여 제도의 확대와 질적 향상에 기여한다.

◻ 전문기술적 관점에서의 목적

전문기술적 관점에서는 의료사회복지가 의료기관 내에서 치료팀의 일원으로 활동하면서 사회복지의 전문적 방법을 활용해 환자의 질병 치료와 회복, 사회복귀를 돕는 데 목적을 둔다. 특히 질병으로 인해 발생하는 심리적 · 사회적 · 경제적 문제가 치료 과정에 부정적 영향을 미치지 않도록 조정하고 개입하는 역할을 강조한다.

□ 통합적 관점에서의 목적

통합적 관점에서는 의료사회복지를 건강관리체계의 한 축으로 이해한다. 이 관점에서 의료사회복지는 환자와 가족뿐 아니라 의료진, 의료제도, 지역사회 환경까지 포괄하여 사회기능 향상, 질병의 예방 · 치료 · 재활이라는 복합적 목표를 달성하고자 한다.

3) 의료사회복지 실천의 목적: NASW 제시 내용

□ 질병 위기와 적응 지원

미국사회복지사협회(NASW)는 의료사회복지의 목적 중 하나로, 질병이나 장애, 심신 충격을 경험한 사람들이 그러한 상황이 자신의 삶과 관계에 미치는 심리사회적 영향을 이해하고 다룰 수 있도록 돕는 것을 제시한다.

□ 만성질환 및 장애에 대한 적응

의료사회복지는 만성질환이나 장애를 가진 사람이 새로운 생활환경에 적응하고 재통합할 수 있도록 지원하며, 장기적인 적응유형을 형성하도록 돕는다.

□ 학제간 팀 참여

의료사회복지사는 학제간 팀의 일원으로 참여하여 환자와 가족에게 영향을 미치는 심리사회적 측면에 대한 이해를 의료진에게 제공한다.

☐ 퇴원과 지역사회 연계

환자가 퇴원하거나 보호시설로 이전하는 과정이 원활히 이루어질 수 있도록 지역사회 자원을 개발 · 연계한다.

☐ 죽음과 애도에 대한 지원

의료사회복지는 죽음에 직면한 환자에게 상담을 제공하고, 가족에게 애도 관련 서비스를 제공한다.

☐ 취약집단 보호와 기관 옹호

학대나 방임 가능성을 파악하여 적절한 기관과 연계하며, 기관이 환자의 욕구에 민감하게 반응하도록 지원한다.

4) 의료사회복지의 기능과 역할

☐ 심리사회적 위기 개입 기능

질병과 외상, 장애로 인한 위기에 직면한 환자와 가족이 심리사회적 영향을 이해하고 대처할 수 있도록 돕는다.

☐ 조정 및 연계 기능

의료서비스와 사회복지서비스, 지역사회 자원을 연결하여 환자의 치료와 회복이 연속적으로 이루어지도록 한다.

☐ 퇴원 및 사회복귀 지원 기능

퇴원 이후 환자가 지역사회에 적응할 수 있도록 주거, 돌봄, 복지서비스를 연계한다.

□ 행정·연구 기능

의료사회복지사는 기록, 행정, 연구, 교육 활동을 통해 의료사회복지의 전문성을 유지 · 발전시킨다.

5) 의료사회복지의 현황과 과제

우리나라에서는 1973년 「의료법」에 사회복지사 채용 규정이 명시된 이후 의료사회복지가 확대되었다. 2008년 의료사회복지사 자격시험이 도입되면서 전문자격제도가 정착되었으며, 현재 의료사회복지사는 주로 종합병원을 중심으로 활동하고 있다. 의료사회복지의 과제로는 전문성 강화, 처우 개선, 의료사회복지 서비스에 대한 수가 인정 확대 등이 제시된다.

예 의료사회복지실천 사례 예시

뇌졸중 환자 A는 퇴원 후 거동이 어렵고 돌봄자가 부족한 상황이었다. 의료사회복지사는 환자 상태를 평가하여 지역 재활센터, 방문간호, 장기요양급여를 연계하고 보호자에게 돌봄교육을 제공했다. 그 결과 재입원율이 낮아지고, 가정 내 기능 유지가 가능해졌다. 이는 의료사회복지의 핵심 목표인 치료 이후의 삶을 보장한 사례다.

2. 정신건강사회복지

1) 정신건강사회복지의 개념 및 특징

정신건강사회복지(mental health social work)는 정신질환이나 정신장애, 정서적 · 심리적 문제를 가진 개인과 그 가족을 대상으로 사회적 기능 회복과 삶의 질 향상을 목표로 하는 사회복지실천 영역이다. 이 영역은 정신질환을 개인의 결함이나 도덕적 문제로 보지 않고, 생물학적 · 심리적 · 사회적 요인이 복합적으로 작용한 결과로 이해한다는 점에서 사회복지적 관점을 분명히 한다. 정신건강사회복지는 치료 중심의 의료적 접근에 머무르지 않고 예방, 재활, 사회복귀를 포괄한다. 특히 지역사회 안에서 정신질환자가 격리되지 않고 생활할 수 있도록 지원하는 데 중점을 둔다. 이 때문에 정신건강사회복지는 병원뿐 아니라 지역사회 기관, 가족, 사회환경을 동시에 다루는 종합적 실천 영역이다. 광의의 정신건강사회복지는 전 국민을 대상으로 정신건강을 증진하고 정신질환을 예방하기 위한 사회적 활동 전반을 의미한다. 반면 협의의 개념에서는 조현병, 우울증, 조울증 등 정신질환을 가진 사람과 그 가족을 대상으로 전문적인 사회복지 개입을 수행하는 영역을 의미한다.

2) 정신건강사회복지의 발달과정

정신건강사회복지는 20세기 초 미국에서 시작된 정신위생운동(mental hygiene

movement)을 통해 본격적으로 발전하였다. 이 운동은 클리포드 비어스(Clifford Beers)가 자신의 정신병원 수용 경험을 바탕으로 정신질환자의 비인도적 처우를 고발하면서 시작되었다. 정신위생운동은 정신질환을 개인의 문제로 보지 않고 사회적 책임의 문제로 인식하게 만든 계기가 되었다. 초기 정신보건은 대형 정신병원 중심으로 이루어졌으나, 장기 수용의 부작용과 인권 침해 문제가 제기되면서 지역사회 중심의 정신보건 개념이 확산되었다. 이에 따라 치료뿐 아니라 재활, 사회복귀, 예방을 포함하는 정신건강사회복지가 발전하게 되었다. 우리나라에서는 1960년대 국립정신병원 설립 이후 사회복지사가 정신의료 현장에서 활동하기 시작하였다. 1995년 「정신보건법」 제정은 정신건강사회복지의 제도화를 의미하는 중요한 전환점이었다. 이후 2017년 법 개정을 통해 「정신건강증진 및 정신질환자 복지서비스 지원에 관한 법률」이 시행되면서 정신질환자의 인권과 지역사회 복귀가 더욱 강조되었다.

3) 정신건강사회복지의 이론적 관점

의학적 관점 의학적 관점에서는 정신질환을 뇌 기능 이상이나 생물학적 원인으로 이해한다. 이 관점은 약물치료와 증상 관리에 효과적이지만, 개인의 사회적 환경과 삶의 맥락을 충분히 반영하지 못하는 한계를 가진다.

□ 심리학적 관점

심리학적 관점은 정신질환을 개인의 정서적 갈등, 인지 왜곡, 학습된 행동의 결과로 이해한다. 이 관점은 상담과 심리치료를 통해 개인의 내적 변화를 도모한다.

□ 사회환경적 관점

사회환경적 관점은 빈곤, 차별, 가족관계, 사회적 낙인과 같은 환경 요인이 정신건강 문제에 큰 영향을 미친다고 본다. 정신건강사회복지는 이 관점을 토대로 사회적 지지체계를 강화하고 환경 개선을 중요한 개입 목표로 삼는다.

□ 생물·심리·사회적 관점

정신건강사회복지는 생물학적, 심리적, 사회적 요인이 상호작용한다는 통합적 관점에 기초한다. 이 관점은 정신질환의 원인과 개입을 단일 요인으로 설명하지 않고 복합적으로 이해하도록 한다.

4) 정신건강사회복지의 법적 기반과 제도

□ 정신건강복지법의 의의

「정신건강증진 및 정신질환자 복지서비스 지원에 관한 법률」은 정신질환자의 예방, 치료, 재활, 복지를 포괄적으로 규정하고 있다. 이 법은 정신질환자의 인권 보호와 지역사회 통합을 핵심 가치로 삼는다.

□ 주요 서비스 전달체계

정신건강사회복지는 정신건강복지센터, 정신의료기관, 정신재활시설, 정신요양시설, 자살예방센터, 중독관리통합지원센터 등 다양한 기관을 통해 이루어진다. 이들 기관은 예방부터 치료, 재활, 사회복귀까지 연속적인 서비스를 제공한다.

5) 정신건강사회복지의 주요 서비스 내용

□ 예방과 정신건강 증진 서비스

일반인을 대상으로 정신건강 교육, 상담, 스트레스 관리 프로그램, 자살 예방 사업이 제공된다.

□ 치료 지원 서비스

정신의료기관과 연계하여 정신질환자의 치료 과정에 필요한 심리사회적 지원을 제공한다.

□ 재활 및 사회복귀 서비스

정신재활시설을 중심으로 사회기술훈련, 직업재활, 일상생활 훈련을 통해 지역사회 정착을 돕는다.

□ 가족 지원 서비스

정신질환자 가족을 대상으로 교육과 상담을 제공하여 돌봄 부담을 완화한다.

6) 정신건강사회복지사의 역할

□ 상담자 역할

정신질환자와 가족이 질환을 이해하고 심리적 어려움을 극복하도록 돕는다.

◻ 사례관리자 역할

개인의 욕구를 종합적으로 파악하여 치료, 재활, 복지서비스를 조정한다.

◻ 옹호자 역할

정신질환자의 권익을 보호하고 사회적 낙인을 완화하기 위한 활동을 수행한다.

◻ 지역사회 연계자 역할

지역사회 자원을 발굴하고 연계하여 지속적인 지원이 이루어지도록 한다.

7) 정신건강사회복지의 현황과 과제

현재 우리나라에는 광역 및 기초 정신건강복지센터, 중독관리통합지원센터, 정신재활시설 등이 전국적으로 운영되고 있으며, 정신건강사회복지사는 이들 기관에서 핵심 인력으로 활동하고 있다. 향후에는 정신건강서비스의 지역 간 격차 해소, 전문 인력 확충, 정신질환자에 대한 사회적 편견 해소, 정신건강사회복지사의 전문성 강화와 처우 개선이 주요 과제로 제시된다.

> **예 정신건강사회복지 실천 사례**
>
> 장기입원 후 퇴원한 조현병 환자 B는 사회적 관계가 단절되고 가족의 돌봄이 어려운 상황이었다. 정신건강사회복지사는 B의 기능수준을 평가하고, 지역 정신재활시설 입소 및 직업훈련 프로그램을 연계하였다. 동시에 가족에게 상담을 제공해 돌봄 부담을 완화하고, 사회적 낙인에 대한 교육을 실시했다. 6개월 후 B는 보호작업장에서 근무하며 독립생활을 유지하고 있다. 이는 "치료 중심"에서 "회복과 통합 중심"으로의 패러다임 전환을 보여주는 대표적 사례이다.

3. 학교사회복지

1) 학교사회복지의 개념 및 목적

학교사회복지는 학교라는 교육 현장에서 학생이 겪는 학습 문제, 정서적 어려움, 행동 문제, 가정 문제에 개입하여 학생의 학교 적응과 전인적 성장을 돕는 사회복지실천 영역이다. 학교사회복지는 학생의 문제를 개인의 능력 부족이나 태도 문제로 보지 않고, 학생이 속한 가정환경, 학교환경, 지역사회 환경과의 상호작용 결과로 이해한다는 점에서 사회복지적 관점을 분명히 한다. 학교사회복지의 목적은 학생이 교육을 받을 권리를 보장받고, 학교생활에 안정적으로 적응할 수 있도록 지원하는 데 있다. 이를 통해 학업중단과 학교 부적응을 예방하고, 학생의 건강한 성장과 발달을 돕는 것을 목표로 한다. 즉, 학교사회복지는 교육의 목표를 복지적 관점에서 지원하는 역할을 수행한다.

2) 학교사회복지의 발달과정

서구 사회에서 학교사회복지는 20세기 초 영국과 미국에서 빈곤 아동과 이주 아동의 학교 부적응 문제를 해결하기 위해 시작되었다. 초기에는 결식 아동 지원, 출석 관리, 가정 방문 활동이 중심이었으나, 점차 학생의 정서 · 행동 문제, 학습 문제까지 다루는 방향으로 발전하였다. 우리나라에서는 1990년대 이후 학교폭력, 집단따돌림, 학업중단 문제가 사회문제로 대두되면서 학교사회복지의 필요성이 본격적으로 논의되었다. 2003년 이후 교육복지우선지원사업이 시행되면서 학교사회복지가 부분적으로 도입되었으며, 현재까지도 법제화는 충분하지 않지만 학교와 지역사회 기관의 협력을 통해 실천이 이루어지고 있다.

3) 학교사회복지의 주요 실천 내용

학생 개인에 대한 개입 학교사회복지사는 학교 부적응, 정서 문제, 행동 문제를 보이는 학생을 대상으로 상담과 개입을 수행한다. 이를 통해 학생이 자신의 문제를 이해하고 학교생활에 적응할 수 있도록 돕는다.

가정에 대한 개입 학생의 문제는 가정환경과 밀접한 관련이 있기 때문에, 학교사회복지는 부모 상담과 가정 연계를 통해 가정의 양육 환경을 개선하려는 노력을 기울인다.

학교 체계에 대한 개입 학교사회복지는 교사와의 협력을 통해 학교 환경을 개선하고, 학생 친화적인 학교 문화를 조성하는 데 기여한다.

4) 학교사회복지사의 역할

□ 상담자 역할

학생이 겪는 정서적 어려움과 행동 문제를 상담을 통해 완화한다.

□ 연계자 역할

지역사회 복지기관, 청소년 기관, 상담기관과 연계하여 학생에게 필요한 서비스를 제공한다.

□ 옹호자 역할

학생의 권익을 보호하고, 교육 기회에서 배제되지 않도록 옹호 활동을 수행한다.

> **예 학교사회복지의 사례: 학교 부적응 학생에 대한 통합적 개입**
>
> C학생은 잦은 결석과 학업 부진으로 학교생활에 어려움을 겪고 있었다. 학교사회복지사는 상담을 통해 가정의 돌봄 공백과 경제적 어려움을 확인하고, 지역 청소년 복지기관과 연계하여 학습 지원과 정서 지원을 제공하였다. 그 결과 C학생은 학교 출석이 안정되고 학업 참여도가 향상되었다.

4. 산업사회복지

1) 산업사회복지의 개념 및 목적

산업사회복지는 산업현장에서 근로자와 그 가족의 복지 증진을 목적으로 이루어지는 사회복지실천이다. 산업사회복지는 근로자를 단순한 노동력이 아닌 생활인으로 이해하며, 근로자의 삶의 질 향상을 중요한 목표로 삼는다. 산업사회복지의 목적은 근로자의 생활 안정과 복지 향상을 통해 산업 조직의 안정성과 생산성을 동시에 높이는 데 있다. 이는 근로자의 복지가 개인 차원을 넘어 조직과 사회 전체의 발전으로 이어진다는 관점에 기초한다.

2) 산업사회복지의 발달과정

산업사회복지는 산업혁명 이후 열악한 노동환경 속에서 노동자들이 상호부조를 통해 문제를 해결하려는 자조활동에서 출발하였다. 이후 기업이 근로자의 복지를 책임지는 기업복지 형태로 발전하였다. 현대 사회에서는 국가의 사회보장제도와 기업복지가 결합되면서 산업사회복지가 확대되었으며, 최근에는 직무 스트레스, 정신건강, 일과 삶의 균형 문제까지 다루는 방향으로 발전하고 있다.

3) 산업사회복지의 주요 실천 내용

◻ 근로자 상담과 지원

산업사회복지사는 근로자의 직무 스트레스, 심리적 문제, 가족 문제에 대해 상담과 지원을 제공한다.

◻ 산업재해 이후 개입

산업재해를 경험한 근로자의 치료와 재활, 직장 복귀를 지원하여 사회적 기능 회복을 돕는다.

4) 산업사회복지사의 역할

◻ 근로자 옹호자 역할

근로자의 권익을 보호하고 근무 환경 개선을 위해 활동한다.

☐ 조정자 역할

근로자와 기업, 지역사회 자원을 연결하여 복지서비스가 효과적으로 제공되도록 조정한다.

> **예 산업사회복지 사례: 직무 스트레스 개입 사례**
>
> D근로자는 과중한 업무로 인해 심한 스트레스를 호소하였다. 산업사회복지사는 상담과 스트레스 관리 프로그램을 연계하고 근무 조건 조정을 지원하여 근로자의 직무 적응을 도왔다.

5. 교정사회복지

1) 교정사회복지의 개념 및 목적

교정사회복지는 범죄를 저지른 사람이나 비행행동을 보인 청소년을 대상으로 재범을 예방하고 사회로의 원활한 복귀를 지원하는 사회복지실천 영역이다. 교정사회복지는 범죄를 단순한 개인의 일탈로 보지 않고, 개인의 성장 과정과 환경, 사회 구조적 요인이 복합적으로 작용한 결과로 이해한다는 점에서 사회복지적 관점을 가진다. 교정사회복지의 목적은 처벌 그 자체가 아니라 변화와 재사회화에 있다. 이를 통해 범죄자의 사회적 기능을 회복시키고, 장기적으로는 사회 전체의 안전과 질서를 유지하는 데 기여하는 것을 목표로 한다.

2) 교정사회복지의 발달과정

과거 교정제도는 범죄자에 대한 격리와 처벌을 중심으로 운영되었다. 그러나 이러한 방식은 범죄자의 태도와 생활조건을 변화시키지 못해 출소 후 재범으로 이어지는 경우가 많았다. 20세기 중반 이후 범죄자의 재사회화를 강조하는 흐름이 확산되면서 교정의 목적은 처벌에서 재활로 이동하게 되었다. 이 과정에서 상담, 교육, 직업훈련, 사회복지 개입의 필요성이 강조되었다. 우리나라에서는 1989년 보호관찰제도 도입을 계기로 지역사회 중심 교정이 본격화되었다. 이후 교정시설 내 상담 프로그램, 치료 프로그램, 출소자 사회적응 지원이 확대되었으며, 최근에는 지역사회와 연계한 통합적 교정복지 체계가 강조되고 있다.

3) 교정사회복지의 실천 대상과 영역

□ 실천 대상

교정사회복지의 주요 대상은 수형자, 보호관찰 대상자, 가석방자, 비행청소년, 그리고 이들의 가족이다. 특히 가족은 범죄자의 재사회화 과정에서 중요한 지지체계이기 때문에 중요한 실천 대상이 된다.

□ 실천 영역

교정사회복지는 교정시설 내부뿐 아니라 보호관찰소, 청소년 보호시설, 지역사회 복지기관 등 다양한 공간에서 이루어진다. 이는 교정사회복지가 시설 중심 실천을 넘어 지역사회 중심 실천으로 확장되고 있음을 보여준다.

4) 교정사회복지의 주요 실천 내용

□ 교정시설 내 실천

교정시설 내에서는 수형자의 심리적 안정과 태도 변화를 돕기 위한 상담, 집단 프로그램, 중독 치료, 분노 조절 프로그램 등이 이루어진다. 이는 수형자가 자신의 행동을 성찰하고 변화의 동기를 형성하도록 돕는 데 목적이 있다.

□ 출소 전·후 연계 실천

출소를 앞둔 단계에서는 직업훈련, 주거 준비, 사회적응 교육이 제공된다. 출소 이후에는 보호관찰, 취업 연계, 주거 지원, 상담을 통해 사회 정착을 돕는다.

□ 가족 지원 실천

수형자 가족은 경제적 어려움과 사회적 낙인을 경험하기 쉽다. 교정사회복지는 가족 상담과 자원 연계를 통해 가족 해체를 예방하고 지지체계를 강화한다.

5) 교정사회복지사의 역할

□ 재활 촉진자 역할

교정사회복지사는 수형자가 변화 가능성을 인식하고 새로운 생활 방식을 학습하도록 돕는다.

□ 사례관리자 역할

수형자와 출소자의 욕구를 종합적으로 파악하고 필요한 서비스를 조정 · 연계한다.

□ 옹호자 역할

교정시설 내에서 수형자의 기본적 권리와 인간적 처우가 보장되도록 옹호 활동을 수행한다.

6) 현대 교정사회복지의 쟁점

□ 재범률 감소의 과제

형식적 처벌 중심 교정에서 벗어나 실질적인 재범 예방 프로그램의 강화가 요구된다.

□ 지역사회 연계 부족 문제

출소 이후 지역사회 지지체계가 충분히 구축되지 못한 점이 주요 과제로 지적된다.

□ 교정사회복지 전문성 강화

교정 현장의 복잡한 문제에 대응하기 위한 사회복지사의 전문성 강화와 처우 개선이 필요하다.

> **예 교정사회복지 사례: 출소자 재사회화 지원**
>
> E씨는 출소 후 주거와 취업 문제로 재범 위험이 높았다. 교정사회복지사는 보호관찰소와 지역 고용기관을 연계하고 상담을 지속적으로 제공하여 E씨가 안정적인 생활 기반을 마련하도록 지원하였다.

6. 군사회복지

1) 군사회복지의 개념 및 목적

군사회복지는 군 복무라는 특수한 환경 속에서 군인과 그 가족이 겪는 신체적 · 심리적 · 사회적 문제를 해결하기 위한 사회복지실천 영역이다. 군사회복지는 군인의 복지를 개인 책임이 아닌 국가의 책임으로 본다는 점에서 공공성이 매우 강하다. 군사회복지의 목적은 군인이 안정된 심리 상태와 생활 조건 속에서 복무할 수 있도록 지원함으로써 군 조직의 안정성과 국방력 유지를 돕는 데 있다.

2) 군사회복지의 발달과정

초기의 군 복지는 주로 급여, 의복, 주거 등 물질적 보장에 초점을 두었다. 이 시기에는 군인의 심리적 문제나 가족 문제에 대한 체계적인 지원이 부족하였다. 우리나라에서는 2008년 「군인복지기본법」 시행을 통해 군사회복지가 제도적으로 확립되었다. 이후 군인의 삶의 질 향상이 국가 정책의 중요한 영역으로 포함되었다. 최근에는 군 복무 부적응, 우울과 불안, 자살 문제, 군 가족 문제 등 심리 · 사회적 영역까지 군사회복지가 확대되고 있다.

3) 군사회복지의 주요 실천 내용

◻ 군 복무 적응 지원

군사회복지는 군 복무 과정에서 발생하는 스트레스와 부적응 문제에 대해 상담과 개입을 제공한다. 이는 병영 내 폭력 예방과 자살 예방과도 밀접한 관련을 가진다.

◻ 군 가족 지원 실천

군인의 배우자와 자녀는 잦은 이동과 돌봄 부담으로 어려움을 겪을 수 있다. 군사회복지는 가족 상담과 자원 연계를 통해 군 가족의 안정성을 높인다.

◻ 위기 개입과 인권 보호

군사회복지는 자살 위험, 가혹행위, 인권 침해 상황에 개입하여 군인의 안전과 권리를 보호한다.

4) 군사회복지사의 역할

◻ 상담자 역할

군인의 심리적 어려움과 스트레스를 상담을 통해 완화한다.

◻ 위기 개입자 역할

응급 상황에서 즉각적인 개입과 연계를 수행한다.

□ 옹호자 역할

군인의 인권과 복지 향상을 위해 제도 개선과 정책 제안을 수행한다.

5) 군사회복지의 제도와 전달체계

□ 병영생활전문상담관 제도

병영생활전문상담관은 군 내에서 상담과 복지 서비스를 제공하는 핵심 인력으로, 군사회복지사의 역할을 수행한다.

□ 군 복지 전달체계

군사회복지는 국방부, 각 군 본부, 부대 단위 복지체계를 통해 전달되며, 민간 복지자원과의 연계도 점차 확대되고 있다.

6) 현대 군사회복지의 쟁점

□ 군 정신건강 문제의 심각성

군 복무 중 발생하는 우울, 불안, 자살 문제는 군사회복지의 핵심 과제이다.

□ 전문 인력 확충 문제

군사회복지 전문 인력의 부족과 처우 문제는 서비스 질 저하로 이어질 수 있다.

□ 군 문화 개선의 필요성

위계적 군 문화 속에서 복지 개입이 효과적으로 이루어지기 위한 구조적 개선이 요구된다.

> **예 군사회복지 사례: 군 복무 부적응에 대한 개입**
>
> F병사는 군 복무 중 지속적인 불안과 수면 문제를 겪었다. 군사회복지사는 상담과 의료연계를 통해 병사의 상태를 안정시키고, 지휘관과 협력하여 근무 환경을 조정함으로써 복무 지속이 가능하도록 지원하였다.

※ QR 코드로 더 알아보기			
● 의료사회복지		● 정신건강사회복지	

정리하기

1. 의료사회복지

의료사회복지는 질병과 상해를 신체 문제에 한정하지 않고, 환자와 가족의 심리 · 사회 · 경제적 어려움을 통합적으로 다루는 실천이다. 의료사회복지사는 치료팀의 일원으로서 위기 개입, 퇴원 계획, 지역사회 연계를 수행한다. 궁극적 목표는 치료 이후에도 환자가 일상과 사회로 안정적으로 복귀하도록 돕는 것이다.

2. 정신건강사회복지

정신건강사회복지는 정신질환을 개인의 결함이 아니라 생물 · 심리 · 사회적 요인의 상호작용으로 이해한다. 치료 중심 접근을 넘어 예방, 재활, 사회복귀를 포함하며 지역사회 통합을 핵심 가치로 삼는다. 사회복지사는 상담, 사례관리, 권리 옹호를 통해 회복 중심 실천을 수행한다.

3. 학교사회복지

학교사회복지는 학교 부적응, 정서 · 행동 문제, 학업중단을 예방하기 위해 상담, 가정 연계, 지역사회 자원 연계를 수행하며, 교육복지우선지원사업을 통해 부분적으로 제도화되어 왔다.

4. 산업사회복지

산업사회복지는 산업현장에서 근로자와 그 가족의 복지 증진을 목적으로 이루어지는 사회복지실천이다. 산업사회복지는 근로자를 노동력이 아닌 생활인으로 이해하며, 근로자의 삶의 질 향상이 조직과 사회 전체의 발전으로 이어진다는 관점에 기초한다. 직무 스트레스 관리, 산업재해 이후 재활과 복귀, 근로자 상담, 복지 제도 개선 등이 주요 실천 내용이다.

5. 교정사회복지

교정사회복지는 범죄자와 비행청소년을 대상으로 재범을 예방하고 사회복귀를 지원하는 사회복지실천이다. 교정사회복지는 처벌 중심 교정의 한계를 극복하고 재활과 재사회화를 강조한다. 교정시설 내 상담과 프로그램 운영, 출소 전·후 연계, 가족 지원, 보호관찰과의 협력이 핵심적인 실천 내용이며, 이는 사회 안전과 통합에 기여한다.

6. 군사회복지

군사회복지는 군 복무라는 특수한 환경 속에서 군인과 그 가족이 겪는 신체적·심리적·사회적 문제에 개입하는 사회복지실천이다. 군사회복지는 군인의 복지를 개인의 문제가 아닌 국가의 책임으로 이해하며, 「군인복지기본법」을 기반으로 제도화되었다. 군 복무 적응 지원, 정신건강 문제 개입, 위기 대응, 군 가족 지원, 인권 보호가 주요 내용이다.

- 의료사회복지사가 치료팀의 일원으로 활동해야 하는 이유는 무엇인가?
- 병원 중심 정신보건에서 지역사회 중심 정신건강으로 전환해야 하는 이유는 무엇인가?
- 학교사회복지가 학업중단 예방에 기여하는 방식은 무엇인가?
- 직무 스트레스 관리가 산업사회복지에서 중요한 이유는 무엇인가?
- 교정사회복지에서 가족 지원이 중요한 이유는 무엇인가?
- 군사회복지가 군인의 정신건강과 인권 보호에 기여하는 방식은 무엇인가?

CHAPTER 12

사회복지실천의 쟁점

CONTENTS

■ 이 장의 학습목표

사회복지실천은 왜 '선택의 학문'인가? 사회복지실천은 단순히 서비스를 제공하는 기술이 아니라, 매 순간 선택을 요구받는 전문적 판단의 과정이다. 사회복지사는 "어디에서 살아야 하는가", "누구를 변화의 대상으로 삼아야 하는가", "누가 결정권을 가져야 하는가"와 같은 질문 앞에 서게 된다. 이 질문들은 모두 정답이 하나로 정해져 있지 않으며, 서로 충돌하는 가치 사이에서 균형을 요구한다는 점에서 쟁점이 된다. 특히 제10장에서 살펴본 미시적 실천기술과 PIE 관점은, 개인의 삶에 깊이 개입할수록 이러한 가치 갈등이 더욱 선명해진다는 사실을 보여준다. 제13장은 이러한 맥락에서, 사회복지실천이 마주하는 대표적인 쟁점들을 살펴보고, 사회복지사가 어떤 기준과 관점으로 판단해야 하는지를 탐색하고자 한다.

- 시설보호와 지역사회 통합돌봄의 특징을 비교하고, 정상화(Normalization) 관점에서 탈시설화의 흐름을 설명할 수 있다.
- 상류(upstream)와 하류(downstream)비유를 통해 개인의 변화와 사회개혁의 상호 보완성을 분석할 수 있다.
- 당사자주의의 핵심인 자기결정권과 사회복지사의 보호 책임(온정주의) 사이의 긴장 관계를 사례에 적용할 수 있다.

12 CHAPTER

사회복지실천의 쟁점

1. 시설보호와 지역사회 통합돌봄: “어디서 살 것인가”

1) 시설보호: 안전과 관리의 요새

시설보호(institutional care)는 도움이 필요한 사람을 일정한 공간에 모아, 24시간 전문적인 보호와 서비스를 제공하는 방식이다. 아동양육시설, 장애인 거주시설, 노인요양시설 등은 오랫동안 사회복지실천의 중요한 축을 담당해 왔다. 시설보호의 가장 큰 장점은 안전성과 관리의 효율성이다. 전문 인력이 집중적으로 배치되고, 위기 상황에 즉각 대응할 수 있으며, 가족의 돌봄 부담을 경감할 수 있다. 그러나 시설보호는 동시에 시설화(institutionalization)’라는 부작용을 동반할 수 있다. 장기간 시설에 머물면서 개인의 선택권이 제한되고, 생활이 집단적 규칙에 의해 운영되면 의존성이 강화되고 개별성은 약화될 수 있다. 이는 단순한 생활 방식의 문제가 아니라, 삶의 주도권이 누구에게 있는가라는 근본적인 질문으로 이어진다.

2) 지역사회 통합돌봄: 평범한 일상의 복원

지역사회 통합돌봄(community care)은 한 문장으로 요약하면 삶의 장소를 바꾸는 대신, 지원의 방식을 바꾸는 것이다. 기존 시설 중심 체계가 안전한 공간으로 옮겨 보호하는 방식이었다면, 지역사회 통합돌봄은 살던 곳에서 계속 살 수 있도록 지역사회가 필요한 지원을 묶어서 제공하는 방식이다. 즉, 문제가 생기면 사람을 이동시키는 것이 아니라 서비스가 사람에게로 이동한다. 이 접근이 중요한 이유는 단순히 거주 형태의 변화 때문이 아니다. 지역사회 통합돌봄이 겨냥하는 핵심은 삶의 주도권(선택 · 자기결정)과 사회적 통합(이웃과 함께 사는 삶)이다. 즉, "어디서 사는가"는 곧 "어떤 관계 속에서 사는가", "하루의 리듬을 누가 결정하는가", "내가 내 삶의 주인인가"라는 질문으로 확장되기 때문이다.

(1) 지역사회 통합돌봄이 등장한 배경: '시설이 해결하지 못한 문제들'

지역사회 통합돌봄은 시설보호를 완전히 부정하는 운동이 아니라, 시설 중심 보호가 해결하지 못한 문제에 대한 응답으로 등장했다. 특히 다음과 같은 배경이 반복적으로 지적된다.

① 장기 시설생활의 부작용(시설화)

시설은 안전을 제공할 수 있지만, 장기화되면 생활의 선택권이 줄고, "내가 결정하는 삶"이 약화될 수 있다. 예컨대 식사 시간, 외출, 활동 참여가 규칙으로 고정되면 편리함과 안정은 생기지만, 동시에 자기결정의 연습 기회가 줄어든다.

② 가족 구조 변화와 돌봄의 한계

현대 사회에서는 가족이 전통적으로 담당해오던 돌봄 기능이 약해지고 있다. 돌봄이 필요한 사람이 늘어나는 반면(고령화 등), 가족이 전담하기는 어렵다. 이때 시설만으로 돌봄을 해결하려 하면, 지역사회 기반의 생활 지원 체계가 오히려 빈약해질 수 있다.

③ '보호'는 되었지만 '삶'은 남지 않는 문제

시설은 생존을 보장하지만, 삶의 의미(일, 취미, 관계, 지역사회 참여)를 충분히 제공하지 못할 때가 있다. 지역사회 통합돌봄은 바로 이 지점에서 "생활(생활세계)을 회복하는 실천"으로 강조된다.

(2) 지역사회 통합돌봄의 핵심 가치: 정상화와 '평범한 삶'

지역사회 통합돌봄을 이해할 때 가장 중요한 개념이 정상화(normalization)이다. 정상화는 장애나 질병이 있더라도 가능한 한 평범한 일상을 누릴 권리가 있다는 원리로, 단순히 정상처럼 만들어야 한다는 뜻이 아니다. 오히려 정상화는 특별한 공간에 격리된 삶이 아니라, 이웃과 함께 살아가는 삶을 기본값으로 보자는 선언에 가깝다. 정상화가 중요한 이유는, 이것이 곧 실천가의 판단 기준으로 연결되기 때문이다. 예를 들어 같은 지원이라도, 시설에서 규칙에 맞춰 제공되는 지원은 관리 중심이 되기 쉽고, 지역사회에서 개인의 생활 패턴에 맞춰 조정되는 지원은 당사자의 선택이 중심이 되기 쉽다. 즉, 지역사회 통합돌봄은 서비스의 양보다 삶의 방식을 바꾸려는 접근이다. 쉬운 비유로 시설보호가 안전한 배에 태워주는 것이라면, 지역사회 통합돌봄은 살던 길에서 다시 걷도록 돕는 것이다. 지도를 주는 것(정보 제공)뿐 아니라, 함께 걸으며 넘어지지 않게 잡아주는 과정(조정 · 동행)이 포함된다.

(3) 커뮤니티케어의 구성요소: '지역사회에서 살기 위해 필요한 것들'

지역사회 통합돌봄은 한 가지 서비스가 아니다. 지역사회에서 계속 살기 위해 필요한 요소를 묶어 제공하는 통합 패키지에 가깝다. 이를 최소한 다음 5개 영역으로 나누어 제시하면 다음과 같다.

① 주거(housing): "살 곳이 있어야 케어가 시작된다"

지역사회 통합돌봄의 출발점은 주거다. 돌봄이 필요하더라도 안정적으로 머물 수 있는 공간이 없다면, 방문 서비스도 사례관리도 작동하지 않는다. 따라서 실천에서는 주거 안정성(임대료 체납, 강제 퇴거 위험, 동거 갈등 등)을 먼저 점검하는 경우가 많다.

② 보건·의료(health): "치료가 아니라 생활 속 건강관리"

지역사회에서 생활하려면 정기적 진료, 약물 관리, 만성질환 관리가 필요하다. 시설은 내부 관리가 가능하지만 지역사회는 스스로 관리해야 하므로, 복약지원, 방문간호, 건강 모니터링같은 연결이 중요해진다.

③ 돌봄(care): "일상 기능을 유지하는 실질적 지원"

식사, 위생, 이동, 안전 확인 같은 기본 활동(일상생활 및 수단적 일상생활 수행능력: ADL/IADL)이 어려운 경우, 방문요양 · 활동지원 · 가사지원 · 식사배달 등 생활 유지형 서비스가 핵심이 된다.

④ 일상생활 지원(daily living): "생활을 굴러가게 하는 장치"

돌봄만으로는 부족하다. 공과금 납부, 장보기, 병원 동행, 관공서 업무 같은 일상 지원이 없으면 생활이 무너진다. 이 영역이 지역사회 통합돌봄에서 실제로 가장 많이 요청되는 부분이다.

⑤ 사회참여·관계(social participation): "혼자 사는 것과 함께 사는 것은 다르다"

지역사회 생활이 성공하려면 관계망이 필요하다. 고립은 우울과 건강 악화로 이어지고, 다시 돌봄 부담을 키워 시설 재입소 가능성을 높인다. 따라서 지역사회 통합돌봄은 이웃 관계, 자조모임, 일자리/활동, 지역 프로그램 참여까지 포함해 설계되어야 한다.

(4) 지역사회 통합돌봄 전달체계의 핵심: 통합돌봄은 조정이 핵심이다.

지역사회 통합돌봄은 서비스를 많이 주는 것이 아니라, 서비스가 흩어지지 않게 조정하는 것이 핵심이다. 같은 사람이 복지 · 보건 · 주거 · 돌봄 서비스를 각각 다른 기관에서 따로 받게 되면, 절차는 복잡해지고 중복 · 누락이 생긴다. 그러면 당사자는 포기한다. 따라서 지역사회 통합돌봄에서 실천가의 핵심 역량은 케어 코디네이션(care coordination), 즉 조정 능력이다. 이 능력은 다음 요소로 구체화할 수 있다.

① 케어회의(다기관 협의): 역할 중복/공백 조정

② 케어플랜(통합계획): 목표-서비스-담당-일정-지표를 한 장으로 정리

③ 단일 창구(원스톱 안내): 정보를 한 번에 이해하도록 구조화

④ 모니터링(추적관리): 연결한 서비스가 실제로 제공되는지 확인

(5) 지역사회 통합돌봄 실천 과정: 발굴-사정-계획-연계-모니터링-평가

지역사회 통합돌봄은 제10장 미시적 실천의 문제해결 과정(사정-계획-개입-평가)과 연결해서 이해할 수 있다. 단, 지역사회 통합돌봄은 지역사회 현장에서 사례를 발굴하는 것과 모니터링의 비중이 매우 크다고 할 수 있다.

① 발굴(outreach): 위기가구 · 고립가구를 찾아내는 단계
② 사정(assessment): pie 관점으로 개인/환경 요인과 위험 우선순위 판단
③ 계획(planning): 통합 돌봄 목표(단기 · 중장기)와 케어플랜 합의
④ 연계(linkage): 주거 · 돌봄 · 의료 · 복지 자원 실제 연결(서류, 동행 포함)
⑤ 모니터링(monitoring): 서비스 제공 여부, 변화 지표, 부작용 점검
⑥ 평가(evaluation): 재발 예방 가능성, 자립 정도, 서비스 조정 필요 판단

(5) 지역사회 통합돌봄에서 사회복지사의 대표 과업

지역사회 통합돌봄은 정책 슬로건이 아니라 사회복지사의 실천 과업으로 구체화하여 이해할 필요가 있다. 사회복지사의 대표 과업으로는 다음과 같다.

① 사정 과업: 주거 안정성, 안전 위험, 지지체계, 제도 접근 장벽 파악
② 동의 · 설명 과업: 서비스 낙인감과 거부감을 완화하는 설명/선택권 제공
③ 연계 과업: 신청 서류 준비, 기관 동행, 대기기간 · 비용 · 자격 확인
④ 조정 과업: 기관 간 회의 주재, 역할 분담, 중복/공백 조정
⑤ 모니터링 과업: 서비스 중단 신호(결석, 연락두절, 위기 발언) 조기 발견
⑥ 옹호 과업: 지역 격차 · 접근 장벽을 사례로 축적해 제도 개선 요구로 연결

> **예** **[사례 1] "집은 있는데, 집에서 살 수가 없어요."**
> 뇌졸중 후유증이 있는 C씨는 집에 살고 있지만, 욕실 이동이 어려워 넘어짐 위험이 크다. 가족은 맞벌이로 낮 시간 돌봄이 어렵다. C씨는 "시설로 가야 하나요?"라고 묻는다. 이때 지역사회 통합돌봄 접근은 "시설 입소"를 곧바로 선택하기보다, 주거 환경 개선(손잡이, 미끄럼 방지), 방문요양, 식사 지원, 복약관리, 응급안전장치를 통합해 C씨가 집에서 살 수 있게 만드는 방향으로 계획을 세운다. 핵심은 C씨의 문제가 집이 없음이 아니라 집에서 살 수 있는 조건의 부족이라는 점을 사정에서 정확히 잡아내는 것이다.

> **예** **[사례 2] "나의 현관문 열쇠를 갖고 싶어요."**
> 장애인 거주시설에서 20년을 살아온 B씨는 자신의 방을 잠가본 경험이 없었다. 지역사회 통합돌봄을 통해 자립생활주택으로 이사한 뒤, 그는 처음으로 '내 집 열쇠'를 갖게 되었다. 여기서 강조해야 할 포인트는 안전이 약해졌다가 아니라, 열쇠가 상징하는 의미다. 열쇠는 단순한 물건이 아니라 "내 공간을 내가 통제한다", "내가 들어가고 나오는 시간을 내가 결정한다"는 자기결정권의 상징이다. 즉, 지역사회 통합돌봄은 물리적 공간 이전이 아니라 자율성의 회복을 목표로 한다.

(7) 커뮤니티케어의 현실적 쟁점: '이상'과 '현장' 사이

커뮤니티케어는 가치적으로 매력적이지만, 현실에서는 다음과 같은 쟁점이 반드시 발생한다.

① 돌봄 공백의 위험

지역사회 인프라가 부족하면, 시설에서 나왔지만 아무 지원도 없는 상태가 될 수 있다. 이는 곧 위험의 개인화다. 따라서 지역사회 통합돌봄은 탈시설만으로 완성되지 않고, 지역 자원 확충이 같이 가야 한다.

② 지역 간 격차(서비스 접근성 불평등)

같은 욕구라도 어떤 지역은 서비스가 풍부하고, 어떤 지역은 대기자가 길다. 지역사회 통합돌봄은 오히려 지역 격차를 더 드러내기도 한다. 이때 사회복지사는 개별 사례를 돕는 것을 넘어, 지역 격차를 자료로 축적하고 옹호 활동으로 연결하는 상류적 과업을 수행할 수 있다.

③ 가족 부담의 재전가 위험

지역사회 통합돌봄을 가족이 돌보고 국가는 조금 지원하는 체계로 오해하면, 결과적으로 부담이 다시 가족에게 전가될 수 있다. 그래서 지역사회 통합돌봄은 가족 돌봄이 아니라 사회적 돌봄의 조직화라는 점을 분명히 해야 한다.

④ 자기결정권 vs 안전(온정주의 갈등)

당사자가 시설은 선호하지 않을 때, 위험을 이유로 시설을 권유하는 순간 온정주의가 개입될 수 있다. 지역사회 통합돌봄은 이 갈등을 피하지 않는다. 오히려 위험을 낮추는 대안(응급안전장치, 방문확인, 동행지원)을 구성해 자기결정권을 지키는 방향으로 실천을 설계한다.

2. 개인의 변화와 사회개혁: "누구를 바꿀 것인가"

사회복지실천의 가장 오래된 논쟁 중 하나는 개인을 변화시킬 것인가, 사회를 변화시킬 것인가라는 질문이다. 이 질문은 단순한 이론적 선택이 아니라, 사회복지사가 현장에서 어떤 개입을 우선할 것인지, 자신의 역할을 어디까지 확장할 것인지를 결정하는 실천적 기준이 된다.

제10장에서 학습한 미시적 실천은 개인의 삶에 직접 개입하는 강점을 지니지만, 동시에 반복되는 문제 앞에서 한계를 경험한다. 이러한 맥락에서 제12장은 개인 변화 중심 실천과 사회개혁 중심 실천을 상류-하류(upstream-downstream) 비유를 통해 통합적으로 이해하도록 돕는다.

1) 하류 실천: 개인의 변화와 즉각적 개입

하류 실천(downstream)은 이미 어려움에 빠진 개인을 직접 돕는 실천이다. 이는 흔히 물에 빠진 사람을 당장 건져내 인공호흡을 하는 것에 비유된다. 상담, 위기 개입, 경제적 지원, 사례관리, 치료개입 등은 모두 하류 실천의 대표적인 형태이다. 하류 실천의 가장 중요한 가치는 즉각성이다. 눈앞에서 고통받는 개인을 외면한 채 구조적 문제만을 이야기하는 것은 사회복지 윤리에 부합하지 않는다. 실제로 자살 위험, 학대, 노숙, 생계 위기와 같은 상황에서는 개인에 대한 직접 개입이 없으면 생명과 안전이 위협받는다. 또한 하류 실천은 개인의 기능 회복과 자기효능감 강화에 중요한 역할을 한다. 상담과 지지를 통해 "나는 도움을 받을 수 있는 사람", "다시 시도할 수 있는 사람"이라는 인식을 갖게 되면, 이는 이후 변화의 출발점이 된다. 그러나 하류 실천은 구조적 조건을 그대로 둔 채 개인의 적응만을 요구할 위험을 내포한다. 개인이 아무리 노력해도, 그가 다시 돌아가는 환경이 동일하다면 문제는 반복된다. 이는 사회복지사가 현장에서 가장 자주 경험하는 재발의 딜레마이다. 하류 실천을 사회복지사가 실제로 수행하는 과업 단위로 제시하면 다음과 같다. 이 과업들은 모두 개인의 삶을 지금 여기'에서 지탱하기 위한 실천이라는 공통점을 가진다.

① 위기 사정 및 안전 확보(자살 · 학대 · 방임 위험 평가)

② 정서적 지지와 상담 개입

③ 단기 생계 · 주거 · 의료 지원 연계

④ 기능 회복을 위한 단계적 목표 설정

⑤ 사례 기록과 변화 추적

2) 상류 실천: 사회개혁과 구조적 개입

상류 실천(upstream)은 사람들이 왜 반복적으로 물에 빠지는지를 묻는 실천이다. 이는 상류에 울타리를 치거나 다리를 놓는 작업에 비유된다. 상류 실천은 개인의 문제가 사회 구조와 제도에서 비롯된다는 인식에 기반하며, 정책 변화와 제도 개혁을 통해 문제의 발생 자체를 줄이려는 접근이다. 예를 들어 상담을 통해 우울 증상을 완화하더라도, 개인이 다시 돌아가는 환경이 불안정한 노동 구조, 차별적 제도, 돌봄 공백이라면 우울은 다시 시작될 가능성이 높다. 이때 사회복지실천은 개인 개입에 머무르지 않고, 구조적 문제를 드러내고 개선을 요구하는 방향으로 확장될 필요가 있다. 상류 실천은 종종 현실과 거리가 먼 이상으로 오해되지만, 실제로는 미시적 실천에서 축적된 사례와 경험을 정책 언어로 전환하는 과정이다. 즉, 상류 실천은 현장과 분리된 것이 아니라, 현장에서 출발한다.

상류 실천을 사회복지사가 실제로 수행하는 과업 단위로 제시하면 다음과 같다.

① 반복되는 문제의 구조적 원인 분석

② 사례 데이터의 축적 및 정책적 의미화

③ 제도 접근 장벽에 대한 문제 제기

④ 공청회, 토론회, 캠페인, 연대 활동 참여

⑤ 정책 옹호(advocacy) 및 제도 개선 요구

> 예 **[사례 3] "한부모 가정의 빈곤"**
> 한부모 가정에 대해 사회복지사는 양육 상담과 부모 교육을 제공한다. 이는 분명 필요한 하류 실천이다. 그러나 동일한 가정이 반복적으로 빈곤 위기를 겪는다면, 이는 개인의 역량 부족이 아니라 양육비 이행 제도의 미비, 돌봄 인프라 부족, 노동시장 구조와 연결되어 있다. 이때 사회복지사는 개별 사례를 돕는 데서 멈추지 않고, 유사 사례를 모아 제도 개선을 요구하는 상류 실천으로 나아갈 수 있다.

3) 하류와 상류의 관계: 선택이 아니라 연결

하류 실천과 상류 실천은 선택의 문제가 아니다. 어느 하나를 포기하면 사회복지실천은 균형을 잃는다. 하류 실천 없는 상류 실천은 공허한 구호가 되기 쉽고, 상류 실천 없는 하류 실천은 끝없는 재발 관리로 전락할 위험이 있다. 따라서 사회복지사의 전문성은 지금은 하류, 다음은 상류, 혹은 개인을 돕되 구조를 함께 본다는 연결의 능력에서 드러난다. 이는 제10장에서 학습한 PIE 관점이 이번 장에서 가치 차원으로 확장되는 지점이다.

3. 당사자주의와 온정주의: "누가 결정할 것인가"

사회복지실천에서 가장 민감하면서도 피할 수 없는 질문은 "누가 이 사람의 삶을 결정할 권한을 가지는가"이다. 당사자주의와 온정주의의 논쟁은 바로 이 질문에 대한 서로 다른 답을 보여준다.

1) 당사자주의: 수혜자에서 주체로의 전환

당사자주의는 클라이언트를 단순한 보호 대상이나 서비스 수혜자가 아니라, 자신의 삶에 대해 가장 잘 알고 있는 주체로 인식하는 관점이다. 이는 사회복지사가 '답을 가진 전문가'가 아니라, 결정을 함께 만들어 가는 협력자가 되어야 함을 의미한다. 당사자주의는 자기결정권, 참여, 존중이라는 사회복지의 핵심 가치를 실천 수준에서 구현하려는 시도이다. 서비스 계획, 목표 설정, 개입 과정 전반에 당사자가 참여할수록 실천의 지속 가능성과 효과는 높아진다.

2) 자기결정권의 의미와 한계

자기결정권은 내 삶은 내가 결정한다는 원칙이다. 이는 사회복지실천에서 매우 강력한 윤리적 기준이다. 그러나 자기결정권은 언제나 위험을 동반한 선택의 가능성을 포함한다. 문제는 이 위험을 어디까지 허용할 것인가이다.

3) 온정주의: 보호 책임의 논리

온정주의(paternalism)는 당신을 위해 내가 대신 결정한다는 태도이다. 이는 특히 아동, 치매 노인, 정신적 위기 상태의 대상자처럼 판단 능력이 제한되었거나 안전이 위협되는 상황에서 등장한다. 온정주의는 무조건 부정되어야 할 개념이 아니라, 보호 책임이라는 사회복지사의 또 다른 의무를 드러낸다. 쟁점은 온정주의 자체가 아니라, 그것이 과도한 통제로 작동하는 지점이다.

4) 실천의 핵심 질문: 어디까지 개입할 것인가

당사자주의와 온정주의 사이의 판단은 다음 질문을 통해 구체화될 수 있다.

- 현재 선택이 생명 · 안전을 즉각적으로 위협하는가?
- 위험을 줄일 수 있는 덜 침해적인 대안은 없는가?
- 정보 제공과 협의 과정을 충분히 거쳤는가?
- 개입의 범위와 기간은 최소화되어 있는가?

5) OX로 보는 당사자주의 화법

다음은 알코올 의존이 있는 클라이언트가 치료를 거부하는 상황에서 당사자주의를 기반으로 한 사회복지사의 관점과 화법의 예시이다.

- (X) "이러다 죽습니다. 제 말 듣고 당장 입소하세요."
  → 공포 유발, 통제 중심, 관계 단절 위험
- (O) "술이 현재 삶에서 갖는 의미를 존중합니다. 다만 건강 수치를 보면 이런 위험이 예상됩니다. 위험을 줄일 수 있는 선택지를 함께 정리해볼 수 있을까요?"
  → 정보 제공, 협력, 자기결정권 존중

6) 당사자주의 실천을 위한 사회복지사의 과업

당사자주의 실천은 당사자의 선택을 무조건 따르거나 개입을 최소화하는 접근이 아니다. 이는 당사자가 자신의 삶에 관한 결정을 스스로 내릴 수 있도록 정보, 조건, 안전을 함께 보장하는 전문적 실천 방식이다. 따라서 사회복지사는 자율성을 존중하는 동시에 위험을 관리하고, 필요시 보호 개입으로 전환할 수 있는 판단 책임을 함께 부담한다. 이러한 관점에서 당사자주의 실천을 수행하기 위해 사회복지사가 수행해야 할 주요 과업은 다음과 같다.

(1) 충분한 정보 제공과 선택지 제시

당사자주의 실천의 출발점은 당사자가 자신의 상황과 선택의 의미를 충분히 이해할 수 있도록 돕는 것이다. 사회복지사는 서비스의 내용, 장단점, 예상되는 결과를 이해 가능한 언어로 설명하고, 단일한 해답이 아니라 복수의 현실적인 선택지를 제시해야 한다. 이는 선택을 대신해 주는 것이 아니라, 선택할 수 있는 조건을 마련하는 과정이다.

(2) 위험 평가와 기록

당사자의 선택이 안전과 권리에 미치는 영향을 사전에 검토하는 것은 사회복지사의 핵심 책임이다. 사회복지사는 신체적 · 정신적 · 사회적 위험을 체계적으로 평가하고, 그 판단 근거와 과정, 당사자의 의사를 객관적으로 기록해야 한다. 이러한 기록은 전문적 판단의 투명성을 확보하고, 이후 개입 전환의 근거가 된다.

(3) 최소 침해 원칙에 따른 개입 설계

개입이 필요한 경우에도 사회복지사는 당사자의 자율성을 가장 적게 제한하는 방식을 우선적으로 고려해야 한다. 즉, 통제나 강제보다는 지원과 조정 중심의 개입을 설계하며, 불가피한 제한이 필요한 경우에도 그 범위와 기간을 최소화한다. 이는 보호와 자율성 간의 균형을 유지하기 위한 원칙이다.

(4) 당사자의 의사 변화에 대한 지속적 점검

당사자의 의사는 고정된 것이 아니라 상황과 경험에 따라 변화할 수 있다. 사회복지사는 초기 의사 표현에만 의존하지 않고, 개입 과정 전반에서 당사자의 생각과 감정의 변화를 지속적으로 확인해야 한다. 이를 통해 실천이 당사자의 현재 욕구와 괴리되지 않도록 조정한다.

(5) 필요시 옹호와 보호 개입의 전환

당사자의 선택이 중대한 위험으로 이어질 가능성이 높거나, 학대 · 방임 · 자기 위해 상황이 확인되는 경우에는 개입의 성격을 전환해야 한다. 이때 사회복지사는 당사자의 권리를 옹호하면서도, 안전 확보를 위한 보호 개입을 책임 있게 수행해야 한다. 이는 당사자주의를 포기하는 것이 아니라, 생명과 존엄을 지키기 위한 전문적 판단에 따른 전환이다.

사회복지실천의 쟁점은 결국 윤리적 선택의 문제로 귀결된다. 시설과 지역사회, 개인과 사회, 자기결정과 보호 사이에서 사회복지사는 언제나 균형을 요구받는다. 이때 사회복지사에게 기준이 되는 것은 사회복지사 윤리강령이다. 윤리강령은 사회복지사가 어떤 선택을 해야 하는지를 기계적으로 알려주지는 않지만, 어떤 방향을 향해 판단해야 하는지를 제시하는 나침반이 된다. 이 장에서 다룬 쟁점들은 사회복지실천을 어렵게 만드는 요소이면서도, 동시에 전문직으로서의 성장을 가능하게 하는 핵심 질문들이다. 사회복지사는 이 질문들 앞에서 끊임없이 성찰하며, 가치와 현실 사이에서 책임 있는 선택을 내려야 한다.

※ QR 코드로 더 알아보기

- **지역사회 통합돌봄**

정리하기

1. 시설보호와 지역사회 통합돌봄의 개념

- 지역사회 통합돌봄은 사람을 옮기는 것이 아니라 지원을 이동시키는 접근이다.
- 핵심 가치는 정상화(normalization)로 평범한 일상의 권리를 의미한다.
- 구성요소는 주거 · 의료 · 돌봄 · 일상지원 · 사회참여의 통합 패키지다.
- 성공의 핵심은 "서비스 수"가 아니라 조정(케어 코디네이션)이다.
- 현실 쟁점은 돌봄 공백 · 지역격차 · 가족부담 재전가 · 자기결정권 vs 안전의 갈등이다.

2. 상류와 하류 실천의 관계

- 하류 실천은 즉각적 고통 완화와 개인 회복에 필수적이다.
- 상류 실천은 문제의 재발을 줄이기 위한 구조적 개입이다.
- 사회복지실천의 핵심은 둘 중 하나가 아니라, 둘을 연결하는 판단 능력이다.

3. 당사자주의 실천의 원칙

- 참여: 계획 전 과정에 당사자가 참여하는 것이다.
- 강점: 문제보다 자원과 역량에 주목하는 것이다.
- 옹호: 목소리를 내기 어려울 때 대변하는 것이다.

- 지역사회 자원이 부족한 상황에서 지역사회 통합돌봄을 추진하면 어떤 윤리적 문제가 생길 수 있을까?
- 미시적 실천 과정에서 구조적 문제가 반복적으로 드러난다면, 사회복지사는 어떤 역할을 할 수 있을까?
- 당사자의 선택이 명백한 위험을 동반할 때, 사회복지사의 개입은 어디까지 정당화될 수 있을까?

CHAPTER 13

사회복지 전망

CONTENTS

1. 사회적 가치와 제도의 변화에 따른 복지 제도의 대응
2. 4차 산업혁명 시대의 사회복지
3. 불평등의 다차원화와 사회복지의 대응
4. 새로운 복지 제도의 논의

■ 이 장의 학습목표

사회복지는 언제나 사회 변화에 대한 응답으로 발전해 왔다. 산업화와 도시화가 빈곤과 노동 문제를 낳았고, 이에 대응하여 사회보험과 공공부조가 형성되었듯이, 오늘날의 사회복지 역시 새로운 사회적 조건 속에서 재구성될 필요에 직면해 있다. 인구 고령화와 저출생, 가족 구조의 변화, 노동의 불안정화, 그리고 기술 발전에 따른 삶의 방식 변화는 기존 사회복지 제도의 전제 자체를 흔들고 있다. 특히 4차 산업혁명으로 대표되는 기술 변화는 고용 구조와 사회적 위험의 양상을 근본적으로 변화시키며, 사회복지의 역할과 방향에 대한 재검토를 요구하고 있다. 이 장에서는 이러한 사회적 변화가 사회복지에 어떤 도전을 제기하는지 살펴보고, 사회격차 해소와 포용성 강화를 위한 사회복지의 미래적 과제를 탐색하고자 한다.

- 인구구성, 가족구조, 노동 방식, 가치관 변화가 사회복지 제도에 미치는 영향을 설명할 수 있다.
- 4차 산업혁명 시대의 기술 변화가 사회적 위험과 복지 수요를 어떻게 변화시키는지 이해할 수 있다.
- 사회격차 확대와 새로운 불평등 문제에 대응하기 위한 사회복지의 역할을 설명할 수 있다.
- 기본소득을 포함한 새로운 사회복지 제도의 논의와 쟁점을 비판적으로 검토할 수 있다.

13 CHAPTER

사회복지 전망

1. 사회적 가치와 제도의 변화에 따른 복지 제도의 대응

현대 사회에서 사회복지를 둘러싼 가장 근본적인 변화는 사회를 구성하는 기본적 조건들이 구조적으로 재편되고 있다는 점에 있다. 인구구성의 변화, 가족 형태의 다변화, 노동 방식의 전환, 그리고 규범과 가치관의 변화는 기존 사회복지 제도가 전제로 삼아 왔던 사회적 기반을 재검토하도록 요구하고 있다.

1) 인구 구성의 변화에 따른 대응

저출생과 고령화는 더 이상 미래의 문제가 아니라 현재 진행형의 구조적 변화이자 우리 사회의 실존적 위기이다. 첫째, 저출생이 심화되고 있다. 2015년 합계

출산률 1.23명이었던 것이 2024년 0.748명으로 급격히 낮아졌다. 이는 OECD 국가 중 유일하게 1.0미만으로 최하위로 매우 낮은 수준을 기록 중이다. 이러한 초저출생의 지속문제는 국가 공동체의 존립 자체를 위협하는 요소가 되고 있다. 둘째, 고령화가 가속화되고 있다. 2024년 12월 65세 노인인구가 1,000만 명을 돌파하였으며 2025년 초고령사회로 진입하였다. 고령화 속도는 향후 더욱 빨라져 2036년 전체 인구의 30%, 2050년에는 40%를 돌파할 것으로 예측된다. 이로 인해 한국은 전 세계에서 가장 고령화된 국가가 될 가능성이 매우 높다. 이와 같은 인구 구조의 변화는 생산가능인구(15~64세)의 감소와 노년 부양비의 급증을 초래하며, 사회복지 제도 전반에 다음과 같은 과제를 던지고 있다.

◻ 지속 가능성의 위기

생산가능인구의 감소는 사회보험 기여금(수입)의 감소로 이어지는 반면, 급증하는 노인 인구는 연금과 의료비 지출(지출)을 폭발적으로 증가시킨다. 이는 국민연금의 재정 고갈 우려, 노인장기요양보험의 적자 전환 등 기존 사회보장 시스템의 재정적 지속 가능성을 심각하게 위협한다.

◻ 세대 간 형평성의 문제

한정된 복지 자원을 어느 세대에 우선 배분할 것인가를 둘러싼 갈등이 심화되고 있다. 노인 빈곤 해결을 위한 기초연금 확대와 청년층의 미래 보장을 위한 연금 개혁 사이의 충돌은 사회복지가 해결해야 할 핵심 과제이다. 이는 단순한 자원 배분을 넘어 세대 간 연대를 기반으로 한 새로운 사회적 합의를 요구한다.

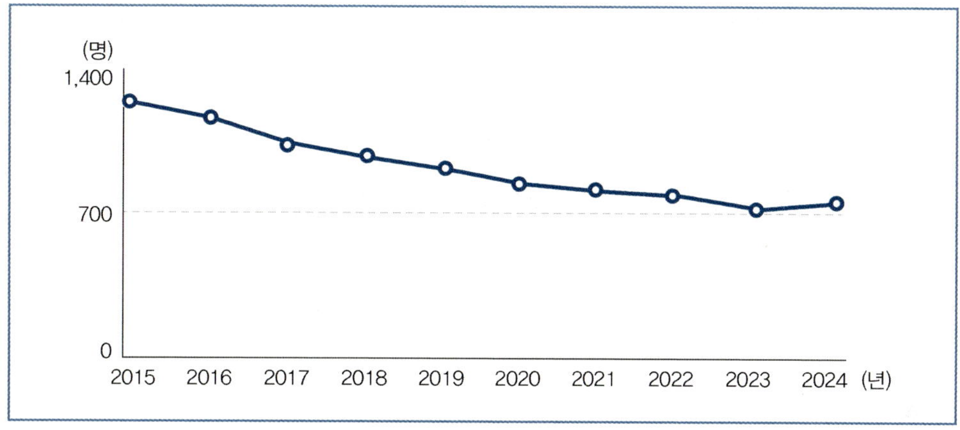

[그림 13-1] 합계출생률의 변화

출처: 국가데이터처 (2026). 합계출생률의 변화.

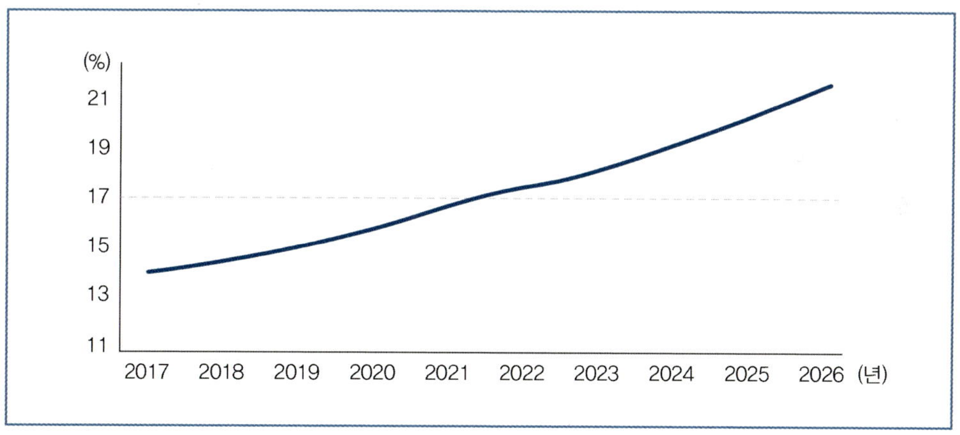

[그림 13-2] 고령인구비율

출처: 국가데이처터 (2026). 장래인구추계.

2) 가족 구조의 변화에 따른 대응

가족은 전통적으로 구성원의 생계를 책임지고 돌봄을 수행하는 복지의 일차적 보편 단위였다. 그러나 현대 사회의 가족은 그 형태와 기능에서 근본적인 해체와 재구성을 경험하고 있으며, 이는 가족 중심의 사회복지 설계에 커다란 변화를 요구하고 있다.

(1) 1인 가구의 보편화와 가족 중심 제도의 한계

과거 사회복지 제도는 부부와 자녀로 구성된 4인 표준 가구를 상정하여 설계되었다. 하지만 현재 우리나라는 1인 가구가 가장 지배적인 가구 형태로 자리 잡았다. 국가데이터처(2026)에 따르면 2016년 539.8만 가구로 전체 가구의 27.9%였으나 2024년 804.5만 가구로 전체 가구의 36.1%를 차지하였다. 2050년에는 40%를 넘어설 것으로 전망된다. 이러한 1가구 증가와 지배적 가구형태로의 대두는 건강보험, 기초연금, 연말정산 등 많은 제도가 여전히 부양의무자를 기준으로 운영되고 있어, 가족의 지지 체계가 없는 1인 가구는 위기 상황에서 제도적 사각지대에 처할 수 있는 문제가 있다. 또한 사회적 관계망이 단절된 상태에서 홀로 죽음을 맞이하는 고립사(social isolation death)의 문제가 고령층뿐만 아니라 중장년층, 청년층 가지 확산되는 문제 발생 가능성을 높이고 있다.

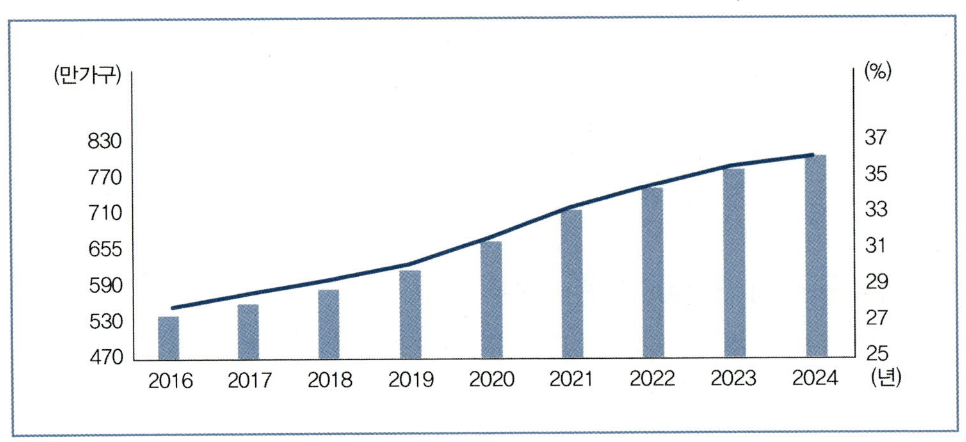

[그림 13-3] 연도별 1인 가구 수

출처: 국가데이터처 (2026). 인구총조사.

(2) 가족 형태의 다변화와 포용적 복지

비혼과 만혼의 증가, 이혼 및 재혼의 보편화, 한부모 가족, 다문화 가족, 노인 단독 가구 등 가족의 모습은 매우 다채로워졌다.

① 규범적 가족관의 탈피

이제 사회복지는 '정상 가족'이라는 틀에서 벗어나, 혈연이나 혼인 관계가 아니더라도 함께 거주하며 생계를 공유하는 다양한 생활 공동체를 제도적 범위 안으로 포용해야 한다.

② 개인 단위의 수급권

가족의 소득이나 재산을 합산하여 수급 자격을 결정하는 방식에서 벗어나, 개개인의 권리에 기반한 복지 수급권으로 패러다임을 전환해야 한다는 논의가 활발히 진행되고 있다.

③ 지역사회 통합 돌봄

병원이나 시설에 수용하는 방식이 아니라, 자신이 살던 집과 지역사회에서 필요한 돌봄 서비스를 받으며 존엄하게 늙어갈 수 있도록 돕는 체계가 안정적으로 진행될 필요가 있다.

3) 삶과 일의 방식 변화에 따른 대응

전통적인 사회보장 체계는 '표준적 고용 관계', 즉 전일제 정규직 임금 노동자를 모델로 설계되었다. 그러나 디지털 전환과 긱 경제(Gig economy)의 확산은 노동과 소득의 정형성을 해체하며 기존 제도의 한계를 드러내고 있다.

(1) 비전형 노동의 확산과 새로운 위험

플랫폼 노동, 프리랜서, 특수고용직 등 비전형 노동자가 급증하면서 사회보험의 근간인 '사용자-피고용자' 이분법이 무너지고 있다. 고용노동부(2024)에 따르면, 2023년 기준 국내 플랫폼 종사자는 약 80만 명에 육박하며, 광의의 프리랜서와 비정형 노동자를 포함할 경우 그 규모는 훨씬 커진다. 이들은 고용주가 불분명하거나 스스로가 사업주로 분류되어 고용보험과 산재보험 등 사회보험 체계에서 배제되기 쉽다(Guy Standing, 2011). 소득이 불규칙하고 고용이 불안정한 이들에게 실업, 질병, 사고는 즉각적인 빈곤으로 이어질 수 있는 상시적 위험이므로 이들을 지원하는 사회적 안전망이 구축될 필요가 있다.

(2) '사후적 보호'에서 '사전적 위험 관리'로의 전환

전통적 복지가 문제가 발생한 후 개입하는 사후적 구제에 집중했다면, 미래의 사회복지는 위험을 사전에 예방하고 관리하는 체계로 진화해야 한다. 종사상 지위(정규직 · 비정형 등)가 아니라 '실제 소득'을 기준으로 보험료를 부과하고 급여를 제공하는 방식으로 개편하여 사각지대를 해소해야 한다. 또한, 노동 시장의 유연성을 수용하되, 실업급여 확대와 적극적 노동시장 정책(재교육 등)을 통해 개인이 고용 위기를 견디고 재도약할 수 있는 안전망을 구축해야 한다.

4) 규범과 가치의 변화에 따른 대응

사회복지를 바라보는 대중의 인식과 가치관 역시 근본적으로 변화하고 있다. 이는 복지 정책의 정당성과 실천 방법론을 재구성하는 동력이 된다. 과거의 복지가 가난한 자에 대한 동정이나 국가의 시혜였다면, 현대 사회복지는 시민으로서 당연히 누려야 할 사회권으로 인식된다.

① 자율성과 권리

수급자를 수동적인 보호 대상이 아니라, 자신의 삶을 스스로 결정하고 사회적 자원을 요구할 수 있는 '주체적 시민'으로 존중한다.

② 사회적 배제 대응

빈곤을 단순한 소득 결핍이 아니라 교육, 문화, 관계 등에서의 '사회적 배제'로 이해하며, 모든 시민이 공동체의 일원으로 참여할 권리를 보장하는 것이 복지의 궁극적 목표가 되었다.

③ 다양성과 포용성의 가치

개인과 개인, 집단과 집단간 경쟁과 갈등의 심화되고 있는 현 사회에서 사회통합이 이루어지기 위해 개인의 선택과 다양한 삶의 방식을 존중하는 가치관이 확산될 필요가 있고 사회복지 제도와 서비스에서도 다양성 존중에 대한 가치가 적용되어야 한다.

④ 유연하고 포용적인 제도

다양한 사회적 소수자의 욕구를 반영할 수 있는 감수성 있는 제도가 요구된다.

⑤ 참여형 복지

전문가가 일방적으로 서비스를 설계하는 것이 아니라, 당사자가 정책 결정과 실현 과정에 직접 참여하여 자신의 욕구를 반영하는 '이용자 중심 복지'가 강조되고 있다.

2. 4차 산업혁명 시대의 사회복지

기술 혁신은 생산성과 효율성을 향상시키며 일상생활의 편의를 확대해 왔다. 그러나 4차 산업혁명으로 대표되는 디지털 기술의 급속한 확산은 기존 사회가 전제해 온 고용 구조와 생활 조건을 근본적으로 변화시키며, 새로운 유형의 사회적 위험을 형성하고 있다. 이러한 위험은 개인의 적응 능력 부족에서 비롯되기보다, 기술 변화가 사회 전반의 구조를 재편하는 과정에서 발생한다는 점에서 사회복지의 제도적 대응을 요구한다.

1) 기술적 실업과 소득 양극화

인공지능과 자동화 기술은 제조업의 단순 반복 노동뿐만 아니라 사무직, 전문직 영역까지 빠르게 확산되고 있다. 프레이와 오스본(Frey & Osborne, 2017)은 자동화 기술의 발전으로 인해 기존 직업의 상당 부분이 대체 위험에 노출되어 있음을 분석하며, 기술 변화가 고용의 질과 안정성에 구조적인 영향을 미친다고 지적하였다. 이러한 변화는 단순한 일자리 감소의 문제가 아니라, 노동 시장 내부의 양극화를 심화시키는 방향으로 작동하고 있다.

기술 자본과 고숙련 역량을 보유한 집단은 기술 발전의 혜택을 누리는 반면, 저숙련 노동자와 반복 업무 종사자는 고용 불안과 소득 감소의 위험에 직면하게 된다. 가이 스탠딩(Guy Standing, 2011)은 이러한 불안정 노동 집단을 프레카리아트(precariat)로 규정하며, 이들이 사회적 보호 체계로부터 충분히 보호받지 못한 채 새로운 불평등의 중심에 놓이게 된다고 분석하였다.

이와 같은 변화 속에서 사회복지의 역할은 실업 이후의 소득 보전에 머무르기 어렵다. 기술적 실업이 일시적 현상이 아니라 반복적이고 구조적인 위험으로 나타남에 따라, 복지 수요는 직업 재훈련, 평생학습, 생애 전환 지원과 같은 예방적 · 전환적 개입으로 확대되고 있다. 사회복지는 노동 시장에서 이탈한 개인을 다시 보호 체계로 연결하고, 변화하는 기술 환경 속에서 삶의 안정성을 유지할 수 있도록 지원하는 방향으로 기능을 재정립하고 있다.

2) 디지털 소외와 새로운 불평등

4차 산업혁명은 정보 접근과 서비스 이용 방식에도 큰 변화를 가져왔다. 복지 정보 신청, 행정 절차, 의료 및 돌봄 서비스가 디지털 플랫폼을 중심으로 제공되면서, 디지털 역량의 차이는 생활 기회의 차이로 이어지고 있다. 반 다이크(van Dijk, 2020)는 디지털 격차를 단순한 기기 보유 여부의 문제가 아니라, 접근 능력, 활용 역량, 결과 격차가 누적되는 구조적 불평등으로 설명하였다.

특히 고령층, 장애인, 저소득층은 디지털 환경에 대한 접근과 활용에서 상대적으로 취약한 위치에 놓여 있다. 이들은 온라인 기반 복지 서비스 확대 과정에서 정보 접근의 어려움, 신청 절차의 복잡성, 비대면 소통의 한계로 인해 오히려 제도에서 배제될 위험을 경험한다. 이는 복지 제도가 효율성을 이유로 디지털화될수록, 접근성을 충분히 고려하지 않을 경우 새로운 형태의 사회적 배제를 초래할 수 있음을 보여준다.

아울러 인공지능과 알고리즘을 활용한 행정 결정 과정은 또 다른 윤리적 쟁점을 제기한다. 유뱅크스(Virginia Eubanks, 2018)는 자동화된 복지 행정 시스템이 중립적인 기술이 아니라, 기존의 사회적 편견과 불평등을 데이터와 알고리즘을 통해 재생산할 수 있음을 지적하였다. 복지 수급 자격 판정이나 위험 예측 시스템에서 발생하는 오류와 편향은 특정 집단에 불리하게 작용할 가능성을 내포하며, 이는 인간의 권리와 존엄을 침해하는 문제로 이어질 수 있다.

이러한 맥락에서 사회복지는 디지털 기술을 활용하는 동시에, 기술이 만들어내는 새로운 불평등과 소외를 완화하는 역할을 수행해야 한다. 디지털 접근성을 보장하는 정책, 대면 서비스와 비대면 서비스의 병행, 알고리즘 활용에 대한 윤리적 통제는 4차 산업혁명 시대 사회복지의 핵심 과제로 자리 잡고 있다.

3. 불평등의 다차원화와 사회복지의 대응

현대 사회의 불평등은 소득 격차에 국한되지 않고 삶의 여러 영역에서 중첩적으로 축적되는 양상을 보이고 있다. 교육 수준, 주거 환경, 건강 상태, 디지털 접근성, 사회적 관계망의 차이는 서로 결합하며 개인의 삶의 기회를 구조적으로 제한한다. 이러한 다차원적 불평등이 고착화되는 상황에서 사회복지는 사회적 위험에 대한 사후적 보호를 넘어, 격차를 완화하고 사회 통합을 촉진하는 핵심 제도적 장치로 기능해야 한다.

1) 다차원적 빈곤에 대한 통합적 대응

전통적으로 빈곤은 소득 부족의 문제로 이해되어 왔으나, 최근 연구들은 빈곤이 생활 전반에 걸친 결핍의 복합적 상태임을 강조한다. 아마르티아 센(Amartya Sen, 1999)은 빈곤을 단순한 자원 부족이 아니라 개인이 가치 있는 삶을 살아갈 수 있는 능력(capabilities)의 제한으로 설명하였다. 이 관점에 따르면, 동일한 소득 수준에 있더라도 교육 기회, 건강 상태, 주거 안정성, 사회적 참여 가능성에 따라 삶의 질은 크게 달라질 수 있다.

UN 개발 계획(United Nations development program)은 이러한 문제의식을 바탕으로 다차원 빈곤 지수(multidimensional poverty index)를 통해 교육, 보건, 생활수준을 포괄적으로 측정하고 있으며, 이는 빈곤 정책이 소득 이전에만 머물러서는 효과적인 대응이 어렵다는 점을 보여준다. 현대 사회복지는 생계 지원과 함께 주거 안정, 교육 접근성 개선, 건강 관리, 디지털 역량 강화 등을 연계한 통합적 개입을 통해 삶의 조건 전반을 개선하는 방향으로 설계될 필요가 있다. 이러한 접근은 개인을 단일한 욕구 집합이 아니라, 상호 연관된 삶의 영역을 지닌 존재로 인식하는 사회복지의 관점을 반영한다.

2) 적극적 복지국가와 사회투자 전략

불평등이 세대 간에 이전되는 현상은 현대 복지국가가 직면한 중요한 과제이다. 에스핑-앤더슨(Esping-Andersen, 2002)은 전통적인 소득 보전 중심의 복지 모델만으로는 불평등의 재생산을 막기 어렵다고 지적하며, 아동기와 청년기에 대한 선제적 투자를 강조하는 사회투자국가(social investment state) 전략을 제시하였다. 이는 복지를 비용이 아닌 미래 사회의 생산성을 높이는 투자로 이해하는 관점이다.

아동기의 양질의 보육과 교육, 취약 가정에 대한 조기 개입, 청년기의 노동 시장 이행 지원은 빈곤의 구조적 재생산을 완화하는 핵심 정책 수단으로 평가된다. 헤크만(Heckman, 2006)의 연구 역시 생애 초기 단계에 대한 공공 투자가 이후의 교육 성취, 건강, 고용 안정성에 긍정적인 효과를 가져온다는 점을 실증적으로 보여준다. 사회복지는 이러한 연구 성과를 토대로 사후적 구제 중심의 체계에서 벗어나, 예방적이고 발달 단계별 개입을 강화하는 방향으로 전환되고 있다.

3) 사회적 포용과 공동체 통합

다차원적 불평등은 경제적 격차를 넘어 사회적 배제의 문제로 확장된다. 이주민, 장애인, 노인, 성소수자와 같은 사회적 소수자 집단은 제도적 장벽과 차별로 인해 노동, 교육, 복지 서비스 접근에서 제약을 경험하는 경우가 많다. 이러한 배제는 개인의 문제라기보다 제도 설계와 사회적 인식에서 비롯된 구조적 현상으로 이해할 필요가 있다.

실버(Silver, 2015)는 사회적 배제를 단순한 빈곤 상태가 아니라, 사회적 관계망과 시민적 권리에서 배제되는 과정으로 설명하였다. 사회복지의 과제는 이러한 배제를 완화하고, 다양한 배경을 지닌 사람들이 공동체의 일원으로 참여할 수 있도록 제도를 설계하는 데 있다. 포용적 복지는 동일한 서비스를 일률적으로 제공하는 방식이 아니라, 각 집단의 특수한 조건을 고려한 접근성을 확보함으로써 실질적인 참여를 가능하게 한다.

이와 같은 사회적 포용 전략은 사회적 연대를 강화하고 갈등을 완화하는 기반이 된다. 사회복지는 취약 집단을 보호하는 기능을 수행함과 동시에, 공동체 구성원 간의 상호 이해와 협력을 촉진함으로써 사회 통합을 유지하는 역할을 담당한다. 다차원적 불평등에 대응하는 사회복지는 결국 개인의 삶의 안정뿐 아니라, 사회 전체의 지속 가능성을 뒷받침하는 제도적 토대라 할 수 있다.

4. 새로운 복지 제도의 논의

1) 사회복지 패러다임의 변화

사회복지에서 사회문제를 인식하고 대응하는 기본적 관점과 제도의 방향성은 시대에 따라 달라진다. 사회복지는 사회환경 속에서 영향을 주고받는 개인과 집단, 사회전체의 변화를 다루는 학문이기 때문이다. 사회복지학의 패러다임 변화는 그 시대에 사회복지가 누구를 대상으로, 언제, 어떤 방식으로 개입하는지를 변화시키는 근본적 변화라 할 수 있다.

과거의 사회복지 패러다임은 잔여적 복지였다. 잔여적 복지는 가족과 시장이 개인의 생활을 책임지는 것을 원칙으로 하며, 가족과 시장이 개인의 욕구를 충족하지 못해 문제가 발생했을 때만 국가가 개입하는 방식이다. 문제 발생 이후에 최소한의 지원을 제공하는 사후적 보완 성격이 강했다. 사회복지는 예외적이고 한시적인 구호로 인식되던 단계이다.

현재의 사회복지 패러다임은 제도적 복지이다. 제도적 복지는 사회복지를 모든 시민이 누려야 할 기본적 권리로 인식하고 소득이나 위험 발생 여부와 무관하게 보편적 접근을 중시한다. 사회문제가 발생한 이후의 대응뿐 아니라 위험요인을 사전에 완화하기 위한 예방적 개입을 강조한다. 국가는 사회복지를 핵심적인 공공제도로 제도화하여 책임을 진다. 사회복지는 사회 통합과 삶의 질 향상을 위한 필수 제도로 자리 잡았다.

미래의 사회복지 패러다임은 데이터 기반 초개인화 맞춤형 복지라 할 수 있다. 이는 인공지능과 빅데이터를 활용하는 AI 전환, 즉 AX(Artificial Intelligence Transformation)를 토대로 한다. 개인의 소득 변화, 건강 상태, 돌봄 이력, 주거 및 고용 정보 등을 종합적으로 분석하여 위험을 예측한다. 동일한 욕구 집단에 동일한 서비스를 제공하는 방식에서 벗어나, 개인별 상황에 최적화된 복지 서비스를 설계한다. 문제 발생 이후의 개입이 아니라 위기 이전의 선제적 개입을 핵심으로 한다.

이 과정에서 사회복지사의 역할은 구체적으로 변화한다. 사회복지사는 인공지능이 분석한 위기 예측 결과를 현장에서 검증하는 전문가이다. 예를 들어, 데이터 분석을 통해 고위험군으로 분류된 독거노인을 직접 상담하고 생활 환경을 확인한다. 수치로는 드러나지 않는 정서 상태, 관계 단절, 생활 습관을 종합적으로 판단한다. 또한 시스템이 자동으로 추천한 서비스가 개인의 실제 욕구에 적합한지 조정한다. 데이터 활용 과정에서 개인정보 보호와 차별 가능성을 점검하는 윤리적 책임을 수행한다. 사회복지사는 데이터 기반 판단과 인간 중심 전문성을 연결하는 핵심 실천 주체이다.

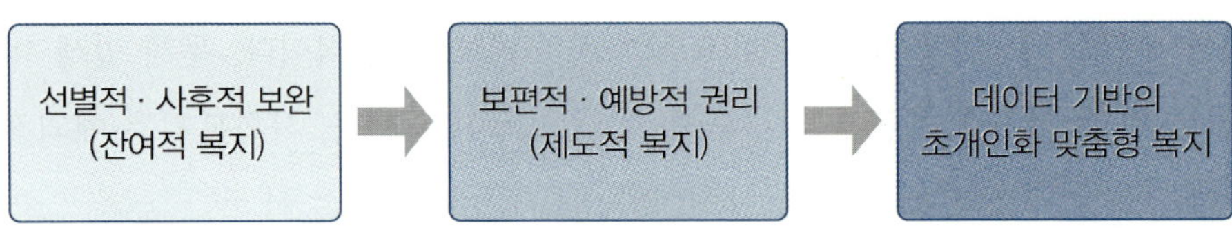

[그림 13-4] 사회복지 패러다임의 변화

2) 기본소득에 대한 논의

노동 시장의 불안정성과 기술 변화가 심화되면서, 기존 사회보장 제도가 전제해 온 '안정적 고용을 통한 소득 보장'의 구조가 흔들리고 있다. 자동화와 플랫폼 노동의 확산은 정규직과 비정규직, 고용과 실업이라는 이분법적 구분을 약화시키며, 소득의 불안정성을 일상적인 위험으로 만들고 있다. 이러한 변화 속에서 기본소득은 새로운 사회적 위험에 대응하기 위한 제도적 대안으로 국제적 논의의 중심에 자리 잡고 있다.

기본소득은 최소한의 소득을 시민권의 일부로 보장함으로써, 노동 시장 참여 여부와 관계없이 인간다운 삶의 토대를 제공하려는 구상이다. 이는 복지를 선별적 구호나 보험적 급여로 이해해 온 기존 체계와는 다른 접근 방식으로, 사회복지의 패러다임 전환 가능성을 내포하고 있다.

(1) 기본소득 개념

기본소득은 몇 가지 명확한 제도적 원칙을 바탕으로 정의된다. 첫째, 보편성의 원칙이다. 기본소득은 소득이나 자산 조사를 통해 대상자를 선별하지 않고, 모든 시민에게 동일하게 지급되는 급여를 의미한다. 이는 복지를 특정 계층의 문제가 아닌 사회 전체의 공동 책임으로 인식하게 하는 효과를 지닌다.

둘째, 무조건성의 원칙이다. 기본소득은 노동 여부, 구직 활동, 가족 부양 상태와 같은 조건과 무관하게 지급된다. 이는 실업 상태에 대한 도덕적 평가나 행정적 통제를 배제하고, 개인이 처한 다양한 삶의 조건을 존중하려는 의도를 담고 있다.

셋째, 개별성의 원칙이다. 기본소득은 가구 단위가 아닌 개인 단위로 지급된다. 이 원칙은 가족 내부의 권력 관계나 부양 의무에 따른 불평등을 완화하고, 개인의 자율성을 제도적으로 보장하는 데 중요한 의미를 갖는다. 특히 여성이나 청년, 비정규 노동자와 같이 가구 내에서 취약한 위치에 놓이기 쉬운 집단에게는 독립적인 소득 기반을 제공하는 효과가 있다.

(2) 기본소득에 대한 찬반 논의

기본소득을 지지하는 입장에서는 기술 변화로 인해 노동과 소득의 연결이 약화되는 현실을 핵심 근거로 제시한다. 가이 스탠딩(2011)은 불안정한 고용 상태에 놓인 프레카리아트(precariat)가 지속적인 소득 불안과 사회적 배제를 경험하고 있다고 하였다. 이러한 상황에서 기본소득은 고용 상태와 무관하게 최소한의 경제적 안전을 제공함으로써 개인이 교육, 돌봄, 사회 참여와 같은 비시장 활동을 선택할 수 있는 여지를 넓힌다는 평가를 받는다.

또한 기본소득은 기존 복지 제도의 복잡한 자산 조사와 행정 절차를 단순화함으로써, 행정 비용과 낙인 효과를 줄일 수 있다는 점에서도 주목받고 있다. 실제로 일부 국가와 지역에서 실시된 기본소득 또는 유사 제도 실험은 수급자의 심리적 안정감과 삶의 만족도를 높이는 효과를 보고한 바 있다(Kangas et al., 2019).

반면, 비판적 시각 역시 분명하다. 가장 큰 쟁점은 재원 조달의 문제이다. 모든 시민에게 일정 수준의 소득을 지급하기 위해서는 대규모 재정이 필요하며, 이는 조세 부담의 형평성과 직결된다. 고소득층과 저소득층 간의 부담과 혜택이 어떻게 배분될 것인지에 대한 사회적 합의 없이는 제도의 지속 가능성을 담보하기 어렵다. 또한 기본소득이 기존의 사회보험과 공공부조 제도를 대체할 경우, 장애, 질병, 노령과 같은 특수한 위험에 대한 맞춤형 보호가 약화될 가능성도 지적된다. 일부 학자들은 기본소득이 충분한 수준으로 설계되지 않을 경우, 오히려 기존 제도의 축소를 정당화하는 명분으로 활용될 수 있다는 점을 우려한다.

노동 참여에 미치는 영향 역시 논쟁적 주제이다. 기본소득이 개인의 선택 자유를 확대한다는 긍정적 평가와 함께, 노동 유인을 약화시킬 수 있다는 비판이 동시에 제기되고 있다(Hoynes & Rothstein, 2019).

(3) 기본소득에 대한 사회복지의 과제

사회복지의 관점에서 기본소득 논의는 제도의 구조적인 질문을 제기한다. 기본소득이 기존 사회보장 체계를 대체하는 제도가 될 것인지, 아니면 사회보험과 공공부조를 보완하는 하나의 축으로 기능할 것인지에 따라 정책 설계의 방향은 크게 달라진다.

현대 사회복지는 위험의 성격에 따라 다양한 제도를 결합해 온 역사적 경험을 지니고 있다. 이러한 맥락에서 기본소득은 모든 위험을 하나의 급여로 해결하기보다는, 불안정 소득이라는 새로운 위험에 대응하는 기본적 안전망으로 위치 지워질 필요가 있다. 동시에 주거, 의료, 돌봄과 같이 개별적 욕구가 뚜렷한 영역에서는 기존의 선별적 · 전문적 제도가 병행되어야 한다는 점도 함께 고려되어야 한다.

결국 기본소득 논의는 사회가 어떠한 삶의 최소 기준을 보장할 것인지, 그리고 그 책임을 어떻게 분담할 것인지에 대한 집단적 선택의 문제이다. 사회복지는 이 과정에서 재정적 지속 가능성, 사회적 연대, 취약 집단 보호라는 가치가 균형을 이루도록 비판적 검토와 정책적 대안을 제시하는 역할을 수행해야 한다.

※ QR 코드로 더 알아보기

- AI 복지·돌봄 혁신 포럼 – 인공지능 시대의 사회보장

정리하기

1. 사회적 가치와 제도의 변화에 따른 복지 제도의 대응

- 현대 사회에서는 저출생 · 고령화, 가족 구조의 변화, 비전형 노동의 확산 등으로 기존 사회복지 제도의 전제가 흔들리고 있다. 이에 따라 가족 중심 · 정규직 중심 제도의 한계가 드러나고 있다.
- 사회복지는 개인 단위의 권리 보장, 지역사회 중심 돌봄, 사전적 위험 관리 등 새로운 사회 조건에 맞게 제도적 전환을 요구받고 있다. 사회적 연대와 세대 간 형평성을 고려한 지속 가능한 복지 체계가 핵심 과제로 부상하고 있다.

2. 4차 산업혁명 시대의 사회복지

- 4차 산업혁명은 자동화와 인공지능 확산으로 기술적 실업과 소득 양극화를 심화시키고 있다. 동시에 디지털 기반 행정과 서비스 확대는 디지털 소외라는 새로운 불평등을 낳고 있다.
- 사회복지는 사후적 소득 보전에서 벗어나 직업 재훈련, 평생학습, 디지털 접근성 보장 등 예방적 · 전환적 역할을 강화해야 한다. 또한 알고리즘 활용 과정에서 발생할 수 있는 차별과 권리 침해에 대한 윤리적 통제가 중요해지고 있다.

3. 불평등의 다차원화와 사회복지의 대응

- 현대 사회의 불평등은 소득 격차를 넘어 교육, 건강, 주거, 디지털 접근성, 사회적 관계 등 여러 영역에서 중첩적으로 나타난다. 이에 사회복지는 소득 지원에 그치지 않고 주거 · 교육 · 건강 · 돌봄을 연계한 통합적 개입을 강화할 필요가 있다. 또한 아동기와 청년기에 대한 사회투자 전략을 통해 불평등의 세대 간 재생산을 완화하는 방향으로 전환되고 있다.
- 포용적 복지는 사회적 배제를 줄이고 사회 통합을 촉진하는 핵심 수단이다.

4. 새로운 복지 제도의 논의

- 사회복지는 잔여적 복지에서 제도적 복지를 거쳐, 데이터 기반 맞춤형 복지로의 전환이 논의되고 있다. 이와 함께 기본소득은 노동 불안정이 일상화된 사회에서 새로운

안전망으로 주목받고 있다.

- 기본소득은 보편성 · 무조건성 · 개별성을 특징으로 하나, 재정 부담과 기존 제도와의 관계를 둘러싼 논쟁도 크다.
- 향후 사회복지는 기본소득을 포함한 새로운 제도를 기존 사회보장 체계와 어떻게 조화시킬 것인지에 대한 균형 있는 논의가 요구된다.

더 생 각 하 기

- 디지털 기술을 활용한 복지 행정은 효율성을 높이는 동시에 어떤 새로운 윤리적 문제를 발생시키는가?

- 기본소득은 기존 사회보장 제도를 대체해야 하는가, 아니면 보완하는 제도로 설계되어야 하는가? 그 이유는 무엇인가?

참고문헌

고용24 (2026). 이용가이드. https://www.work24.go.kr/cm/main.do

고용노동부 (2024). 플랫폼종사자 88.3만 명으로 전년 대비 11.1% 증가. https://www.moel.go.kr/news/enews/report/enewsView.do?news_seq=16906

공계순, 박현선, 오승환, 이상균, 이현주 (2024). 아동복지론. 학지사.

국민건강보험공단 (2026a). 국민건강보험공단 공식 유튜브 채널. https://www.youtube.com/user/nhicsns

국민건강보험공단 (2026b). 노인장기요양보험제도. https://www.longtermcare.or.kr/npbs/e/b/101/npeb101m01.web?menuId=npe0000000030&zoomSize=

국민연금공단 (2026). 국민연금제도. https://www.nps.or.kr/pnsinfo/ntpsklg/getOHAF0001M0.do?menuId=MN24000982

국회입법조사처 (2018). 지역사회 통합 돌봄 기본계획[PDF]. 국회입법조사처.

권중돈, 조학래, 윤경아, 이윤화, 이영미, 손의성, 오인근, 김동기 (2022). 사회복지학개론. 학지사.

근로복지공단 (2026a). 근로복지공단 공식 유튜브 채널. https://www.youtube.com/channel/UCPHSI6Wko6Bg6-i42suzTAA

근로복지공단 (2026b). 사업안내. https://www.comwel.or.kr/comwel/comp/comp1.jsp

김민우, 김일환 (2025). 지역사회복지 보장을 위한 사회보장기본법상 협의 · 조정에 관한 비판적 고찰. 성균관법학, 37(3), 179-206.

김상균, 최일섭, 최성재, 조흥식, 김혜란, 이봉주, 구인회, 강상경, 안상훈 (2009). 사회복지개론. 나남.

김성이 (2006). 사회복지의 발달과 사상. 이화여자대학교출판부.

김융일, 조흥식, 김연옥 (2009). 사회복지실천론(개정 3판). 나남.

남기민 (2010). 사회복지정책론. 학지사.

대한민국 법제처 (n.d.). 아동의 권리에 관한 협약. 국가법령정보센터. https://www.law.go.kr/trtyInfoP.do?trtySeq=188

도봉구 (2025). 지역사회보장협의체 정책공유회. https://www.youtube.com/watch?v=pVnFAhyZGLQ

독거노인종합지원센터 (n.d.). 독거노인종합지원센터 홈페이지. https://www.1661-2129.or.kr/main/index.do
박승곤 (2025). 청소년복지론. 학지사.
법제처 (n.d.). 국가법령정보센터 자치법규. https://www.law.go.kr/ordinSc.do
법제처 (n.d.). 사회보장기본법. 국가법령정보센터. https://www.law.go.kr/lsSc.do?section=&menuId=1&subMenuId=15&tabMenuId=81&eventGubun=060101&query=%EC%82%AC%ED%9A%8C%EB%B3%B4%EC%9E%A5%EA%B8%B0%EB%B3%B8%EB%B2%95#undefined
보건복지부 (2025). 복지전달체계 개편. https://www.mohw.go.kr/menu.es?mid=a10708040100
보건복지부 (2025). 제3차 사회보장 기본계획('24~'28). https://www.mohw.go.kr/board.es?mid=a10401000000&bid=0008&act=view&list_no=1481747
보건복지부 (2025.11.20). 보도참고자료 '긴급복지지원으로 다시 찾은 삶의 희망-위기 가구 긴급복지 적극 지원 우수사례 10편 선정-'. https://www.mohw.go.kr/board.es?act=view&bid=0027&list_no=1487954&mid=a10503000000&utm_source=chatgpt.com
보건복지부 (2026a). 2026년 노인 단독가구, 소득인정액 월 247만 원 이하면 기초연금 받는다-기초연금 월 선정기준액 2025년 228만 원에서 2026년 247만 원으로 인상. https://basicpension.mohw.go.kr/report.es?mid=a10404010000&code=N0007&mode=view&part=report&num=1488478
보건복지부 (2026b). 긴급복지지원. https://www.mohw.go.kr/menu.es?mid=a10708010100
보건복지부 (2018). 지역사회 통합돌봄 기본계획(안). 보건복지부.
생활법령정보 (2026a). 기초생활보장. https://www.easylaw.go.kr/CSP/CnpClsMain.laf?popMenu=ov&csmSeq=1533&ccfNo=1&cciNo=1&cnpClsNo=1&search_put=
생활법령정보 (2026b). 긴급복지지원. https://easylaw.go.kr/CSP/CnpClsMain.laf?popMenu=ov&csmSeq=90&ccfNo=3&cciNo=1&cnpClsNo=1&search_put=
성평등가족부 (2025). 2025 청소년사업안내(I). https://www.mogef.go.kr/kor/skin/doc.html?fn=5e1067f9381342f781312cd3c252bbef.pdf&rs=/rsfiles/202601/
손병덕 (2025). 가족복지론. 학지사.
수원일보 (2026.1.9). 광주시 경안동 지역사회보장협의체, '건강 가득찬 지원 사업' 추진. https://www.suwonilbo.kr/news/articleView.html?idxno=313919
신복기, 박경일, 이명현 (2011). 사회복지행정론. 공동체.
신영전, 정일영(2020). 한국 건강보장 근대사연구. 국민건강보험공단.
아동권리보장원 (n.d.). 아동권리보장원 홈페이지. https://www.ncrc.or.kr/ncrc/main.do
아시아경제 (2024.11.28). K인구전략: 유럽 사회복지학 대가의 경고 "韓, 당장 저출산 해결 않으면 미래는 재앙". https://view.asiae.co.kr/article/2024111415383820311

이봉주, 김혜란, 구인회, 강상경, 홍백의, 안상훈, 박정민, 유조안, 하정화, 김수영, 한윤선 (2023). 사회복지개론. 학지사.

이용창 (2016). 사례관리 사정단계에서 PIE 체계의 활용방안 연구. 사례관리연구, 7(1), 21-41.

이윤정, 박수선, 이무영, 강기정 (2021). 가족복지론. 공동체.

정현경 (2022). 에스핑-앤더슨의 복지국가체제를 중심으로 한국형 복지국가의 준거 틀에 관한 연구. 산업진흥연구, 7(2), 43-49

조흥식, 김혜련, 신혜섭, 김혜란 (2020). 여성복지론. 학지사.

중부일보 (2025.9.21). 초고령사회의 역설: 주거 · 일자리 · 의료… 정책이 바뀌어야 노후가 달라진다. Daum 뉴스. https://v.daum.net/v/20250921150502001

통계청(2025). 2025년 사회조사 결과: 복지, 사회참여, 여가, 소득과 소비, 노동. 대한민국 정책브리핑. https://www.korea.kr/briefing/pressReleaseView.do?newsId=156727455

한국건강가정진흥원 (n.d.). 공식 유튜브 채널. https://www.youtube.com/c/kihfkorea/videos

한국건강가정진흥원(n.d.). 다누리(DANURI) 홈페이지. https://www.liveinkorea.kr/intro.do

한국경제 (2024.7.26). 조례 만든 뒤 달라진 부산…고립 가구 발굴 · 연결. https://www.hankyung.com/article/202407260844Y

한국사회복지교육협의회 (2021-2022). 사회복지학 교과목지침서. 한국사회복지교육협의회.

한국사회복지사협회 (n.d.). 사회복지사 윤리강령. 한국사회복지사협회.

한국여성인권진흥원 (n.d.). 여성긴급전화 1366 홈페이지. https://women1366.kr/?menuno=222

한국장애인개발원(n.d.). 한국장애인개발원 홈페이지. https://www.koddi.or.kr/

황성철, 정무성, 강철희, 최재성 (2012). 사회복지행정론. 학현사.

Council on Social Work Education (2022). Educational policy and accreditation standards (EPAS). Council on Social Work Education.

Esping-Andersen, G. (2002). A new gender contract. In G. Esping-Andersen (Ed.), Why we need a new welfare state (pp. 68-95). Oxford University Press.

Eubanks, V. (2018). Automating inequality: How high-tech tools profile, police, and punish the poor. New York, NY: St. Martin's Press.

Frey, C. B., & Osborne, M. A. (2017). "The future of employment: How susceptible are jobs to computerisation?" Technological Forecasting and Social Change, 114, 254-280. https://doi.org/10.1016/j.techfore.2016.08.019

Friedlander, W. A., & Apte, R. Z. (1980). Introduction to social welfare (5th ed.). Prentice-Hall.

Gehlert, S., & Browne, T. (Eds.). (2019). Handbook of Health Social Work(2nd ed.). Hoboken, NJ: Wiley.

Gitterman, A., & Germain, C. B. (2008). The life model of social work practice: Advances in theory and practice (3rd ed.). Columbia University Press.

Grant, L., & Kinman, G. (2025). Child and Family Social Worker Knowledge and Skills. Government Social Care Review Report, UK Department for Education.

Gray, M., Midgley, J., & Webb, S. (Eds.). (2012). The SAGE Handbook of Social Work. SAGE Publications.

Heckman, J. J. (2006). Skill formation and the economics of investing in disadvantaged children. Science, 312(5782), 1900-1902. https://doi.org/10.1126/science.1128898

Hoynes, H., & Rothstein, J. (2019). Universal basic income in the United States and advanced countries. Annual Review of Economics, 11, 929-958.

Ife, J. (2012). Human rights and social work: Towards rights-based practice(3rd ed.). Cambridge University Press.

International Federation of Social Workers & International Association of Schools of Social Work. (2014). Global definition of social work.

Ivey, A. E., Ivey, M. B., & Zalaquett, C. P. (2018). Intentional interviewing and counseling: Facilitating client development in a multicultural society(9th ed.). Boston, MA: Cengage Learning.

Kangas, O., Jauhiainen, S., Simanainen, M., & Ylikännö, M. (2019). The basic income experiment 2017-2018 in Finland: Preliminary results. Helsinki: Ministry of Social Affairs and Health.

Karls, J. M., & Wandrei, K. E. (1994). Person-in-environment system: The PIE classification system for social functioning problems. Washington, DC: NASW Press.

Levy, C. S. (1976). Social Work Ethics. Human Sciences Press.

Lindsey, D., & Shlonsky, A. (Eds.). (2014). Child Welfare Research: A Handbook of Contemporary Perspectives. Oxford University Press.

Loewenberg, F. M., & Dolgoff, R. (1996). Ethical decisions for social work practice (6th ed.). Brooks/Cole.

Midgley, J. (1997). Social welfare in global context. Sage Publications.

Munson, C., & Daley, J. (Eds.). (2004). Social Work Practice in the Military. New York, NY: Haworth Press.

National Association of Social Workers. (2021). Code of Ethics of the National Association of Social Workers. NASW Press.

OECD. (2024). Pensions at a Glance 2023: OECD and G20 Indicators. Paris: OECD Publishing.

Petersen, A. C. (2014). The Child Welfare System. In Public Child Welfare Agencies(pp. 1-25). National Center for Biotechnology Information (NCBI), U.S. National Library of Medicine.

Reamer, F. G. (2018). Social work values and ethics (5th ed.). Columbia University Press.

Rokeach, M. (1973). The Nature of Human Values. Free Press.

Saleebey, D. (2013). The strengths perspective in social work practice (6th ed.). Pearson.

Sen, A. (1999). Development as Freedom. Oxford: Oxford University Press.

Sheafor, B. W., & Horejsi, C. J. (2015). Techniques and guidelines for social work practice(10th ed.). Boston, MA: Pearson.

Silver, H. (2015). The contexts of social inclusion. DESA Working Paper No. 144. United Nations Department of Economic and Social Affairs.

Standing, G. (2011). The Precariat: The New Dangerous Class. London: Bloomsbury Academic.

United Nations Development Programme. (2020). Human development report 2020: The next frontier—Human development and the Anthropocene. UNDP.

van Dijk, J. A. G. M. (2020). The digital divide. Cambridge, UK: Polity Press.

Weinbach, R. W. (1990). The social worker as manager: Theory and practice. Longman. https://archive.org/details/socialworkerasma0000wein

Wilensky, H. L., & Lebeaux, C. N. (1958). Industrial society and social welfare: The impact of industrialization on the supply and organization of social welfare services in the United States. Russell Sage Foundation.

Zastrow, C. H. (2017). Introduction to social work and social welfare: Empowering people (12th ed.). Cengage Learning.

저자소개

안준희

이화여자대학교 사회복지학과 (학사)

University of Michigan 사회복지학 (석사)

New York University 사회복지학 (박사)

호서대학교 사회복지학부 교수

한국노년학회 이사

한국노인복지학회 이사

한국노인과학학술연합회 기획이사

이윤정

성신여자대학교 가정관리학과 (가정학사)

연세대학교 사회복지학 (석사)

연세대학교 사회복지학 (박사)

호서대학교 사회복지학부 교수

한국건강가정진흥원 비상임이사

한국생애학회 부회장

한국가족정책학회 학술이사

이인정

이화여자대학교 사회복지학과 (문학사)

이화여자대학교 사회복지학과 (문학석사)

이화여자대학교 임상사회복지전공 (사회복지학박사)

호서대학교 사회복지학부 부교수

국립암센터 평화의료센터 자문위원

다솜이재단 운영위원

한국의료사회복지학회 이사

알기 쉬운 사회복지학개론

1판발행 2026년 3월 5일 **1판 1쇄 인쇄** | 2026년 3월 10일 **1판 1쇄 발행**

지은이 안준희 이윤정 이인정
펴낸이 최용구 | **펴낸곳** 도서출판 **신정**
주소 (04316) 서울시 용산구 원효로 89길 19 (원효로1가)
전화 02)3211-4782, 0266(영업부), 3211-4783(편집부), 3211-4784(팩스)
이메일 sjbook2002@naver.com | **홈페이지** www.sjbook.co.kr
등록 2001년 5월 11일 제13-702호
기획마케팅 최용구 장만동 최충구 송대용 | **책임편집** 석기은 황가연

ISBN 978-89-5912-986-7 93330
정가 **22,000원**